Peter Müller

Ferdinand
PORSCHE
Der Vater des Volkswagens

Unveränderte Neuauflage

Leopold Stocker Verlag
Graz – Stuttgart

Umschlaggestaltung: Atelier Geyer, Graz
Umschlagfotos: Mit freundlicher Genehmigung der Porsche Austria GesmbH & Co, Salzburg; Peter Müller.
Sämtliche Abbildungen im Buch stellte der Autor dem Verlag freundlicherweise zur Verfügung.

Die Deutsche Bibliothek – CIP-Einheitsaufnahme

Müller, Peter:
Ferdinand Porsche – Der Vater des Volkswagens / Peter Müller – Graz ; Stuttgart : Stocker, 1998
  ISBN 3-7020-0826-8

ISBN 3-7020-0826-8
Printed in Austria
Gesamtherstellung: Druckerei Theiss GmbH, A-9400 Wolfsberg

LASTZUG OHNE SCHIENEN

In den ersten Abendstunden war der schwere Spezialfrachter der US-Army von seinem Stützpunkt jenseits des Polarkreises abgefahren. Ein heftiger Sturm tobte über die eisige Steppe, der Horizont war bleigrau und die grellen Scheinwerferkegel tanzten über die eintönige, schnurgerade Piste. Die beiden Wischer fegten im harten Gleichtakt über die geheizte Doppelscheibe. Aus dem Lautsprecher dudelte eine Jazzband, und der Fahrer summte vergnügt vor sich hin.

Der Wagenkommandant, ein junger Captain, hatte auf seinem Klapptisch eine Karte ausgebreitet und tastete mit dem Meßzirkel die Entfernungen ab. Seiner Schätzung nach würde der Frachter kaum vor vierundzwanzig Stunden bei der ersten Radarstation sein. Ein Leutnant hockte in dem kleinen, von einer Glaskuppel abgeschlossenen Verschlag und peilte mit dem Sextanten einige Sterne an, die eben für einige Minuten lang durch die dichte Wolkendecke glitzerten.

Drei Sterne wurden nach dem Himmelsatlas anvisiert: Alioth, Altair und Hamal. Dann steckte der Mann in der Navigationskabine den Sextanten in das Futteral, und fünf Minuten später hatte er auch schon die Position: 66 Grad 34 Minuten nördliche Breite, und auch der Kurs stimmte — der Frachter befand sich zwischen Fort Yukon und der Eismeerküste, etwa 380 Kilometer westlich der Makenzie-Mündung.

Über das Radiotelephon wurde nun Verbindung mit dem Stützpunkt aufgenommen. Man tauschte Routinemeldungen aus, und eine Stunde später wurde der Fahrer abgelöst. Nun saß der Captain am Steuer des riesigen, pneubewehrten dieselelektrischen Überlandfrachters, auf dessen klobigen Anhängern Ersatzteile, Proviant, gefüllte Treibstoffbehälter und sogar zerlegte Wohnbaracken festgezurrt waren.

Dieser Fernlaster mit seinen drei Meter hohen und fast einen Meter breiten Mammuträdern braucht weder Schiene noch Straße. Er hat die Kapazität von etwa zwanzig modernen Fernlasterzügen. Der durch die Arktis brausende Tatzelwurm wird elektrisch von sämtlichen Rädern angetrieben. Die erste Einheit, der Steuerwagen, gleicht einem fahrenden

Elektrizitätswerk. Zwei mächtige, je 500 PS starke Dieselmotoren erzeugen über gekuppelte Generatoren elektrischen Strom. Die Energie wird durch Kabel zu jeder einzelnen Achse des zweiunddreißigrädrigen Monstrums geleitet. In jeder Nabe des über achtzig Meter langen Trains ist ein starker Elektromotor eingebaut, der über ein kleines Getriebe das Rad antreibt. Die Treibstofftanks des Steuerwagens fassen 16.000 Liter Dieselöl, und das Gefährt ist daher auf keine Tankstellen angewiesen. Jeder der acht Meter langen Anhänger kann eine Fracht von mehr als zwanzig Tonnen aufnehmen.

Die Nutzlast dieses Frachters — je nach der Zahl der mitgeführten Anhänger — schwankt zwischen 140 und 180 Tonnen. Durch ein besonders konstruiertes Lenksystem fährt jeder der Anhänger genau in der Spur des Steuerwagens. Der Gigant kommt um die schärfsten Kurven, Serpentinen, die ein gewöhnlicher Fernlaster nur mit größten Schwierigkeiten bezwingen könnte. Sogar die Großglockner-Hochalpenstraße oder das Stilfser-Joch, wo so manche verchromten Heckflossen-Limousinen mit kochenden Kühlern auf der Strecke bleiben, würde dieser Spezialfrachter mit spielender Leichtigkeit bezwingen...

Selbstverständlich ist dieser dieselelektrische Tatzelwurm voll geländegängig. Temperaturen von sechzig Kältegraden machen ihm nichts aus. Die „Eisenbahn auf Gummirädern" rollt durch die vereisten Steppen der Arktis, bezwingt beachtliche Steigungen, und das alles bringt eine bedeutende Zeit- und Kostenersparnis. Um die Radarstationen jenseits des Polarkreises versorgen zu können, benötigte man früher viermotorige Transportflugzeuge, für die es aber in den nordischen Regionen nur wenige Landemöglichkeiten gibt. Meistens mußten dann noch die Frachten umständlich umgeladen und mit Hubschraubern an Ort und Stelle gebracht werden. Diese Transporte kosteten Millionen Dollar.

Die Betonpisten für die strategischen Flugplätze in der Arktis wurden auf faszinierende Weise gebaut. Kleine Hubschrauber brachten zuerst Vermessungstrupps an Ort und Stelle. Die Männer sondierten das Terrain und markierten mit roter Farbe im Schnee den Platz für die Bauhütte. Bevor der Hubschrauber den Vortrupp wieder abholte, wurde noch rasch ein Rauchzeichen gesetzt. Am nächsten Morgen brauste eine zweimotorige C-54 im Tiefflug über das Areal, und Luftwaffensoldaten warfen eine vorfabrizierte, zerlegte Werkstattbaracke ab. Sie pendelte an ihren Fallschirmen in die Tiefe und schlug im rotmarkierten Viereck

6

auf. Dann kam wieder der Hubschrauber, setzte die Männer ab, und wenige Stunden später qualmte bereits Rauch aus dem Ofenrohr. Werkzeuge wurden bereitgestellt, der Funker setzte sich mit seinem Stützpunkt in Verbindung, machte die obligate Verständigungsprobe und weiteres Material wurde angefordert.

Eine viermotorige Douglas-Hercules tauchte dann vereinbarungsgemäß über der Baustelle auf und warf eine an vier mächtigen Perlonfallschirmen hängende Planierraupe ab. Sie schlug zwar hart auf, wurde aber nicht beschädigt. Ein Monteur schwang sich in den Sitz und startete den Motor. Brummend walzte die Raupe zur Baracke und wurde dort abgestellt. Weitere Kettenfahrzeuge folgten. Ein halbes Dutzend solcher schweren Baumaschinen hatte dann in drei Wochen die Piste planiert, und mit gitterartigen, engmaschigen Stahlrosten wurde schließlich die Rollbahn ausgelegt. Zwei Elektronikspezialisten installierten ein Funkfeuer, schlossen Scheinwerfer und Hindernislichter an das Stromnetz an, und schon war der neue Stützpunkt im hohen Norden fertig.

Auf diese Weise wurde der viele tausend Meilen lange Radarzaun, der sich vom Pazifik bis zu den vorgeschobensten Stützpunkten im nördlichen Eismeer erstreckt, im ersten Jahrzehnt nach dem Weltkrieg errichtet. Das kostete Unsummen, und allein der Transport schluckte den Löwenanteil. Als man mit den Arbeiten beinahe fertig war, entwickelte der LeTourneau-Konzern in Texas die gigantischen Fernlaster. Im Jahre 1955 waren bereits sieben solcher Mammut-Trains in Betrieb.

Das Herz all dieser haushohen motorisierten Ungeheuer ist das „elektrische Rad" mit einem im Zentrum des Rades auf der Achse sitzenden Elektromotor. Jedes Rad hat somit seinen eigenen Antrieb, seine eigene Lenkung und kann auch unabhängig von den anderen Rädern gebremst werden. Eine Erfindung, die „eine neue Ära in der Geschichte des Transportwesens einleitete", wie eine amerikanische Zeitung enthusiastisch berichtete.

Diese Begeisterung ist verständlich. Nur hat die Erfindung einen kleinen Schönheitsfehler: sie ist schon fünf Jahrzehnte alt. Bereits um die Jahrhundertwende, auf dem Alsergrund in Wien, war sie aus der Taufe gehoben worden. Von einem blutjungen Spenglergehilfen, der aus Maffersdorf in Böhmen in die Hauptstadt der Monarchie zur Hofkutschenfabrik Lohner in die Porzellangasse gekommen war, um dort Karriere zu machen — Ferdinand Porsche.

Schon kurz nach der Pariser Weltausstellung im Jahre 1900 war sein Wagen mit „gemischtem Antrieb" zu sehen: ein Vehikel, dessen Benzinmotor einen Generator trieb. Die elektrische Energie wurde dann über zwei Kabel zu den beiden Motoren in den vorderen Radnaben geleitet. Es ist dies haargenau das gleiche Prinzip, das der amerikanische Konstrukteur Robert LeTourneau für seine überschweren Spezialfrachter, Rodungsmaschinen und Straßenbaufahrzeuge verwendet...

Wohl kaum ein anderer hat unserem technischen Zeitalter so klar den Stempel seiner Persönlichkeit aufgeprägt wie dieser einfache Spenglersohn aus Böhmen. Er war ein echter Pionier der Motorisierung, er hat schon in den Babytagen des Automobils der Entwicklung den notwendigen Drall gegeben, und er stand immer in der vordersten Linie, wenn es galt, etwas grundsätzlich Neues durchzusetzen.

Der eher kleine, verschlossen wirkende Mann verfügte über unerschöpfliche Energie und Durchschlagskraft; wenn er sich mit einem komplizierten, ja fast unlösbaren Problem befaßte, dann gab er nicht auf. Mit einer Verbissenheit, die manchmal an Starrsinn grenzte, setzte er seine Ansichten durch und behielt recht. Ferdinand Porsche wurde schon in jungen Jahren zum Apostel der Motorisierung, und leider bewahrheitete sich in manchen Lebensabschnitten auch bei ihm das alte Sprichwort, daß ein Prophet in seinem Vaterland nichts gilt.

Alle Höhen und Tiefen im Verlaufe dieses arbeitsreichen Daseins hat der Autodidakt aus Maffersdorf durchgemacht. Er konnte mit dem Zeichenstift in wenigen Minuten das Konzept für einen neuen Motor auf einen Notizblock zaubern. In jungen Jahren saß er am Volant und fuhr Rennen. Er war ein Meister der Improvisation, und selbst wenn erfahrene Monteure nicht mehr weiterwußten, dann legte er sich unter den Wagen und hantierte mit dem Schraubenschlüssel. Im harten Frage- und Antwortspiel mit seinen Ingenieuren legte er den Kern der Sache bloß, erarbeitete neue, verblüffende Lösungen. Für Ferdinand Porsche war gewissermaßen Benzin Muttermilch.

Er gab aber nicht nur dem Automobil, sondern auch der Entwicklung von Kriegsflugzeugen und -fahrzeugen schon früh entscheidende Impulse. Sein Neun-Zylinder-Doppel-V-Flugmotor, bei dem das Maschinengewehr durch den Propellerkreis feuerte, ist in die Geschichte der Flugtechnik eingegangen. Er befaßte sich vor einem halben Jahrhundert sogar mit dem Problem der Höhenaufladung, einem schwie-

rigen System, das erst im zweiten Weltkrieg zur vollen Konstruktions-
reife entwickelt worden war. Der Pionier fuhr auch mit dem Lenkballon,
chauffierte den später in Sarajewo ermordeten Thronfolger Franz
Ferdinand mit einem selbstkonstruierten Auto ins Manöver, motorisierte
die schwersten Mörser der Welt nach einem Schema, dem sich auch heute
die Waffentechniker nicht verschließen können.

Das Universalgenie avancierte zum Generaldirektor der Daimler-
Werke in Wiener Neustadt, wurde zum Ehrendoktor der Technik ernannt, konstruierte Rennwagen, die phantastische Rekorde fuhren, gab
der Automobilindustrie in Deutschland und in der Ersten Republik
einen neuen Trend, baute hochgezüchtete Tourenwagen, die auch heute
noch, nach vier Jahrzehnten, die Herzen mancher Autoliebhaber höher
schlagen lassen.

Von der Luxuslimousine über den Rennwagen zum Panzer, vom Volkswagen, dem in die perfekt industrialisierte Automobilhochburg Amerika
exportierten Käferauto, über den Traktor bis zur Windkraftmaschine,
die jedem Bauern sein eigenes Elektrizitätswerk sein sollte, spannt sich
der weite Bogen. Dann schloß sich der Kreis dieses reichen Daseins, und
der große, alte Mann konnte endlich erleben, daß ein schneller, rassiger
Sportwagen seinen Namen führte und in eigener Regie erzeugt wurde.

DIE STEINZEIT DES AUTOMOBILS

In Meyers Konversations-Lexikon, elfter Band, Ausgabe 1896, Seite 713, werden über Maffersdorf nur sechs Druckzeilen festgehalten: *„Maffersdorf, Dorf in Böhmen, Bezirkshauptmannschaft Reichenberg, an der Neisse und der Reichenberg-Tannwalder Eisenbahn, bildet zwei Gemeinden. Maffersdorf links der Neisse und Maffersdorf rechts der Neisse. Mit Bierbrauerei, Schafwollspinnerei, Teppich- und Deckenfabrik. Bei der Volkszählung 1890 wurden 5859 deutsche Einwohner registriert.“*

In einem modernen Lexikon ist dieser Marktflecken nicht zu finden, obwohl er mittlerweile schon längst in die Geschichte der Technik eingegangen ist. An einem Freitag, am 3. September 1875, wurde dem Spenglerehepaar Anton und Anna Porsche das dritte Kind geboren. Der Kleine wurde auf den Namen Ferdinand getauft und mit seinen vier Geschwistern wuchs er im Elternhaus auf. Im Alter von fünfzehn Jahren trat er in die Werkstätte des Vaters als Lehrling ein. Doch für den Holzhammer, mit dem der Spenglermeister das Blech formte, hatte der Bursche nicht viel übrig: die Elektrizität schien es ihm angetan zu haben. Zu einer Zeit, da in der Großstadt noch die Ölfunzeln brannten und die ersten Gaslaternen die Straßen in einen milden Lichterschein tauchten, experimentierte der Spenglerbub mit Elektrizität!

Der junge Ferdinand Porsche studierte Physikbücher und machte sich mit dem Phänomen des Elektromagnetismus vertraut. Er hatte sich eine fixe Idee in den Kopf gesetzt: er wollte ein kleines E-Werk bauen, so für den Hausgebrauch. Doch der Vater war für solche Experimente nicht zu haben. Seiner Meinung nach sollte der Ferdinand besser in der Werkstätte arbeiten und ein tüchtiger Spengler werden. So bastelte der Bub heimlich auf dem Dachboden des Elternhauses und hatte sich dort nach und nach ein kleines Laboratorium eingerichtet. Der alte Porsche wußte nichts davon, denn er war häufig in der Nachbarschaft auf Montage und kam sehr spät nach Hause. Und die Mutter drückte für das Steckenpferd ihres Buben beide Augen zu ...

Eines Tages aber entdeckte Vater Porsche das Geheimlabor. Außer sich vor Zorn demolierte er die Schaltanlagen, zertrampelte wütend die Batterien, und seine Erregung wurde noch gesteigert, als die umherspritzende Säure Schuhe und Kleider verätzte. Wieder war die Mutter Fürsprecherin und bat den gestrengen Spenglermeister, er möge doch den Herzenswunsch des Buben erfüllen und ihn Technologie studieren lassen.

Ein Kompromiß wurde geschlossen: Ferdinand sollte weiterhin im Spenglerhandwerk tätig sein, durfte aber an der k. und k. Reichenberger Staatsgewerbeschule die Abendkurse besuchen. Allmählich ließ auch Vater Porsche die Zügel ein wenig lockerer. Und als er an einem Abend im April 1893 nach Hause kam, strahlte das Haus im hellen Lichterglanz. Der junge Ferdinand Porsche hatte ein Miniatur-E-Werk installiert.

Da es bisher nur in der benachbarten Teppichfabrik elektrisches Licht gegeben hatte, war der Vater auf seinen Achtzehnjährigen sehr stolz. Auch der Fabrikbesitzer schaltete sich ein. Er verschaffte dem Spenglergesellen die Stelle eines technischen Praktikanten bei der „Vereinigten Electricitäts-AG Béla Egger" in Wien.

Aus dieser Zeit existiert eine vergilbte Photographie. Sie zeigt den jungen Ferdinand Porsche im Sonntagsstaat vor einem kleinen Generator, der über eine schwere Transmission betrieben wurde und elektrische Energie erzeugte. In die Ecke des Bildes sind die Zeilen geschrieben: *„Aufgenommen April 1893 vor Abreise nach Wien."*

Der achtzehnjährige Porsche machte nun in seiner Karriere den ersten Sprung: nach Wien. Bei Béla Egger — aus dieser Firma ist später das weltbekannte Unternehmen Brown Boveri hervorgegangen — avancierte der Spenglerbub aus Maffersdorf sehr schnell. Der Jüngling aus Böhmen hatte Sinn für technische Neuerungen, ein gut ausgeprägtes „G'spür" für Dinge, die vielleicht später einmal Bedeutung haben könnten. So kletterte er in den fünf Jahren seiner Wiener Elektropraxis rasch die Stufenleiter zum Erfolg empor. Im Jahre 1897, im Alter von zweiundzwanzig Jahren, war er bereits Chef des Prüfraums und erster Assistent der Berechnungsabteilung.

Das war in der Steinzeit des Automobils! Noch holperten Pferdefuhrwerke über das Katzenkopfpflaster der Straßen. In den Fabriken rumorten die Dampf- und Gasmaschinen. Scharenweise zogen die Menschen vom Land in die Stadt. Die schnörkelüberladenen Paläste der

Gründerzeit und die engen Mietskasernen in den Vorstädten wuchsen zum Himmel empor.

Es wurde viel Geld verdient in dieser sogenannten „guten alten Zeit", und jedermann wollte an dem goldenen Segen teilhaben. Das Motto „Zeit ist Geld" war auch schon Trumpf. Nur die Managerkrankheit gab es damals noch nicht...

Innerhalb kürzester Zeit änderten dann die Straßen ihr Gesicht. Masten wurden aufgestellt und Drähte gespannt. Bald bimmelten die ersten Straßenbahnen durch die Gassen, und eine qualmende Dampftramway zuckelte vom Schottenring nach Floridsdorf. Doch der Wunsch nach einem von den Schienen unabhängigen, schnellen und eleganten Fahrzeug wurde immer dringlicher. Mit dem Dampfwagen, dem schmutzigen und prustenden Ungetüm, war es nicht weit her. Die armen Chauffeure machten ihrem Namen alle Ehre: denn sie waren buchstäblich Heizer, Sklaven schmutziger Dampfkessel, die Unmengen Kohle schluckten und dabei noch einen Großteil ihrer Energie in die Luft verpufften. Bis endlich einige findige Köpfe die ersten Automobile auf den Markt brachten und damit dem Verkehrswesen völlig neue Perspektiven erschlossen.

Einer dieser Pioniere der Motorisierung war der k. und k. Hofkutschenfabrikant Ludwig Lohner aus der Porzellangasse in Wien, und die daraus sich entwickelnde Ära Lohner-Porsche ist aus diesen Pioniertagen des Automobils nicht wegzudenken. Der bärtige Ludwig Lohner war ein weitgereister Mann, hatte an der Wiener Technischen Hochschule Maschinenbau studiert und 1879 das Ingenieurexamen abgelegt. Er verbrachte dann ein paar Jahre im Süden, praktizierte 1884 und 1885 in Frankreich, England und den Vereinigten Staaten, beherrschte fließend einige Sprachen und kam dann 1887 wieder nach Wien zurück.

Er übernahm den Betrieb des Vaters, und da gab es allerhand zu tun. Der Wagenbau war ja damals kein Gewerbe für sich: der Sattler arbeitete am Verdeck und an den Sitzen, außerdem gab es noch Schlosser, Schmiede, Lackierer, Plattierer, Posamentierer, Glaser und Wagner. Sie alle fertigten die leichten, eleganten Kutschen, und über das Können dieser Handwerker — jeder ein Meister seines Faches — macht man sich in unserer gehetzten, übertechnisierten Welt, in der die Produktionszahlen mitunter allein ausschlaggebend sind und tüchtige Professionisten mit der Lupe gesucht werden müssen, keine Vorstellung.

12

Als Ludwig Lohner den väterlichen Betrieb übernahm, war die Wirtschaftslage alles andere als rosig. Das Großunternehmen, führend in seinem Fach nicht nur in der Monarchie, sondern auch in ganz Europa, hatte durch die umfangreichen Exporte geholfen, die Zahlungsbilanz Österreichs zu verbessern.

Aber in den Jahren vor der Jahrhundertwende hatte die protektionistische Handelspolitik der Monarchie die Balkanländer, Rußland und etliche Länder des Nahen Ostens veranlaßt, auch ihrerseits Zollschranken zu errichten. Das verursachte mit den drastischen Einfuhrbestimmungen der Vereinigten Staaten, wohin die meisten Exporte der Firma gegangen waren, einen starken Rückgang. Immerhin war mehr als die Hälfte der Lohnerschen Produkte für Übersee bestimmt gewesen.

Sogar das Inland-Geschäft war gefährdet: das Automobil begann die elegante Kutsche zu verdrängen. Diese Entwicklung war von Ludwig Lohner aufmerksam verfolgt worden. Das schien auch weiter gar nicht schwierig, denn Tageszeitungen und Fachblätter brachten ausführliche Berichte über die neuen Kraftfahrzeuge.

So fuhr der Hofkutschenfabrikant schon im Juni 1896 nach Bad Cannstatt bei Stuttgart, um Gottlieb Daimler und dessen vielgepriesene Automobile kennenzulernen. Eine Probefahrt mit dem Motorwagen gab den Ausschlag: Lohner beschloß, das Automobil in sein Produktionsprogramm aufzunehmen. Doch das Vorhaben scheiterte — Daimler war nicht bereit, mit dem österreichischen Industriellen einen Lizenzvertrag abzuschließen, ja, man konnte sich nicht einmal über eine Generalvertretung einig werden.

Der Grund für dieses ablehnende Verhalten war verständlich: Gottlieb Daimler verfolgte eine geradezu klassische Familienpolitik und schloß daher nur mit Verwandten oder engen Freunden solche Verträge ab!

Daimler-Biograph Paul Siebertz schreibt über diesen mißglückten Versuch: „So scheiterte der Versuch einer Zusammenarbeit zwischen Daimler und Lohner an rein persönlichen Gründen — eine Tatsache, die man im Interesse der damaligen Weiterentwicklung des Automobilismus auf deutschem Sprachgebiet nur bedauernd registrieren kann ..."

Doch Ludwig Lohner ließ nicht locker, sein Projekt auf andere Weise in die Tat umzusetzen. Er erwarb von der französischen Firma Lefèbre einige Pygmée-Motoren — sie leisteten vier bis höchstens sechs PS — und baute damit kleine, selbstfahrende Kutschen, mit denen er allerdings erfolglos blieb. Wenn man also von den beiden in den Jahren 1864 und 1875 von Siegfried Marcus erbauten Benzinautos absieht, war der Hofkutschenfabrikant aus der Roßauer Vorstadt immerhin der erste, der brauchbare österreichische Automobile auf den Markt gebracht und vor allem eine industrielle Erzeugung angekurbelt hatte.

Die Pygmée-Motoren aber ließen so manchen Wunsch offen; sie waren unverläßlich und viel zu schwach. Da fand Lohner unter seiner Morgenpost den Bericht über einen Vortrag, den Rudolf Diesel am 16. Juni 1897 in der Hauptversammlung Deutscher Ingenieure gehalten hatte. Schon am 28. Juni 1897 schrieb Lohner einen ausführlichen Brief an den ihm unbekannten Erfinder und machte darin den Vorschlag, den neuen Motor auch in Automobile einzubauen. Zwei Tage später beantwortete Diesel das Schreiben und teilte mit, daß er die Anregung postwendend an den Krupp-Konzern in Essen weitergeleitet habe, da allein Krupp die Dispositionsrechte über seine Patente besitze. Der Krupp-Konzern gab die Empfehlung an die Motorenfabrik Deutz weiter, aber dort winkte man ab: derzeit könne man nicht auf die Entwicklung oder gar die Konstruktion eines nicht ortsfesten Dieselmotors eingehen.

Zwischen Rudolf Diesel in München und Ludwig Lohner in Wien wurden in diesen Wochen zahlreiche Briefe gewechselt. Der Hofkutschenfabrikant fuhr in die bayrische Hauptstadt, richtete aber nichts aus. Beide Männer konnten freilich nicht ahnen, wie viele Jahre bis zum endgültigen Durchbruch des Dieselmotors noch verstreichen sollten!

Doch Ludwig Lohner war ein vorsichtiger Geschäftsmann, hatte sich nicht festgelegt und mehrere Eisen zugleich im Feuer. Er war von der Zukunft des Motorwagens überzeugt, und er fehlte bei keiner Automobil-Ausstellung. Schon bei der zweiten Konkurrenz für Kraftfahrzeuge „Paris—Bordeaux 1895" war ein Elektromobil des französischen Wagenbauers Jeantaud im Rennen. Sein Elektro-Auto machte rasch Furore. In vielen Ländern wurde es kopiert. Aber es haperte mit der Konstruktion. Eine halbe Stunde Fahrt, einen halben Tag Reparatur ...

Dabei brachte das Elektromobil viele Vorteile. Man mußte den Motor nicht erst warmlaufen lassen, es war sauber im Betrieb, fuhr fast geräuschlos, und naturgemäß gab es weder mit Zündung noch mit Vergaser Schwierigkeiten. Vor allem mußte das Elektromobil nicht erst umständlich mit der Kurbel in Betrieb gesetzt werden. Der geringe Aktionsradius in der Stadt spielte keine große Rolle. Damals galt der Herrenfahrer noch als Autopionier; er ließ sich als Held feiern, wenn er mit seinem Vehikel ohne größeren Defekt bis Mödling kam und den kaputten Wagen nicht auf der Bahn verfrachten mußte.

So konzentrierte sich Ludwig Lohner auf das Elektromobil und ließ sich damals von dem in Wien sehr geschätzten Sachverständigen Professor Ludwig Czischek beraten. Die Werkstätten standen ja zur Verfügung. Der Betrieb Ecke Porzellangasse-Servitengasse war neu und für damalige Verhältnisse überaus modern eingerichtet. Schon 1863 hatte es bei Lohner eine leistungsfähige Dampfkraftanlage gegeben. 1873 war bereits die zehntausendste Kutsche ausgeliefert worden. Sogar das japanische Kaiserhaus zeigte für die hübschen Landauer aus Österreich reges Interesse.

Das erste Elektro-Auto in der Hofkutschenfabrik wurde gebaut: ein hohes, gut gefedertes Fahrzeug mit mechanischem Differential und einem Elektromotor zum Antrieb der Hinterräder. Doch dieses neue Fahrzeug laborierte an seinen Kinderkrankheiten, und Lohner, der befürchten mußte, von der Konkurrenz überrollt zu werden, horchte weiter herum.

Als der ambitionierte Fabrikant von einem jungen Mann erfuhr, der bei der Firma Béla Egger mit Elektromotoren experimentierte und an einem neuen System, am elektrischen Radnabenmotor, arbeitete, suchte er Bekanntschaft mit dem Erfinder. Ferdinand Porsche war sofort Feuer und Flamme und entwickelte dem Hofkutschenerzeuger temperamentvoll seine Pläne. Ludwig Lohner ließ sich überzeugen und engagierte den damals dreiundzwanzigjährigen Techniker.

In wahrer Rekordzeit wurde ein neues Elektromobil gebaut. Diese motorisierte Kutsche mit der Werknummer 24.000 erhielt den Namen „Lohner-Porsche", und sie zeichnete sich vor allem dadurch aus, daß jedes Zwischengetriebe fehlte und der Wagen gewissermaßen „ohne Transmission" war. Die beiden je 2,5 PS starken Elektromotoren liefen 120 Touren in der Minute und waren in den Vorderradnaben eingebaut.

Das hatte zwei wichtige Vorteile: die Kutsche wurde nicht geschoben, sondern von den beiden Motoren gezogen. Schleudern in engen Kurven war ausgeschlossen. Die Energie wurde einer großen, im Wagenkasten untergebrachten Batterie entnommen. Für damalige Verhältnisse war es ein schnittiges Fahrzeug mit kleinen Vorderrädern und großen Hinterrädern. Für große Räder hatte der Praktiker Porsche schon immer etwas übrig. Eine Handbremse wirkte auf die Hinterräder, vorne gab es eine elektrische Kurzschlußbremse, bei deren Betätigung die Energiezufuhr unterbrochen wurde.

Das Vehikel mit dem fast senkrechten hölzernen Lenkrad, den massiven Gußspeichenrädern und dem zuklappbaren Verdeck lief immerhin 37 Stundenkilometer Dauerleistung, und wenn die beiden Motoren auf Höchstlast drehten, brachte man es auf eine Spitze von 45 Stundenkilometer. Und das alles mit fünf PS Leistung. Für die damalige Zeit ein faszinierendes Fahrzeug.

Auf der Pariser Weltausstellung 1900 war der „Lohner-Porsche" die Sensation. Das Elektromobil bekam einen Preis, und da der Aktionsradius der schwarzlackierten, batteriegespeisten Motorkutsche etwa fünfzig Kilometer betrug, blieben auch die Bestellungen nicht aus.

Schon im Jubiläumsjahr griff Ferdinand Porsche mit Elan in die Entwicklung der Motorisierung ein.

MIT VOLLGAS INS 20. JAHRHUNDERT — Ferdinand Porsche am Steuer
seines Rennwagens. Auf dem Hintersitz des Elektromobils der Beifahrer Paula.
Die Aufnahme stammt aus dem Jahre 1901.

DER ERSTE MOTORISIERTE FELDHERRENHÜGEL — Der 26jährige Gefreite
Ferdinand Porsche durfte den Thronfolger Franz Ferdinand mit seinem benzin-
elektrischen Vehikel ins Kaisermanöver nach West-Ungarn fahren.

DER „GEMISCHTE WAGEN"

Es spricht für sein vorwärtsstürmendes, weitblickendes Denken: Ferdinand Porsche war nicht zufrieden. Ein anderer junger Erfinder hätte sich vielleicht auf den Lorbeeren ausgeruht, der junge Elektropraktikant aber hatte diesen Pariser Erfolg bald vergessen. Er wollte etwas Besseres schaffen. Sein Elektromobil wurde nämlich nach längerer Fahrt „müde", die Batterien erschöpften sich verhältnismäßig rasch, und dann mußte mitunter sogar abgeschleppt werden. Andererseits brauchten die schweren Akkumulatoren eine gewisse Zeitspanne zum Aufladen, das Aus- und Einbauen war keine angenehme Arbeit.

Da hatte Porsche einen genialen Gedanken, eine phantastische Idee, die ihn sein ganzes späteres Leben lang beschäftigen sollte: ein Benzinmotor, mit einem Generator gekuppelt, erzeugt elektrische Energie. Der Strom wird über Kabel zu den beiden in den Vorderradnaben installierten Motoren geleitet. Nach den Prinzipien dieses Königsgedankens konstruierte er den sogenannten „gemischten Wagen", die „Type-mixte", ein Vehikel, das neben seiner Vierradbremse immerhin über batteriegespeiste Zündung, elektrische Beleuchtung und einen Anlasser verfügte. Mitunter mußte man noch in den zwanziger Jahren fleißig kurbeln ...

Der junge Konstrukteur arbeitete wie ein Besessener, er war vom Prüfstand, wo die Motoren zu Tode gemartert wurden, nicht wegzubringen. Die Fabrik kam mit der Auslieferung der selbstfahrenden Kutschen gar nicht mehr nach. Besonders in England fanden die gummibereiften Wagen mit den kunstvoll geschmiedeten Messinglaternen reißenden Absatz. Und so mancher Lord ratterte mit dem Batterie-Fiaker oder gar mit dem „gemischten Wagen" stolz in seinen Klub.

Diese heute vorsintflutlich anmutenden Automobile absolvierten mit erstaunlichem Elan die Gehschule der Motorisierung. Um die Jahrhundertwende begann ja der große Trend: die Nachfrage nach dem schicken Automobil. Die Aristokratie machte den Anfang. Jeder, der etwas auf sich hielt und in der Gesellschaft eine Rolle spielte, wollte ein Auto haben. Innerhalb kürzester Zeit war das Gros des Hochadels motorisiert.

Damals baute man Fahrzeuge auf Bestellung. Eine Serienerzeugung, wie wir sie heute kennen, gab es noch nicht: Jedes Fahrzeug wurde in allen Details so gebaut, wie es der Käufer wünschte. Und damit ja auf nichts vergessen wurde, schickte man einen Monteur — damals sagte man „mécanicien-chauffeur" — mit in die Fabrik. Der Mann mußte den Bau des Autos in allen Phasen überwachen.

Das war freilich keine übertriebene Maßnahme: der Chauffeur eines solchen Steinzeitautomobils mußte über die Funktion der kleinsten Schraube unterrichtet sein, wollte er auch später mit dem Auto fahren. Um die Jahrhundertwende gab es weder Servicestellen noch Automechaniker...

Einer der ältesten Mitarbeiter von Ferdinand Porsche, der „mécanicien-chauffeur" Eduard Kargl — er war im ersten Weltkrieg mit dem Erfinder in Wiener Neustadt zusammen —, zählte zu diesen Volant-Rittern von Wien. Der fesche Edi mit den stahlblauen Augen, bei dessen Anblick so manches Frauenherz höher schlug, war ein halbes Jahr lang Gast in einer Schweizer Maschinenfabrik, wo für seinen Chef, einen reichen Seidenweber aus Meidling, ein Auto nach Maß geschneidert wurde.

Als das Vehikel endlich fertig war, trat Kargl damit die Reise nach Wien an. Allerdings nicht am Volant, sondern in einem Coupé des Schweizer Schnellzugs. Auch das Auto fuhr mit. Allerdings erst mit dem nächsten Train.

In aller Stille wurde der Wagen auf dem Matzleinsdorfer Frachtenbahnhof ausgeladen. An neugierigen Spaziergängern und scheuenden Pferden vorbei, ratterte es in seinen Stall, in eine Hauseinfahrt auf dem Opernring.

Es verkehrten um die Jahrhundertwende nur wenige Motorwagen in Wien. Die Leute lachten über die Automobile, die nur zu oft von Pannen geplagt waren. Besonders die Fiaker, die ihren Standplatz Ecke Walfischgasse-Kärntnerstraße, vor dem „Café Fenstergucker", aufgeschlagen hatten, konnten sich das Lachen nicht verbeißen.

Es begann zumeist am frühen Morgen, wenn für die adeligen Herrschaften das Auto für die obligate Spazierfahrt präpariert werden mußte. Es war keine leichte Arbeit und dauerte immer längere Zeit, bis man das Vehikel in Gang brachte. Der Motor mußte umständlich mit einer Kurbel angeworfen werden. Außerdem hatte „die Maschin" Launen wie eine Primadonna und verlangte dauernd, gehätschelt zu werden. Besonders im Winter zeigte der Motor seine Mucken: wenn es kalt war, sprang er überhaupt nicht an.

Mit Schadenfreude beobachteten die Fiaker jedesmal den Start des Automobils. Sie hielten die Motorkutsche für eine kurzlebige Modeangelegenheit, für eine Eintagsfliege, die ihren Zeugeln nicht gefährlich werden konnte. Deshalb hängte eines Tages ein sogenannter „Wasserer" ein Hafersackl über den Kühler, um das Auto ein wenig zu ermuntern. Auch ein Kübel Wasser wurde nicht vergessen, „damit die Maschin keinen Durst leidet . . .".

Eduard Kargl ließ solche Spötteleien mit stoischer Ruhe über sich ergehen. Bis ihm einmal die leidige Pflanzerei zu dumm wurde. Er lud drei besonders vorlaute Fiaker kurzerhand zu einer Überlandpartie ein. Die Fiaker wollten sich das Wort Feigheit nicht nachsagen lassen und stiegen mit weichen Knien auf den hohen Bock. Als dann der Wagen über die Triester Straße brauste, verging den Herren das Lachen. Bleich und verkrampft saßen sie auf dem verschmähten Automobil und waren glücklich, als es mit einem Ruck vor dem Fiakerstandplatz wieder hielt.

Schon in dieser Zeit wurden die ersten Taxi geboren. Die Nachricht von der Fiakerrundfahrt und der Leistungsfähigkeit des Automobils hatte sich wie ein Lauffeuer verbreitet. Noch mehr: die schlaueren Fiaker witterten Benzingeruch und sattelten rasch um. Das Taxi gehörte bald zum Stadtbild.

Die Motorisierung erfaßte weitere Kreise, und die Firma Lohner machte ein gutes Geschäft. Allein von dem auf der Pariser Weltausstellung preisgekrönten Porsche-Batterie-Saurier verkaufte sie 48 Einheiten an die Berliner Elektromobil-Droschken-AG „BEDAG", 78 Stück an die „Société-Mercedes Electrique-Paris" und etliche Wagen nach England, den Niederlanden, nach Rumänien, und sogar nach Argentinien wurden die Batterie-Autos verschifft. Etwa 270 Lohner-Elektromobile wurden in der Ära Porsche produziert, und darunter waren Dutzende leistungsfähige Feuerwehrautos, die mitunter bis zum Jahre 1917 in Verwendung standen.

In Baden bei Wien stand im Frühjahr 1965 noch so ein altes Porsche-Feuerwehrauto. Gewissermaßen ein Prunkstück aus alten Tagen, doch der Feuerwehrhauptmann konnte es nicht über sein Herz bringen, den Wagen herzugeben. Er wäre sogar noch heute einsatzfähig.

Diese Fahrzeuge bildeten einst das Rückgrat der aufstrebenden Wiener Feuerwehr. Als die ersten drei Feuerwehrautos übergeben wurden, brachte die Presse begeisterte Kommentare: „Was die Wagen selbst betrifft", schrieb enthusiastisch die „Allgemeine Automobil-Zeitung" in einem Testbericht, „so ist zu bemerken, daß die gesamte elektrische Einrichtung bei allen drei Fahrzeugen vollkommen gleich ist. Die Elektromotoren nach dem System Lohner-Porsche sind direkt in die Vorderräder eingebaut; sämtliche Wicklungen von Anker und Magnet sind aus Flachkupfer. Der Leistungsdrehpunkt des Rades liegt innerhalb des mitgelenkten Hohlachsenschenkels, wodurch einem seitlichen Verreißen bei einem eventuellen Versagen des Motors sicher vorgebeugt wird.

Die Leistungen der beiden Motoren betragen zusammen 35 HP; die fünf Geschwindigkeiten sind 9, 11, 20, 28 und 36 km pro Stunde; die größte Fahrtleistung in der Ebene mit einer Batterieladung beträgt bei der dritten Geschwindigkeit 45 bis 50 km. Der Kollektor ist außen gelegen und durch einen Stahldeckel wasserdicht und staubdicht verschlossen. Die Kohlenbürsten samt Bürstenbrücke sind behufs Revision bequem abzuheben, wodurch der Kollektor völlig freigelegt wird. Die Umschaltung im Kontroller geht nach der neuesten Type Lohner-Porsche im Kontroller selbst vollkommen funkenlos vor sich, indem die Stromunterbrechung und Kupplung außerhalb desselben durch den Kontrollerhebel zwangsläufig erfolgt.

Die Kontrollerkontakte sind mit ihren Nabenteilen im Ganzen gegossen und isoliert gegeneinander montiert, so daß ein Abbrennen vollkommen ausgeschlossen ist. Alle vier Räder im Durchmesser von 850 mm sind mit 125-mm-Gummireifen amerikanischen Systems B und S mit außenliegenden Spanndrähten versehen. Diese Gummireifen sind in vollen Rungen im Ganzen hergestellt, so daß im Reparaturfalle ein schadhaft gewordenes Stück herausgeschnitten und gegen ein Ersatzstück ausgetauscht werden kann, ohne daß das Rad in die Gummifabrik geschafft werden muß . . ."

Dann heißt es weiter: „An Bremsen haben die Fahrzeuge eine doppelt wirkende Innenbremse auf die Hinterradnaben mit automatischer Stromausschaltung, sowohl durch den Fußhebel als auch durch den Kontrollerhandhebel zu betätigen; zweitens eine elektrische Widerstandsbremse auf die Vorderradmotoren, betätigt durch den Kontrollerhandhebel. Durch diese Bremsenanordnung wird nicht nur die gleichzeitige Bremsung aller vier Räder ermöglicht, sondern auch absolute Sicherheit bei schlüpfrigem Pflaster selbst bei schwierigstem Terrain erreicht, da nur elektrische Vorderradbremsen gegen das Schleudern unbedingt sichern. Außer den Bremsen haben die Fahrzeuge als Sicherung gegen das Zurückrollen auf Steigungen Sperrkegel, die in die beiden Hinterradnaben eingreifen, da die üblichen und gesetzlich vorgeschriebenen Bergstützen auf gepflasterten Straßen völlig wirkungslos sind.

Die Lenkung in moderner Art ist unverrückbar mit Schraubenspindel und Mutter sowie mit federnden Kugelgelenken ausgestattet. Die Akkumulatorenbatterie ist vor dem Lenkersitze oberhalb der Vorderradmotoren angeordnet, wodurch einerseits eine stets gleichbleibende Belastung der Treibachse und andererseits nach Aufklappen des Doppeldeckels des Batteriekastens die sofortige Zugänglichkeit jeder einzelnen Zelle der Batterie erreicht wird und weiters dem Fahrer eine gute Übersicht, ähnlich dem Steuermann eines Schiffes, beim Lenken seines Fahrzeuges gegeben ist, wozu noch die schräge Lage von Lenkspindel und Lenkrad und das dadurch herbeigeführte ungezwungene Sitzen beitragen. Die drei Wagen haben außer den bisherigen mit Pferden bespannten Fahrzeugen gleicher Ausrüstung noch vier Sitzplätze, die sämtlich von beiden Standbrücken aus äußerst bequem zu erreichen sind . . .“

Ungeachtet der positiven Testberichte und der zufriedenstellenden Verkaufsziffern war aber das Verhältnis zwischen Lohner und Porsche merklich abgekühlt. Der Konstrukteur war von einer wahren Experimentierwut befallen, er wollte alles immer besser machen, und das hält finanziell auch der gesündeste Betrieb nicht aus. Ingenieur Richard Lohner, der Sohn des Industriellen, erinnerte sich noch an diese Zeit. „Ja, der Herr Porsche hat meinen Vater rund eine Million Goldkronen gekostet. Er hat ihm zuviel experimentiert. Im Jahre 1905 wurde dann der Vertrag in beiderseitigem Einvernehmen gelöst. Damals änderten wir unser Produktionsprogramm und erzeugten Oberleitungs-Omnibusse. Eine Finanzgruppe wollte in Wien eine große Erzeugung von Elektromobilen nach dem System Lohner-Porsche aufziehen, an der sich auch die Daimler-Motorengesellschaft Untertürkheim, zwei große deutsche Geldinstitute und der Wiener Bankverein beteiligen sollten. Doch es kam nicht mehr dazu. Der Benzinwagen setzte sich immer besser durch!“

MIT DEM THRONFOLGER INS MANÖVER

Als Ferdinand Porsche im Herbst 1905 bei Lohner ausschied, war sein Name in der Fachwelt zum Begriff geworden. Mit den Radnabenmotoren, die er sich schon während seiner Tätigkeit bei der Firma Egger hatte patentieren lassen, erzielte er schöne Erfolge. Bereits am 23. September 1900 stellte er mit seinem „Elektro-Renner" auf dem Semmering den „Record für sämtliche Gattungen der Electromobile" auf. Brauchte man früher für die zehn letzten kurvenreichen Kilometer bis zur Paßhöhe noch 23 Minuten und 27 Sekunden, so machte es Porsche bereits im Jubiläumsjahr der Pariser Weltausstellung wesentlich schneller.

An diesem 23. September, Punkt sechs Uhr früh, beim Kilometerstein 80, rumpelte das von Porsche gesteuerte Elektromobil los und rauschte um die Kurven. Vierzehn Minuten und zweiundfünfzig Sekunden später fegte das windschnittig verkleidete Chassis über die Ziellinie vor dem Hotel Erzherzog Johann auf der Paßhöhe. Immerhin hatte Porsche einen Höhenunterschied von 400 Meter bezwungen, und die Durchschnittssteigung auf der staubigen, mit Haarnadelkurven gespickten Gebirgsstraße betrug an die vier Prozent!

Mit einem Durchschnitt von etwa vierzig Stundenkilometer auf den Semmering, das war eine Leistung, die aufhorchen ließ!

Der „gemischte Wagen" mit seinem Frontantrieb ging ebenfalls ins Rennen. Er siegte in der Gewichtsklasse bis tausend Kilogramm im Jahre 1902 beim Exelberg-Rennen. Wieder saß Ferdinand Porsche am Steuer, und als der Erfinder wie ein alter Rennfahrer die Serpentinen anschnitt, da blieb den am Straßenrand stehenden Zuschauern der Atem weg. Die Kurven dieser steilen Bergstraße waren nicht überhöht, der Beifahrer mußte sich an der eisernen Sitzstange über dem Wagenkasten anhalten und weit hinauslehnen. Ohne diese Schwerpunktverlagerung wäre das Automobil kaum in diesem Tempo um die engen Kurven gekommen.

Der Konstrukteur und Praktiker Ferdinand Porsche war in dieser Zeit als Reserve-Infanterist zur Truppe eingezogen und dann Gefreiter

22

geworden. Er fuhr höchstpersönlich den Thronfolger ins Kaiser-Manöver und hatte auch die Ehre, den Erzherzog Franz Ferdinand in das Hauptquartier der West-Armee zu chauffieren. Stolz saß der Reserve-Infanterist vom Hoch- und Deutschmeister-Regiment am Steuer des von ihm konstruierten Lohner-Porsche, der für diese Fahrt auf Hochglanz hergerichtet worden war: das Verdeck heruntergeklappt, an beiden Seiten des Vehikels goße, blankgeputzte Messinglaternen aufgesteckt, vor dem massiven Kühler noch einen Reservescheinwerfer mit Haltegriff und auf den schwarzgepolsterten hinteren Sitzbänken hockten drei diensteifrige Ordonnanzoffiziere.

Der Thronfolger saß links neben Porsche. Sein Militärautomobil, wohl der erste „motorisierte Feldherrnhügel" der Geschichte, wurde auch gebührend bestaunt. Es ratterte von Regiment zu Regiment, und die Stabsoffiziere erstatteten überall gehorsamst Meldung.

Nach diesem denkwürdigen Kaiser-Manöver erhielt der k. und k. Reserve-Infanterist der Hoch- und Deutschmeister ein Handschreiben, auf das er zeit seines Lebens recht stolz war: „Seine kaiserliche und königliche Hoheit, der durchlauchtigste Herr Erzherzog Franz Ferdinand, geruhen Euer Wohlgeboren beiliegend eine Erinnerung an die heutigen Manöver in West-Ungarn übersenden zu lassen. Die Leistung Ihres Automobils sowie Ihre sichere und exakte Führung desselben haben Seine kaiserliche und königliche Hoheit in jeder Beziehung befriedigt."

Diese Vorliebe für militärische Motorisierungsprobleme sollte Porsche im nächsten Abschnitt seines Lebens sehr nützlich sein. Als er im Jahre 1905 den Pötting-Preis erhielt — eine hohe Auszeichnung für Ingenieur-Leistungen im Automobilbau —, wechselte er zu Daimler nach Wiener Neustadt. Wieder ein großer Sprung in seiner Karriere: der Spenglersohn aus Maffersdorf bekam gleich einen Vertrag als Technischer Direktor.

Porsche wirkte nun in leitender Position in einem angesehenen Unternehmen. Der Anfang der Verbindung Gottlieb Daimlers mit Österreich fiel ja in die Gründerzeit der Daimler-Motoren-Gesellschaft, in das Jahr 1890. Die damals schon recht erfolgreiche Beziehung zu Frankreich ermunterte den deutschen Automobilkonstrukteur, sich auch den Absatz seiner Fabrikate in Österreich zu sichern. Er hatte dafür Josef Eduard Bierenz gewonnen, einen Freund, den er schon etliche Jahre mit seinen Problemen befaßte. Bierenz eröffnete bereits 1890 in Wien ein Büro und übernahm den Vertrieb der in Bad Cannstatt erzeugten Daimler-Motoren.

Die Wiener Land- und Forstwirtschaftliche Ausstellung bot noch im gleichen Jahr Gelegenheit, der Öffentlichkeit eine mit Daimler-Motor betriebene Kleinbahn vorzuführen, die zwischen dem Praterstern und dem Ausstellungsgelände verkehrte.

Der impulsive Eduard Bierenz wollte nun in Österreich eine Motorenproduktion aufziehen und verhandelte deshalb mit dem Industriellen Eduard Fischer, der eine leistungsfähige Motorenfabrik in Wiener Neustadt besaß. Im Jahre 1899 wurde dann die „Österreichische Daimler-Motoren-Kommanditgesellschaft, Bierenz, Fischer & Co." gegründet. Das Anfangskapital betrug 200.000 Goldgulden, und Daimlers älterer Sohn Paul übernahm die technische Leitung des Unternehmens.

Auf der ersten Wiener Automobilausstellung 1900 im Prater zeigte Daimler einen 4-PS-Lastwagen, ein Motorboot mit Zweizylindermaschine und unter anderem den vollständig in Österreich gebauten 4-PS-Phaeton, einen Kleinwagen. Von einer gewinnbringenden Produktion konnte allerdings nicht die Rede sein. Dies führte dazu, das Unternehmen im Jahre 1902 in die „Österreichische Motorengesellschaft Daimler" umzuwandeln und somit von Deutschland unabhängig zu machen. Vor allem wurden damals Omnibusse und Lastautos gebaut.

Über den kleinen, leichten Wagen aus Wiener Neustadt berichtete die Fachpresse: „Die beiden Söhne des genialen Erfinders Gottlieb Daimler sind, wie man weiß, in die Fußstapfen ihres Vaters getreten. Herr Adolf Daimler ist in den Daimler-Werken in Cannstatt thätig, und Herr Paul Daimler arbeitet in den Bureaus der Österreichischen Daimler-Motoren-Gesellschaft in Wiener Neustadt. Dem letzteren verdankt die genannte Gesellschaft die Construktion eines hübschen, leichten Wagens, der in der Fabrik der Paul-Daimler-Wagen genannt wird. Wenn der Wagen auch in seinen Formen von der klassisch gewordenen Type nicht abweicht, so zeigt er doch in seiner maschinellen Anordnung prinzipielle Eigenheiten. Es gilt, wie man weiß, heute geradezu als Regel, den Motor so zu placieren, daß die Motor-Achse mit der Längsrichtung des Wagens parallel läuft. Die Schwungräder rotiren dann in der Querrichtung der Fahrt. Diese Anordnung hat Herr Paul Daimler nicht acceptirt. Er ist der Anschauung, daß der quer zur Fahrtrichtung rotirende Motor seitliche Schwingungen erzeuge, die sich auf das ganze Fahrgestell übertragen. In der That kann man diese seitlichen Schwingungen sehr drastisch bei großen Rennwagen beobachten, deren Motor durch einen Regulator zeitweilig gedrosselt wird. Herr Paul Daimler läßt nun bei seiner Construction die Bewegungen des Motors mit der Fahrtrichtung zusammenfallen, in dem er einfach den Motor querstellt, d. h. von vorne gesehen befinden sich die Cylinder des Motors nicht hintereinander, sondern nebeneinander.

Die Kurbelwelle rotirt infolgedessen in Richtung der Fahrt. Aus der Stellung des Motors resultiren dann in nothwendiger Weise eine Reihe weiterer Umstellungen der Organe. Die Frictionskupplung und das Schwungrad befinden sich seitlich vom Motor, auch sie rotiren in Richtung der Fahrt. Das Getriebe ist in unmittelbarer Nähe des Motors gelagert. Die Welle, welche die Frictionskupplung trägt, steht mit dem Vorgelege durch zwei im Eingriff befindliche Stirnräder in Verbindung. Die Verschiebung der Zahnräder des Schnelligkeitsgetriebes wird aber nicht in der sonst üblichen Weise bewerkstelligt, sondern vermittelst einer Curvenwalze. Das Getriebe enthält vier Schnelligkeiten nach vorne und eine Rückwärtsfahrt. Die beiden conischen Übersetzungsräder, die sonst allen Schnelligkeitswechseln eigen ist, konnten bei der Paul-Daimler-Construction unterdrückt werden.

Da alle Theile in der Fahrtrichtung rotiren, so brauchte der Constructeur nur die Bewegung der Vorgelegewelle durch Ketten auf die Hinterräder übertragen; er that dies aber nicht unmittelbar, sondern legte noch ein Zahnradgetriebe dazwischen. Dadurch wurde die Kette verkürzt und das schnurrende Geräusch statt neben dem Wagenkasten unter den Wagenkasten gebracht. Der Motor der leichten Daimler-Wagen ist zweicylindrig und entwickelt 9 HP, die Zündung ist magnetelektrisch. Das Fahrzeug hat Bienenkorbkühler. Besonders bemerkenswerth ist der Umstand, daß der Preis ein sehr raisonabler ist!"

Das waren noch Testberichte, da wurde technisches Neuland beschrieben, und jedermann, der ein Auto besaß, wußte über Stirnräder, Frictionskupplung und Vorgelegewelle Bescheid. Ohne technische Vorkenntnisse war ein Autofahren unmöglich. Der Fahrer mußte einfach diese Testberichte studieren. Und es gehörte allerhand dazu, so ein Vehikel zu chauffieren und richtig zu schalten.

Man war sehr weitblickend in Wiener Neustadt. Schon kurz nach der Jahrhundertwende wurden Lastautos und Omnibusse ins Ausland exportiert. Auch in Wien rumpelten die schweren motorisierten Karren durch die Straßen. Das von Lohner karossierte Lieferauto der „k. und k. Wiener Krystall-Eis-Fabrik" sah aus wie der Ableger eines Pferdewagens. Es hatte noch Klotzbremsen, die auf die massiven eisernen Radreifen drückten, und vorn auf dem ungedeckten, freien Kutschbock saß der Chauffeur. Eine senkrechte Lenksäule, Schalthebel und Drehgas. An der Stirnwand das wohl wichtigste Requisit: die Kurbel.

Im Jahre 1903 lieferte Daimler in Wiener Neustadt den ersten Postautobus für die Linie Venedig—Padua—Treviso. Dieser Urahn des späteren Sozialtourismus-Massentransporters hatte Vollgummiräder, der Fahrersitz war bereits mit einem hölzernen Baldachin geschützt, die Fahrgäste saßen in einem für sich abgeschlossenen, großen Coupé und eingestiegen wurde hinten, über ein hohes, schmales Trittbrett.

Wie sehr man in Wiener Neustadt schon damals der Zeit voraus war, zeigte der zwischen 1903 und 1905 auf Grund von Anregungen des k. und k. Technischen Militärkomitees konstruierte Heeres-Geländewagen. In einer Ära, in der das Reifenproblem Fahrer und Konstrukteure vor schier unlösbare Aufgaben stellte, in einer Zeit, da es weder Tankstellen noch Werkstätten gab, in der die Behörde erst Richtlinien für eine Führerscheinprüfung ausarbeiten mußte, rollte aus der Werkhalle am Steinfeld ein geländegängiger Wagen. Und das mit Allradantrieb!

Wie schon erwähnt, ging Porsche im Jahre 1905 zu Daimler nach Wiener Neustadt und wurde gleich Technischer Direktor. Zwischen 1905 und 1908 standen hauptsächlich Rennautos und Personenwagen auf dem Produktionsprogramm. Der Standardtyp war der 30-PS-Maja-Wagen, und diese Typenbezeichnung hat eine originelle Geschichte.

In der Vorkriegszeit lebte in Nizza ein reicher Österreicher: Emil Jellinek. Er stammte aus Mähren, hatte eine gediegene Schulausbildung genossen, war später in Wien Beamter und widmete sich dann mit stetigem Erfolg dem Handel. In Tanger und Oran verdiente Jellinek viel Geld. Als begüterter Mann übersiedelte er schließlich nach Baden, dem bekannten Kurort vor den Toren Wiens.

Jellinek war ein Unternehmer mit Weitblick. Seine Leidenschaft galt der Motorisierung. Zuerst widmete er sich dem Fahrradsport, und er fuhr noch vor der Weltausstellung 1900 den dreirädrigen französischen Bollée-Wagen. Im Mai 1897 bestellte er bei Daimler einen 6-PS-Motorwagen, und der reiche Kunde wünschte immer neue Verbesserungen.

Damals waren die Rennsiege der Panhard-Lavassor-Wagen Tagesgespräch. Da Daimler an diesen Rennen mit eigenen Fahrzeugen nicht teilnahm, sondern sich damit begnügte, die französischen Wagen mit seinen Lizenz-Motoren auszurüsten, schaltete sich der energische Jellinek ein. Freilich nicht aus Idealismus. Der Automobilliebhaber witterte ein gutes Geschäft.

Er fuhr des öfteren nach Bad Cannstatt und drang darauf, man möge doch stärkere Wagen bauen. Da Jellinek in Nizza Gelegenheit hatte, alle konkurrierenden Marken auf der schwierigen, kurvenreichen Höhenstraße nach La Turbie in ihrem Verhalten kennenzulernen, war er ein gern gehörter Kiebitz!

So wurde auf Drängen des Millionärs Jellinek der 23-PS-Daimler-Phönix konstruiert. Für die Automobilwoche 1899 in Nizza meldete der Herrenfahrer persönlich den neuen Wagen an: unter dem Pseudonym „Mercedes", dem Namen seiner Tochter, ging das Vehikel ins Rennen. Auf der Tourenfahrt nach Nizza gewann Jellinek den ersten Preis. Der Großkaufmann bestellte unverzüglich sechsunddreißig Phönix-Wagen und bekam für diesen großen Auftrag auch die Genehmigung, die Fahrzeuge als Generalvertreter in Österreich-Ungarn, Frankreich, Belgien und den Vereinigten Staaten anbieten zu dürfen. In diesen Ländern durfte der Wagen unter der Bezeichnung „Mercedes" verkauft werden, in allen übrigen dagegen als „Neuer Daimler".

Die zweite Tochter des reichen Automobil-Promotors hieß Maja. Damit auch diese junge Dame nicht zu kurz komme, wurde bei den österreichischen Daimler-Werken der 30-PS-Standard-Typ nun Maja-Wagen genannt. Aber die Konstruktion bewährte sich nicht recht: Porsche entwarf neue Motoren, steckte aber schon am nächsten Tag die Entwürfe wieder in den Papierkorb und konstruierte schließlich einen 85-PS-Rennwagen, der nach dem gemischten System angetrieben wurde. Das Grundkonzept stammte aus Stuttgart, und der von den Radnabenmotoren angetriebene Renner erreichte bereits im Jahre 1907 eine Spitze von 125 Stundenkilometer. Das Vehikel hatte sogar wassergekühlte Hinterradbremsen . . .

Im Mai des gleichen Jahres wurde auch die erste Übung des „Freiwilligen Automobil-Corps" abgehalten. Mit Autos und Motorrädern fuhren die motorisierten Vertreter der oberen Zehntausend ins Wechselgebiet. Porsche war natürlich mit seinen Freunden mit dabei, und die

Herrenfahrer mit ihren sündteuren Benzinfuhrwerken verlegten Militär-
stäbe und fuhren Ordonnanzoffiziere kreuz und quer durch das Gelände.
Ein Reporter, der dieses Abenteuer mitmachte, schrieb darüber: „Und
man glaube ja nicht, daß die Straßen gut und das Terrain vorteilhaft
waren. Im Gegentheile: die Straßen waren ganz miserabel und es gab
Steigungen, die selbst die Besitzer starker Vierzigpferdiger, denen die
erste Schnelligkeit nur vom Hörensagen bekannt ist, kopfschüttelnd zur
‚Ersten‘ ihre Zuflucht nehmen mußten. Ein schwierigeres Terrain hätte
man sich gar nicht wählen können. In Neunkirchen gab es dann ein
Stelldichein. Vor dem Bahnhof standen Geschütze, alles war mit leeren
Patronenhülsen übersät . . .“

Mit seinem neuen 80-PS-Mercedes-Mixte fuhr Direktor Ferdinand
Porsche bei diesem Manöver mit. Seine junge Frau hielt sich an der
hinteren Sitzbank fest. Der Hut war mit einem Schleier festgebunden.
Nach der Übung des „Freiwilligen Automobil-Corps“ war ein Bad
fällig!

In jener Zeit, da die Pneukosten pro Kilometer mit einer Krone
berechnet wurden, hatten die Spötter und Besserwisser die Lacher auf
ihrer Seite. In einer angesehenen Wiener Tageszeitung konnte sich der
Leser über „Des Autlers Osterfahrt“ in Form einer Serienzeichnung,
ähnlich den heutigen Comic Strips, genau informieren. Am Donnerstag
traf der Herrenfahrer seinen Freund, und das Auto wurde zerlegt, kontrolliert, montiert, aufgetankt und geputzt. Am Freitag fuhr man los,
und schon wenige Kilometer später war die erste Reparatur fällig. Die
Herren lagen unter dem Wagen und bastelten herum. Ebenso am Kar-
samstag, am Ostersonntag und auch am Ostermontag. Am Dienstag
schleppte dann ein Pferdefuhrwerk das defekte Automobil heimwärts.
Der Autler marschierte hinten nach . . .

Ungeachtet solcher publizistischen Seitenhiebe machte der sportliche
Technische Direktor schwierige Wertungsfahrten mit. Bei einer solchen
Tour startete man sogar schon um zwei Uhr früh. Da ein Passagier
fehlte, mußten, um die Nutzlast von 280 Kilogramm zu erreichen,
Sandsäcke aufgeladen werden. Die beiden Fahrer in ihren Gummimän-
teln schwitzten auf der 300 Kilometer langen Strecke fürchterlich. Sie
nahmen zusammen sieben Kilogramm ab!

Dieser echte Sportsmannsgeist hat sich leider nur vereinzelt bis in die
heutige Zeit erhalten. Der überbeschäftigte Manager, der Mann mit dem

überbesetzten Terminkalender, hat nicht einmal für sich selber mehr Zeit.

Heute beschäftigt der Generaldirektor einen routinierten Fahrer, der seine hundertundachtzigpferdige Limousine sicher durch das Verkehrsgewühl steuert. Früher sah man es anders. Um bei Porsche zu bleiben: der Technische Direktor war Herrenfahrer. Er wollte keinen Chauffeur, er wollte in jungen Jahren selbst seinen Wagen lenken. Daher auch der Name Herrenfahrer. So wie sie in den achtziger Jahren ihre Viererzüge durch die Straßen lenkten, sausten sie in den ersten Jahren des zwanzigsten Jahrhunderts über die staubigen Straßen, und dieser Schnelligkeitsrausch mußte hart erarbeitet werden: achtzig Prozent aller Pannen wurden durch geplatzte Pneus verursacht. Als einer der Freunde Porsches im Jahre 1903 eine Autotour nach Italien unternahm, brauchte er zwanzig Schläuche und vier Mäntel. Dieses Gummiarsenal mußte er aber mitführen, denn auf der ganzen Strecke gab es keine Reparaturwerkstätte.

Der Treibstoff war anfänglich nur literweise in Drogerien erhältlich. Als das Gedränge in den Drogerien dann gefährliche Formen annahm, kam ein Benzinlieferant in der Brigittenau auf die gute Idee, den Sprit in große handliche Kannen abzufüllen und zu verkaufen. Das Kannengeschäft florierte, und innerhalb weniger Tage war die erste Tankstelle Wiens in Betrieb.

In den Zeitungen wurde fleißig inseriert, und die Werbung trieb manchmal sonderbare Blüten. Als vierzehn Autopioniere eine erfolgreiche Gruppenfahrt von Frankfurt nach München durchführten, ließ eine Reifenfirma die originelle Anzeige drucken: „Von den vierzehn Konkurrenten, welche ihre Wagen mit Michelin-Pneus montierten, hatte kein einziger einen Defekt, welcher schlechte Punkte nach sich gezogen hätte. In den Pneus war Frankfurter Luft nach dem Eintreffen in München!"

Solche Wertungsfahrten wurden unter den schwierigsten Bedingungen absolviert. Im Jahre 1909 beteiligten sich die Österreichischen Daimler-Werke an der Prinz-Heinrich-Fahrt, einer Zuverlässigkeitstour, die in mehreren Tagesetappen von Berlin über Breslau nach Budapest und von dort über Salzburg nach München führte. Dem Dreierteam gehörte natürlich auch Ferdinand Porsche an, der diese Gewalttour mehr als einen praktischen Test betrachtete. Der zweite Wagen wurde von Direktor Fischer gesteuert, und am Volant des dritten Renners saß der damals gut bekannte Autosportler Hugo Boos-Waldeck.

Das Trio bekam die Silberplakette. Daimler-Direktor Fischer war zufrieden, Porsche hingegen schien sich nach der Siegerehrung in Luft aufgelöst zu haben; er war nicht zu finden. Sein Kollege Fischer fand ihn schließlich in einem kleinen Zimmer. Der wegen der Silberplakette etwas verstimmte Technische Direktor skizzierte einen neuen, stärkeren Wagen. Im nächsten Jahr war dann der große Daimler mit dabei — ein Fahrzeug mit 86 PS Leistung, das dank seiner aerodynamisch geformten Karosserie immerhin gestoppte 140 Stundenkilometer erreichte und damit schneller als alle anderen Konkurrenten war.

Das „Eiserne Team" — Direktor Ferdinand Porsche, Direktor Wilhelm Fischer und Herrenfahrer Heinrich Graf Schönfeldt — belegte mit dem „Sechsundachtzigpferder" die ersten drei Plätze im Gesamtklassement. Von den insgesamt zwölf Preisen brachten sie neun heim nach Wiener Neustadt.

DER BENZIN-ELEKTRISCHE TATZELWURM

In den Archiven des Wiener Technischen Museums in der Mariahilfer Straße wurde schon vor einem halben Jahrhundert ein kleiner Band abgelegt. Das Elaborat mit dem gelben Umschlag ist jetzt vergilbt und verstaubt; es wird nur selten verlangt. Als Autor zeichnet der k. und k. Generalstabsoberst Ottokar Landwehr von Pragenau verantwortlich, ein Stabsoffizier, der sich schon seit den frühen Jahren des Automobils mit den Motorisierungsplänen des Artillerie- und Geniewesens befaßte und dabei bemerkenswerte Thesen aufstellte. In der Folge wurden Ideen entwickelt und ausgearbeitet, die auch heute im Atomzeitalter noch, in einer Ära also, da man Menschen zu anderen Sternen schießen will, einen Begriff von dem vermitteln, was man Genialität nennt.

Es handelt sich um eine titanische Erfindung, die sogar fünf Jahrzehnte nach ihrer Geburt jenseits des Ozeans ihre Wiederauferstehung erleben sollte: um den Landwehr-Zug, der von Ferdinand Porsche noch vor dem ersten Weltkrieg auf seine vierundsechzig Räder gestellt wurde.

Der Generalstabsoberst Ottokar Landwehr von Pragenau hatte sich schon immer mit Transportproblemen befaßt. Heutzutage verlegt man innerhalb weniger Stunden mit einer Flotte leistungsfähiger Düsentransporter einige komplett ausgerüstete Divisionen samt Gerät, Munition und Verpflegung im Nonstopflug von Texas nach Hessen. Im ersten Weltkrieg aber waren die Transportoffiziere hauptsächlich auf Pferdefuhrwerke angewiesen. Das Pferd konnte jedoch diese schwierigen Lasten nicht mehr bewältigen.

Mit den Automobilen war es vor dem ersten Weltkrieg auch nicht weit her. Ein leichter Fiat mit Anhängerkarren konnte in einem bestimmten Zeitraum höchstens 3,6 Tonnen transportieren. Die damals zur Verfügung stehende Subventionstype von Fross-Büssing vermochte eben noch fünf Tonnen zu bewältigen. Ein Wagen mit Vierrad-Antrieb und mit drei hochbeladenen Anhängern brachte es höchstens auf sechs Tonnen; er kam aber im Gelände kaum weiter.

Der benzin-elektrische Porsche-Train hingegen schaffte spielend zwanzig Tonnen!

Im Frontgebiet gibt es nur in den seltensten Fällen gut ausgebaute Straßen. Die Truppe muß aber mit Munition, Verpflegung und Sanitätsmaterial versorgt werden. Ein Lastzug mit fünfzig Frachtwaggons könnte für zwei Divisionen den nötigen Nachschub zu den Kampflinien bringen. Der Feind jedoch würde alle Mittel anwenden, diese Schienenverbindungen zu unterbrechen. Eine Eisenbahnlinie mit ihren vielen neuralgischen Punkten — Brücken, Viadukte, Stellwerke, Kreuzungen, Weichen und Verschiebebahnhöfen — kann mit verhältnismäßig geringem Aufwand und ohne allzu große Schwierigkeiten gestört werden.

Oberst Landwehr-Pragenau zitiert in dieser Schrift den Krieg 1870/71, in dem die Endpunkte der Eisenbahnlinien etwa hundert Kilometer von der Front entfernt waren. Eine Feldbahn zu verlegen, wäre in so einem Fall viel zu zeitraubend gewesen. Außerdem müßte das Material für die Feldbahn erst nach vorne transportiert werden. Noch mehr: die Feldbahn müßte von den Pionieren jeden Tag verlängert werden, damit die vorwärtsstürmende Truppe mit Nachschub versorgt werden könnte.

Die Gleichung mit den Pferden, wie man sie auch ansetzen mag, geht nicht auf. Für ein Korps mit drei Divisionen sind etwa 200 Tonnen Verpflegung notwendig, und das in einem Zeitraum von vierundzwanzig Stunden. Diese Transportkolonnen würden vom Feind einfach zu bekämpfen sein: vierhundert Pferdefuhren zu je fünf Zentner ergeben eine Kolonnenlänge von 4500 Meter Länge; sechsundsechzig Lastautos mit je drei Tonnen Fracht stauen sich zu einer schwerfälligen, motorisierten Schlange, die immerhin noch 924 Meter lang ist; aber zehn Porsche-Autozüge mit einer Kapazität von je 20 Tonnen haben eine Länge von je vierzig Meter.

Die Achsdrücke so eines riesigen Benzin-Elektro-Zuges überschreiten kaum 3,5 Tonnen, die Mammut-Transporter bewältigen Steigungen bis zu dreiundzwanzig Prozent und ebenso abschüssige Hänge. Enge Haarnadelkurven bilden kein Hindernis — der Auto-Zug kann auf einer sechs Meter breiten Fahrbahn wenden. Und sollte der Train dennoch nicht weiterkommen, gibt es einen Rückwärtsgang. Der Porsche-Zug manövriert dann im Schneckentempo zurück und kommt dabei nicht einen halben Meter aus der Spur!

Das System ist faszinierend: die Energie wurde vom Maschinenwagen geliefert, in den Porsche einen 100-PS-Sechszylinder-Daimler-Motor, der tausend Touren in der Minute lief, installierte. Ein 300-Volt-270-Ampère-

DER MEISTER IN DER KURVE — Beim Exelbergrennen demonstrierte Ferdinand
Porsche seine grandiose Fahrkunst. Er erkämpfte damals die Bestzeit.

Umseitig: HERRENFAHRER PORSCHE MIT GATTIN — Mit seinem schnittigen
Daimler brillierte er bei vielen Alpenfahrten. Das Gesicht seiner Frau ist allerdings
bei diesem Tempo ein wenig unglücklich . . .

Dynamo gab die elektrische Energie über Kabel zu den in den Radnaben montierten Elektromotoren ab. Jedes Rad hatte also eine eigene Kraftquelle, die sich auf sechs Geschwindigkeiten stufen ließ.

Darüber hinaus gab es eine elektrische Kurzschlußbremse und eine mittels Drahtseil bis zum letzten Karren durchlaufende mechanische Bremse. Einige Anhänger waren auch mit Handbremsen ausgerüstet. Sicherheit war schon damals oberstes Gebot.

Die Ladefläche jedes Anhängers war zwei Meter breit, zwei Meter lang und mit den Seitenwänden etwa einen Meter hoch. Schon die erste Beladeprobe brachte ein verblüffendes Ergebnis: man verstaute innerhalb kürzester Zeit 50 Säcke Hafer, zusammen 2500 Kilogramm, dann 47 Säcke Mehl, das waren 2450 Kilogramm, 66 Kisten mit Fleischkonserven, die 2400 Kilogramm mitbrachten, und 40 Säcke Feldzwieback mit insgesamt 1400 Kilogramm.

Mit dieser Fracht ging der Landwehr-Zug erstmals auf große Fahrt. Er bewältigte kurvenreiche, enge Paßstraßen, und als die Steigung dann zu steil wurde, kuppelten die Monteure den Tatzelwurm in der Mitte auseinander, blockierten die abgestellten Anhänger mit Holzklötzen, und der erste Teil kroch im Schneckentempo die Steigung hinan. Oben angekommen, stoppte der kupierte Fracht-Zug. Ein Kabel wurde ausgelegt, mit dem Maschinenwagen und dem in der Kurve noch wartenden zweiten Teil verbunden, und dann krochen die restlichen Anhänger, durch die Nabelschnur mit Elektrizität versorgt, ebenfalls zur Bergkuppe.

Es wurde der beachtliche Durchschnitt von achtzehn Stundenkilometer erzielt. Fährt man heutzutage auf der Autobahn von Stuttgart über die Schwäbische Alb nach Ulm, dann werden Dutzende moderne Diesel-Frachter überholt, die mit dem ersten Gang im Tempo eines Fußgängers die gar nicht so steile Steigung mühsam hinankeuchen.

Das Universalgenie Porsche hatte aber noch eine andere Idee: die Räder waren so konstruiert, daß mit wenigen Handgriffen Spurkränze aufgesteckt werden konnten. Mit anderen Worten — der motorisierte, benzin-elektrische Tatzelwurm fixierte sein Lenksystem und fuhr als regelrechter Eisenbahnzug weiter, wurde von den Fahrdienstleitern zur nächsten Station gemeldet, die Semaphore wechselten auf „Frei!", und die Trains verkehrten nach einem Sonderfahrplan.

Im Winter schickte Ferdinand Porsche einen solchen Landwehr-Zug über verschneite Straßen in das Gebiet der Hohen Wand. Bei bitterer Kälte rumpelte die Wagenschlange aus dem Daimler-Werk in Wiener Neustadt nach Wöllersdorf, machte dort auf dem Hauptplatz kehrt, fuhr zur Ruine Starhemberg, kämpfte sich über tiefverschneite, löcherige Landstraßen nach Muthmannsdorf und preschte sodann mit Höchstgeschwindigkeit über Weikersdorf wieder nach dem heimatlichen Wiener Neustadt zurück.

Der Kommandant der Verkehrsbrigade, Feldmarschalleutnant Leopold von Schleyer, schüttelte ungläubig den Kopf, als er von den Leistungen dieses riesigen Vehikels hörte. Er erschien eines Tages bei Porsche im Daimler-Werk und übernahm persönlich einen solchen nagelneuen, eben ausgelieferten Landwehr-Zug. Die Reise führte von Wiener Neustadt über Bruck an der Mur nach Raab. In Komorn wurde übernachtet, und über Piliscaba ging's dann weiter nach Budapest.

Der Tatzelwurm des einstigen Spenglerbuben aus Maffersdorf machte in der ungarischen Hauptstadt Furore. Er ordnete sich in den Stadtverkehr ein, überholte Pferdedroschken, Elektromobile sowie bimmelnde Trambahnen und ratterte schließlich in einen Kasernenhof. Die staunende Bevölkerung stand Spalier.

Ein anderer Landwehr-Zug fuhr nach Znaim und kam schon am nächsten Tag wieder nach Wiener Neustadt zurück. Er war auf den Schienen gefahren, von der Südbahn über die Verbindungsbahn auf die Nordbahnstrecke gekommen. Der militärische Automobilismus der österreichisch-ungarischen Monarchie erlebte Triumphe, als der Super-Landwehr-Zug „Panther" mit dem Kennzeichen B-509 mit fünfundzwanzig voll ausgerüsteten Infanteristen, einer Menge Munition und Verpflegung und gewissermaßen als Draufgabe mit 20.000 Kilogramm Schotter nach Bosnien fuhr.

Die Straßen waren mit einer tiefen Schneedecke überzogen. Porsche ließ scharfe Stollen in die eisernen Radreifen einschrauben, und der „Panther" kämpfte sich durch. Er fuhr aber keineswegs auf Hauptstraßen, sondern walzte über ausgefahrene, tiefgefurchte Hohlwege und mußte auch schmale Holzbrücken mit geringer Tragfähigkeit passieren.

Die Techniker aus Wiener Neustadt exerzierten es vor: die Zugmaschine fuhr langsam über die Holzbrücke, rasch wurde ein Kabel ausgelegt, und Anhänger um Anhänger kroch über die hölzerne Brückenfahrbahn. Die Voraussicht und Planung des Konstrukteurs hatten sich wieder einmal bewährt: einen Karren hielt die Brücke aus, zwei Karren auf einmal hätten sie aber zweifellos zum Einsturz gebracht.

Der „Panther" karrte Erze quer durch Bosnien und lieferte seine schwere Fracht in Visoko-Fojnica ab. Dann machte er einen Abstecher nach Ungarn und wurde für den Rübentransport eingesetzt. Die Zuckerfabrik in Ungarisch-Hradisch kam mit dem Verarbeiten gar nicht nach ...

An der Balkanfront wurden die Transportoffiziere des Generalstabs vor eine schwere Aufgabe gestellt: Sie mußten innerhalb kürzester Zeit enorme Materialmengen befördern. Sie faßten daher eine ganze Reihe dieser Trains zu „k. und k. Kraftwagenbahnen" zusammen und setzten die Porsche-Züge an den Brennpunkten des Kampfgeschehens ein. Eine einmalige Transportleistung vollbrachte diese Kraftwagenbahn nach der Brussilow-Offensive im Jahre 1916, als sie aus der abgeschnittenen Bukowina nicht weniger als 25.000 Verwundete, 30.000 Flüchtlinge und im zerlegten Zustand 46 Lokomotiven und über tausend Waggons der k. und k. Staatsbahnen evakuierte.

Auch an der rumänischen Front und in den Karpaten sowie zwischen Vittorio und Belluno wurden die Trains eingesetzt. Waren die Schienen beschädigt, fuhren sie einfach querfeldein und rollten dann bei erstbester Gelegenheit am Bahnkörper weiter.

Das war vor und während des ersten Weltkriegs, vor einem halben Jahrhundert. Vom tonnenschweren, fahrenden E-Werk versorgt, rollten die klobigen Anhängerzüge, die sich dank ihrer Gegendeichseln mit unvorstellbarer Präzision um die engsten Kurven lenkten und dabei haargenau in der Spur blieben, bis in unser übertechnisiertes Zeitalter.

Der Spezialfrachter, den die US-Army in unseren Tagen zur Versorgung der Radarstationen in der Arktis einsetzt, ist der beste Beweis dafür.

VOM ARTILLERIE-TRAKTOR ZUM C-ZUG

Südfrankreich 1944 — Invasion. Bei Valence im Rhônetal fliegt eine der wenigen noch intakten Brücken in die Luft. Damit die nachdrängenden amerikanischen Pioniereinheiten diesen strategisch wichtigen Übergang nicht so rasch wieder instand setzen können, haben Sonderkommandos der den Rückzug sichernden deutschen Panzerdivision zwei schwere Tenderlokomotiven auf die Brücke rangiert und erst dann die Ladung gezündet.

Zwei Stunden später rollt die amerikanische Vorhut über die Route-Nationale Nr. 7 und sichert den Brückenkopf. Die vorwärtsstürmenden Truppen machen reiche Beute: ein halbes Dutzend Eisenbahngeschütze schwersten Kalibers, auf Lastzügen verfrachtete Feldhaubitzen und Panzer, 8,8-Zentimeter-Flakgeschütze sowie schwere Artillerie. Zwei komplette Trains der Eisenbahnartillerie mit Langrohrgeschützen samt Kommando- und Munitionswagen werden erbeutet. Es war dem deutschen Korpskommandeur nicht mehr möglich gewesen, diese schweren Brocken über die Rhône zu schaffen.

Die Züge stauten sich auf der Strecke. Die letzten Stunden waren sie nur noch auf Sicht gefahren. Man wollte so viel wie möglich rollendes Material aus dem Kessel herausbringen. Bei einem kleinen Bahnhof war dann die Strecke unterbrochen: Partisanen hatten einen Viadukt gesprengt. Dieser Übergang konnte von den Eisenbahnpionieren nicht mehr repariert werden. Der Werkstattzug des Eisenbahnpionierregiments lag auf einer Nebenstrecke fest. Es fehlte aber die Lokomotive. Der Reparaturtrupp konnte deshalb nicht vorgezogen werden, und auf diese Weise verlor eine Armee einen Großteil ihrer schweren Waffen.

Das war eine Episode aus der Invasion in Südfrankreich. Im ersten Weltkrieg war es aber auch nicht anders. Und mehr als drei Jahrzehnte vor dem Sommer 1944, im Jahre 1911, befaßte sich ein Konstrukteur mit den Problemen der Motorisierung der schweren und allerschwersten Artillerie. Kaum wie ein anderer hatte er die Schwierigkeiten der modernen Kriegführung erkannt.

36

Schon im Jahre 1911 verband die Österreichischen Daimler-Werke in Wiener Neustadt mit dem Skoda-Konzern in Pilsen eine echte Interessengemeinschaft. Der k. und k. Generalstab war an Ferdinand Porsche herangetreten, die schweren Geschütze nach einer bestimmten Norm zu motorisieren. Diese tonnenschweren Monster konnten nicht von Pferden gezogen werden. Und von der Schiene wollte man sie weghaben, zumindest sollten sie nicht an die Schiene gebunden sein. Sie mußten von der Eisenbahn unabhängig im schwierigen Gelände operieren. Man träumte von beweglichen Batterien, die innerhalb kürzester Zeit von einem Frontabschnitt zur anderen Hauptkampflinie verlegt werden könnten. Diese überschweren Brocken sollten gewissermaßen die „Feuerwehr" der Armee bilden.

Direktor Porsche fuhr einige Male nach Pilsen zu den Skoda-Werken, in die Waffenschmiede der österreichisch-ungarischen Monarchie. Er befaßte sich mit dieser schwierigen Materie, büffelte einschlägige Literatur und konnte schließlich über Geschoßgeschwindigkeiten, Panzerstärken und Geschützbau ein Kolleg halten, das einen erfahrenen Artillerieoffizier vor Neid hätte erblassen lassen.

Zwei Jahre später wurde das Projekt allmählich reif. Karl Ritter von Skoda, der Generaldirektor des Konzerns in Pilsen, wurde in den Vorstand der Österreichischen Daimler-Werke aufgenommen. Und es begann eine technisch-finanzielle Zusammenarbeit, von der Militärexperten und Ministerialbeamte heute noch schwärmen.

Ferdinand Porsche machte zunächst die 30,5-Zentimeter-Mörser flott. Das waren Geschütze mit einem enormen Geschoßgewicht von mehr als 380 Kilogramm. Der Zugwagen M-17 mit dem Daimler-Motor schleppte diese Super-Kanone an die Front, und das „Ehrenbuch unserer Artillerie" berichtet darüber: „Eine Überraschung für die ganze kriegführende Welt hatte unsere Festungsartillerie aber doch, den 30,5-Zentimeter-Mörser, Muster 11, der gleich bei den ersten Kämpfen um die belgischen und französischen Festungen an der deutschen Westfront mitwirkte und dabei ganz hervorragende Erfolge erzielen konnte. Die große Bedeutung dieses Geschützes lag weniger in der großen Wirkung und Schußweite als vielmehr in seiner großen Beweglichkeit, welche die Mörserbatterie befähigte, den Feldarmeen zu folgen und binnen kürzester Zeit zur Wirkung zu kommen, was bei den handstreichartigen Überfällen auf die belgischen Festungen von ausschlaggebender Bedeutung war!"

Im Archiv der Familie Porsche gibt es noch etliche Konstruktionszeichnungen zum heute schon legendär gewordenen Mörser-Schlepper. Schon die erste Version des M-17 war im wahrsten Sinne des Wortes ein Büffel: ein klobiger, massiver Karren, über zwei Meter breit, fast sechseinhalb Meter lang, mit vierzig Zentimeter Bodenfreiheit. Dieser Zugwagen verfügte über einen Vier-Zylinder-Benzinmotor, der bei tausend Touren in der Minute 80 PS leistete. Es gab vier Vorwärtsgänge und einen Retourgang. Später wurde die Maschine auf 100 PS gebracht, und die Kanonen-Traktoren bekamen von den Soldaten den Spitznamen „Hunderter"...

Der Vorderradantrieb erfolgte über ein System von Kegelrädern. Die beiden Hinterräder wurden durch Kegel- und Stirnräder betrieben. Die Räder selbst waren eineinhalb Meter hoch, und die Eisenfelgen hatten Stollenleisten und Blechgreifer aufgesteckt. Die massiven Vorderräder waren dreißig Zentimeter breit, die Hinterräder sogar fünfundvierzig Zentimeter. Ideal für schwieriges Gelände. Mit einer Behälterfüllung konnte der M-17 etwa 140 Kilometer zurücklegen. Für die damalige Zeit ein geradezu phantastischer Aktionsradius.

Um diese Zugmaschinen gab es beinahe politische Verwicklungen, weil die Heeresverwaltung ohne Bewilligung des Reichsrates die Konstruktion angeordnet hatte und somit die Herstellung und die Erprobung eine geheime Angelegenheit war. Nichts durfte darüber verlautet werden; die Arbeiter waren zu strengstem Stillschweigen verpflichtet, und die Geheimhaltung ging so weit, daß bei den Probefahrten auf dem Steinfeld der Mörserzugwagen sogar durch einen Bretteraufbau als Möbelauto getarnt werden mußte!

Aus diesem Zugwagen entwickelte Ferdinand Porsche später einen noch stärkeren Artillerie-Traktor, kombiniert mit achträdrigen Anhängern, die mit ihren Radnabenmotoren gewissermaßen selbständige Triebwagen waren: den berühmten C-Zug. Dieser Generatorwagen war mit einem 150-PS-Viertaktmotor ausgerüstet und brachte es mit seiner Riesenlast auf ebener Straße zu Spitzengeschwindigkeiten von sechzehn Stundenkilometern. Fuhr der C-Zug auf der Schiene, dann war er noch schneller: bei einer Testfahrt wurde ein Stundendurchschnitt von 27 Kilometer erreicht und einen halben Tag lang auch gehalten. Diese Wagenkombination mit „gemischtem Antrieb" führte die schwersten Mörser der Welt im Gelände spazieren, als transportiere sie eine Fuhre Heu!

Jeder C-Zug besaß natürlich seinen eigenen Generatorwagen. Es mußten transportiert werden: das Rohr mit Verschluß mit einem Gewicht von 20.700 Kilogramm; die Lafette samt Wiege mit ihren 17.600 Kilogramm; die Bettungshälfte I mit 21.000 Kilogramm und schließlich noch die Bettungshälfte II mit 22.000 Kilogramm.

Werden diese enormen Lasten aufgeschlüsselt, dann kommen beim ganzen Geschütz immerhin über 81 Tonnen heraus. Und das zu einer Zeit, da das Personenauto noch seine Kinderkrankheiten hatte, die ersten elektrischen Anlasser auf den Markt kamen und das Telephon noch zur Seltenheit zählte.

Der komplette Rohrwagen brachte 38.000 Kilogramm auf die Waage, der Lafettenwagen wog an die 33.000 Kilogramm, und die beiden Bettungshälften hatten mit Anhänger zusammen das respektable Gewicht von 73 Tonnen. Es war dies aber keine Konstruktion um der Gigantomanie willen: Vernunft und taktische Gegebenheiten spielten die wesentliche Rolle. Die Achsdrücke waren ja gar nicht so arg. Beim Rohrwagen waren es 9500 Kilogramm, beim Lafettenwagen 8250 Kilogramm, beim Bettungswagen I genau neun Tonnen und beim Bettungswagen II wurde der Wert von 9400 Kilogramm nicht überschritten. Mit anderen Worten: das Monstergeschütz wurde nicht durch schwache Brücken in seinem Aktionsradius gehemmt. Porsche hatte ihm den Charakter eines unbeweglichen prähistorischen Ungetüms mit dem Zeichenstift genial genommen.

Die schweren Brocken kamen an die Isonzo-Front, wo sie entscheidend in das Kampfgeschehen eingriffen. Die C-Züge bewältigten Steigungen im Gelände bis zu 25 Prozent, und selbst der Brennerpaß wurde im zügigen Tempo auf dem Schienenweg überrollt.

Als der Autor an einem heißen Sommertag des Jahres 1964 im klimatisierten Glaspalast in Stuttgart-Untertürkheim den Autopionier Alfred Neubauer — als langjähriger Rennleiter bei Mercedes später in die Geschichte der Motorisierung eingegangen — zum Thema C-Zug interviewte, erklärte der alte Automobil-Haudegen: „Dieser motorisierte Mörser war schon damals um ein halbes Jahrhundert seiner Zeit voraus. Auf der Schneebergbahn wurden die Probefahrten durchgeführt. Die Einheiten fuhren vom Daimler-Werk weg quer durch Wiener Neustadt zum Schneebergbahnhof, und von dort ratterten sie bis Puchberg. Da gibt es aber starke Steigungen. Ich war etliche Male bei solchen Abnahmefahrten dabei. Wir fuhren mit dem Skoda-Geschütz durch schwierigstes Gelände. Direktor Porsche hat uns einmal sogar auf den Seeberg-Sattel geschickt, und dieser Berg war damals nicht ausgebaut. Das war eine kurvenreiche, enge, steile Bergstraße. Einundzwanzig Prozent Steigung! Da kann ich mich noch gut erinnern. Das komplette Geschütz haben wir hinaufgebracht, obwohl wir es zuerst selbst nicht glaubten. Ich habe es dann nachgemessen. In einer Stunde sind wir vierhundert Meter weit gefahren. Aber der Mörser war dann auf dem Berg!"

Der massige, ewig polternde Neubauer mit seiner etwas hemdsärmeligen Art und dem kinderweichen Gemüt war auch von Anfang an bei der Motorisierung dabei. Im Jahre 1891 in Neutitschein geboren, sechs Kilometer von der Automobilfabrik Nesselsdorf entfernt, aus der einmal später der Tatra-Konzern entstehen sollte, spielte er schon zur Zeit des Dampfwagens mit kleinen Automobilen.

Auch an der Entwicklung des C-Zuges war Neubauer führend beteiligt. Im Mai 1915 schickte ihn Ferdinand Porsche nach Pilsen. Und als er sich im August von Skoda-Direktor Paul verabschieden wollte, meinte dieser: „Sind S' nicht so g'schwind mit dem Auf-Wiedersehen-Sagen. Wollen Sie nicht lieber bei mir bleiben? Das, was Ihnen der Direktor Porsche bezahlt, bekommen Sie auch von mir..."

Aber Ferdinand Porsche hatte seine Querverbindungen und dürfte bald von dem Angebot gehört haben. Denn als sich Neubauer wieder bei seinem Direktor in Wiener Neustadt meldete, machte dieser ein verkniffenes Gesicht und brummte: „Da sind S' ja wieder. Wollen Sie jetzt bei mir bleiben oder nicht?" Als Neubauer erstaunt ein „Jawohl!" stotterte, entwarf Porsche einen neuen Vertrag und überbot die Gage, die sein Kollege Paul vorgeschlagen hatte.

Der Spenglersohn aus Maffersdorf in Böhmen hatte einen weiteren Gipfel im steilen Auf und Ab seines Lebens erklommen. Der Autodidakt mit Zeichenstift und Schraubenschlüssel, der schon 1912 von Seiner Apostolischen Majestät für „besondere Leistungen auf militärischem Gebiet" mit dem Titel eines Ritters des Franz-Josephs-Ordens ausgezeichnet worden war, erhielt als Generaldirektor der Daimler-Werke vier Jahre später den Franz-Josephs-Orden mit Kriegsdekoration.

Die Technische Hochschule in Wien verlieh dem Absolventen der Reichenberger Abend-Gewerbeschule im Jahre 1917 die Würde eines Dr.-Ing. h. c. der Technischen Wissenschaften.

GENERALDIREKTOR IM LENKBALLON

Im Porsche-Werk Zuffenhausen, vor der gläsernen Front zur lärmerfüllten Montagehalle, steht ein alter Flugzeugmotor. Dieses gut erhaltene Ausstellungsstück hat neun Zylinder, welche im Doppel-V in je drei Reihen angeordnet sind. Der Antrieb der mittleren Nockenwelle durch Kegelräder ist so dimensioniert, daß die ganze Motorleistung übertragen werden kann. Der Propeller befand sich also an der mittleren Nockenwelle, wodurch man sich ein Untersetzungsgetriebe ersparte.

Dieser Motor leistete bereits im ersten Weltkrieg bei 3000 Touren in der Minute etwa 300 Pferdestärken. Das Triebwerk war mit einem Spezialvergaser und automatischer Gemischregelung ausgerüstet.

Ferdinand Porsche hat dieses Neun-Zylinder-Triebwerk noch vor dem ersten Weltkrieg in Wiener Neustadt konzipiert und in jahrelanger Arbeit zur Serienreife gebracht. Der rastlose Erfinder sah schon zu einer Zeit, da es in Österreich kaum ein Dutzend Flugzeuge gab, die künftige Entwicklung voraus.

Damals hatte der k. und k. Generalstab noch keinen einzigen Aeroplan. Das Luftschiff, die aufgeblasene Stoffwurst, war Trumpf. In Fischamend bei Wien war der österreichische Luftschiffhafen, und ein junger, ambitionierter Offizier führte das Kommando: Franz Mannsbarth, Infanterieleutnant vom St.-Pöltener Hausregiment Nr. 49, den „Mehlstaubern", wie man es wegen seiner hellgrauen Uniformaufschläge scherzhaft nannte.

Franz Mannsbarth wollte aber im buchstäblichen Sinn des Wortes höher hinaus. Um die Jahrhundertwende hatte der Ballonflug seine Blüte erreicht und auch allmählich bei den Militärs Interesse gefunden. Unter den ersten zehn geprüften Ballonführern der österreichisch-ungarischen Armee befand sich auch der junge Infanterieleutnant, und er wurde nach und nach den Ballonabteilungen verschiedener Festungsartillerieregimenter zugeteilt. Der Ballonpilot war damals der vorgeschobene Beobachter, dem nichts entgehen durfte . . .

Diese schwerfälligen Ballons, bei denen man ausschließlich den Launen und Tücken des Windes ausgeliefert war, hatten jedoch keine Zukunft. Der junge Offizier erkannte den Trend und sattelte deshalb um; Franz Mannsbarth erwarb eines der ersten Flugzeugführerpatente — Technischer Kurs zur Flugzeugführung wurde das damals genannt —, blieb aber dem Ballon und dem Luftschiff trotzdem treu.

Mit seinem Freund und Mentor, dem Hauptmann Baron von Berlepsch, fuhr er nach Frankfurt am Main und baute dann mit dem Techniker Ingenieur Hans Stagl ein großes Luftschiff. Diese Stoffwurst war eine geniale Konstruktion, die nur einen Fehler hatte: sie wurde nämlich zu einer Zeit geschaffen, da der Aeroplan eindeutig besser im Rennen lag und das Luftschiff vom leichteren und viel billigeren Flugzeug bereits ausmanövriert wurde.

Der elegante, tropfenförmige Stagl-Mannsbarth war keine Nachahmung des berühmten deutschen Zeppelins: die stromlinienförmige Konstruktion unterschied sich vom gerippe-bewehrten Zeppelin durch das sogenannte halbstarre System. Diese Art von lenkbaren Luftfahrzeugen nannte man „Prall-Luftschiff". Und so ein „Prall-Luftschiff" war auch weitaus billiger als der Zeppelin, konnte überdies schneller gebaut und wesentlich wendiger manövriert werden als die plumpe Riesenzigarre des Grafen vom Bodensee.

Der Stagl-Mannsbarth mit seiner Länge von 91 Meter war damals das größte „Prall-Luftschiff" der Welt. Über 9000 Kubikmeter Gas trugen es durch die Lüfte, und von sechs Propellern getrieben, rauschte es in zügiger Fahrt vorwärts. Die beiden Austro-Daimler-Motoren mit je 150 PS Leistung stammten vom Reißbrett des Direktors Ferdinand Porsche.

Vier Jahre lang führte dieses österreichische Luftschiff, neidisch von der ausländischen Konkurrenz beobachtet, ohne nennenswerten Unfall viele Fahrten durch. Dem Stagl-Mannsbarth gebührt der Ruhm, als erster in unserem Land noch vor der Zeit des Aeroplans Passagierflüge durchgeführt zu haben.

Ein Zeitgenosse schrieb über dieses Luftschiff begeistert: „Der Ballon hat zwei Gondeln, welche durch einen Laufsteg verbunden sind. Jede Gondel hat einen 4 zylindrischen Daimler-Motor von je 150 PS, welcher zwei 2flügelige Schrauben von 4 m Durchmesser antreibt. Außerdem hat jede Gondel noch eine dritte Schraube von 2,2 m Durchmesser, welche zur Höhensteuerung bestimmt ist, und ein Flächen-Höhensteuer. Beim ersten Probeflug stellte sich heraus, daß die Seitensteuerung zu schwach wirkte. Das Seitensteuer wurde deshalb von seinem Platze über der hinteren Gondel noch mehr nach rückwärts verlegt und zugleich entsprechend vergrößert. Der Rauminhalt des Luftschiffes beträgt 8150 m³. Durch 3 Schottenwände ist der Ballon in 4 gleich große Kammern zerlegt, von denen jede ihre Ballonet hat. Die 4 Ballonets haben einen Inhalt von zusammen 2500 m³, also ungefähr den dritten Teil des Inhaltes. Durch untere Öffnungen in den Schottenwänden stehen die einzelnen Kammern untereinander in Verbindung. Die erste und die vierte Kammer haben je ein Manövrierventil, die zweite und dritte Kammer je ein automatisches Sicherheitsventil. Die Hülle, aus diagonal doubliertem Stoff von der Breitenseer Gummifabrik geliefert, besteht aus 32 Längsbahnen, die in der Mitte 40 m im Umfange haben. In jeder Zelle befindet sich ein Fenster, außerdem gibt es 4 Füllöffnungen und 2 Einsteigöffnungen. Die Geschwindigkeit des Ballons dürfte an 60 Kilometer heranreichen. Er ist befähigt, 2600 kg an Menschen und Ballast mit in die Luft zu nehmen. Gondel und Motor sind Erzeugnisse der Wiener-Neustädter Daimler-Werke. Das Luftschiff ist angeblich imstande, auf eine Höhe bis zu 2600 m zu steigen. Die einzelnen Teile der Gondelkonstruktion sind miteinander gelenkig und zugleich federnd verbunden, so daß eventuelle Stöße bei der Landung absorbiert werden können. Unten trägt die Gondel einen Landungssporn, in dessen prismatischen Hohlraum das 600 Liter fassende Benzinreservoir eingebaut ist. Auf der vorderen Gondel ist der Führerstand angebracht. Neben dem Führer ist der Seitensteuermann postiert, der mittelst eines großen Steuerrades die Kette und Seilzug der auf der Hintergondel montierten Seitensteuerung bedient. Die ganze Gondelkonstruktion ist 49 m lang, worauf 34 m auf den Laufsteg entfallen . . ."

Auch in einem anderen Luftfahrzeug, dem Parseval-Lenkballon, waren Austro-Daimler-Motoren eingebaut. Zwischen Fischamend und Wiener Neustadt wurden die Probefahrten durchgeführt. Einige Male war auch Direktor Porsche mit an Bord. Der Konstrukteur war ja in erster Linie Praktiker: er wollte sich persönlich davon überzeugen, wie seine Motoren arbeiteten. Mit Prüfstandläufen allein war es nicht getan.

An so einer Fahrt von Fischamend nach Wiener Neustadt war auch der Automobil-Club beteiligt. Als die Startmannschaft die Halteleinen losließ und die beiden 150-PS-Motoren lospfauchten, ratterten auch etliche

Vehikel los. Sie fuhren kreuz und quer dem Lenkballon nach. Über Pottendorf ging es dann nach Wiener Neustadt. Über der Kriegs-akademie zog der Parseval eine elegante Schleife, die Aviatiker kritzel-ten eine Meldung auf einen Zettel, steckten das Blatt in eine mit einem Stofftuch markierte Blechbüchse und warfen die „Flugpost" über der Akademie ab.

Bei einer anderen Fahrt mit dem Parseval wäre Ferdinand Porsche beinahe verunglückt. Der Lenkballon geriet in eine Schlechtwetterfront, er sollte rasch sinken. Aus irgendeiner Ursache klemmte jedoch der Seil-zug zum Gasablaßventil. Das Luftschiff stieg immer höher. Die Luft wurde immer dünner, das Gas dehnte sich zusehends aus; es drohte, die Stoffwurst zu sprengen.

Der schnauzbärtige Automobilbauer und Flugmotorenexperte erkannte die Situation. Er kletterte aus der offenen Gondel, hantelte sich wie ein Artist an Spannseilen und Strickleitern hoch und reparierte mit bloßen Händen den eingeklemmten Seilzug. Endlich begann das Gasablaßventil zu zischen. Der Parseval verlor an Höhe und konnte glatt landen. Porsche hatte seine Courage mit verbrannten, zerschundenen Händen bezahlt.

Porsche war also damals schon sehr aktiv in der Luftfahrt tätig. Im Buch des Fluges aus dem Jahre 1911 wird über ihn berichtet: „Der öster-reichisch-ungarische Parsevalballon wurde durch die ,Österreichische Luftfahrzeug-Gesellschaft' gebaut. Die gelungene Ausführung und die Leistungsfähigkeit dieses Luftschiffes stellt der Leitung der Gesellschaft sowie den liefernden Firmen das glänzendste Zeugnis aus. Die Leitung dieser Gesellschaft — die kürzlich auch die Erzeugung der bekannten Etrich-Monoplane übernommen hat — ruht in den Händen der Direktoren Castiglioni, Herbst, Fischer und Porsche. Als erzeugende Firmen waren beteiligt: die österreichisch-amerikanische Gummifabrik Wien-Breitensee und die österreichische Daimler-Motoren-Fabrik Wiener Neustadt. Sie haben sich große Verdienste um die Luftschiffahrt in Österreich erworben."

Unter „Figur-222" ist in diesem Werk auch ein Bild des Luftschiffers Porsche publiziert: im Fliegerdreß steht er auf dem Gondelgerüst und hantiert an der Luftschraube des Lenkballons.

Immerhin entwickelte das Luftschiff mit den Porsche-Motoren eine Geschwindigkeit von 12,5 Meter in der Sekunde. Am 28. November 1909 kreuzte es in zweieinhalbstündiger Fahrt zwischen dem Stephansplatz und Schönbrunn. Am 1. Dezember startete es dann zu seiner Dauerfahrt, die von Fischamend nach Wien, dann nach Weikersdorf und von dort über Preßburg und Bruck an der Leitha wieder nach Fischamend führen sollte. Bei ungünstiger Witterung wurden in sieben Stunden etwa 180 Kilometer zurückgelegt. Wiederum war Porsche mit dabei.

Diese Luftschiffahrten gingen vor dem ersten Weltkrieg in Szene, und man muß sich die Entwicklung in dieser Zeit vor Augen halten. An einem böigen, grauen Septembermorgen des Jahres 1903 waren in den Sanddünen von Kitty Hawk in Nordkarolina die Brüder Wright zu ihrem ersten Motorflug gestartet. Orville, der jüngere der beiden, legte in zwölf Sekunden dreiundfünfzig Meter zurück. Die Maschine flog kaum höher als drei Meter!

Von diesem 17. September bis zum heutigen Tag ist es ein weiter Sprung. Aber auf die damalige Zeit bezogen: im Herbst 1903 konstruierte Porsche noch bei der Firma Lohner seine „gemischten Automobile", und das Fliegen mit Fahrzeugen schwerer als Luft wurde für unmöglich angesehen.

Erst am 20. September 1905 gelang dem amerikanischen Brüderpaar der erste Kreisflug. Ein ungeheurer Fortschritt, denn damit wurde bewiesen, daß auch in der Kurve das Flugzeug stabil sein kann.

Immer höher wurden die Flugleistungen hinaufgeschraubt. Am 26. September 1905 gelang ein Flug von achtzehn Minuten Dauer, eine Woche später blieb der Wright-Aeroplan fünfundzwanzig Minuten in der Luft, und am 5. Oktober des gleichen Jahres legte Wilbur Wright eine Strecke von 39 Kilometer in achtunddreißig Minuten zurück.

Bezogen auf die Leistungen der ungleich größeren Luftschiffe konnte man das keineswegs als imponierend bezeichnen. Der Aeroplan war noch im Hintertreffen. Aber auch in Österreich setzte sich das Flugzeug nur sehr langsam durch. Unter den wenigen Fachleuten, die dem Aeroplan eine große Zukunft voraussagten, befand sich Ferdinand Porsche. Er setzte auf die richtige Karte, und schon im Jahre 1910, zu einer Zeit, da es in Österreich nur wenige Etrich-Tauben gab, verließen die ersten Aeroplan-Motoren das Daimler-Werk.

Erst ein Jahr zuvor, am 6. Juni 1909, war in Wiener Neustadt, nicht weit von den Austro-Daimler-Werken, ein Flugfeld entstanden. Der Flugpionier Igo Etrich hatte seine Idee ins Steinfeld verpflanzt. Er engagierte zwei Männer von Daimler weg, die Monteure Reisinger und Jakowitsch, und die beiden Männer präparierten die berühmte Taube für den ersten Flug. Als Triebwerk war ein 40-PS-Clerget-Motor vorgesehen. Und schon am 1. Juli 1909 rauschte die Taube im Tiefflug über das Flugfeld. Unter den wenigen Zaungästen sah man auch Ferdinand Porsche.

Igo Etrich aber war mit dem Triebwerk nicht zufrieden. Er fuhr nach Paris, kaufte einen zweiten Clerget-Motor und bestellte bei der Firma Chauviere einen Holzpropeller. Eine Luftschraube der gleichen Type, mit der Louis Blériot den Ärmelkanal überflogen hatte.

In Wiener Neustadt wurde alles montiert, und Ferdinand Porsche wurde zum Stammgast in dem kleinen Flugzeugschuppen. Für die Konstruktion der Taube zeigte er reges Interesse. Igo Etrich hielt mit seiner Meinung über den Clerget-Motor nicht hinter dem Berg: die Maschine hatte ihre Mucken, sie stotterte, spuckte, war wenig verläßlich. Bei einem Probeflug über dem Steinfeld, als der Aeroplan etwa vierzig Meter hoch war, riß plötzlich ein Zylinder ab. Etrich wurde mit siedendem Kühlerwasser überschüttet und erlitt schwere Verbrennungen. Er konnte aber im Gleitflug glatt landen.

Der andere Clerget-Motor war für seine PS-Leistung viel zu schwer. Etrich stürzte bei einem seiner Probeflüge ab, wurde schwer verletzt, die Taube ging in Trümmer. Nun hatte der Flugpionier von dem französischen Motor genug. Er setzte sich mit Porsche zusammen und gab ihm den Auftrag, ein neues Triebwerk zu konstruieren. Es sollte am 31. Mai 1910 geliefert werden.

Doch Porsche konnte diesen Termin nicht einhalten. Umfangreiche, zeitraubende Versuche waren notwendig. Alles war technisches Neuland. Mittlerweile brach Werkmeister Illner mit der Taube noch einige Rekorde. Beim ersten internationalen Flugwettbewerb der österreichisch-ungarischen Monarchie in Rakos bei Budapest blieb er 105 Minuten in der Luft. Der Etrichsche Aeroplan errang insgesamt sechs Preise, darunter den ersten Preis für Neukonstruktionen und den zweiten für Dauerflug.

Im Juli 1910 hatte Porsche dann den langersehnten 60-PS-Daimler-Motor fertig. Das Triebwerk wurde eingebaut, und am 18. September 1910 zeigte dieses Flugzeug, dessen Herz nun vom Zeichenbrett des Erfinders Ferdinand Porsche stammte, vor dem Allerhöchsten Kriegsherrn, was es konnte: in Wiener Neustadt ging das „Kaiserfliegen" in Szene, und Seine Majestät Kaiser Franz Joseph nahm die Parade von dreiundzwanzig Flugzeugen ab.

Auch der Lenkballon Parseval war von Fischamend nach Wiener Neustadt gekommen und kreiste mit gedrosselten Motoren über dem Flugfeld. Je sechs Aeroplane zogen ihre Runden über dem Monarchen. Für Österreich war dieses „Kaiserfliegen" das bis dahin bedeutendste automobilistisch-aviatische Ereignis.

Die Presse schilderte in begeisterten Worten dieses Schaufliegen: „Etwa 50.000 Zuschauer waren zum Flugfeld gekommen. Es war eine Flugzeugparade, wie man sie bisher kaum noch gesehen hatte: Wright-Doppeldecker, Blériot-Apparate, Voisin-Doppeldecker und von den heimischen Fabrikaten Hieronimus-Eindecker, Warchalowski-Doppeldecker, die Etrich-Eindecker und andere Flugzeuge waren aufmarschiert, um ihre Kunst zu zeigen. Das größte Aufsehen machten die Etrich-Flugzeuge wegen ihrer schönen Vogelform, und insbesondere die Taube, die vor einigen Monaten den Überlandflug von Wiener Neustadt nach Wien gemacht hatte. Hierbei gab der Kaiser der Hoffnung Ausdruck, daß sich aus der mühevollen Arbeit auch eine Industrie entwickeln würde. Bei den Wettflügen erzielte Illner durch seinen neuerlichen Überlandflug von Wiener Neustadt nach Neunkirchen und zurück mit der neuen Möve die beste Zeit und gewann den ersten Preis von 2000 Kronen. Auch im Wettbewerb auf Dauer siegte er mit einer Stunde und sechsundfünfzig Minuten und gewann den ersten Preis von tausend Kronen sowie den Tagespreis von 500 Kronen ..."

Mit den wassergekühlten Austro-Daimler-Reihenmotoren, mit ihren aus Stahl gedrehten, geschmiedeten Zylindern und den obengesteuerten, durch Blattfedern betätigten Ventilen flogen diese Aeroplane Rekorde über Rekorde. Pilot Illner gewann den großen Überlandflug Wien—Horn—Wien, für den der Bürgermeister der Hauptstadt einen Preis von 20.000 Goldkronen ausgesetzt hatte. Am 10. Oktober 1910 startete die Taube von der Simmeringer Heide und legte die neunzig Kilometer lange Strecke in einer Stunde zurück. Der Aeroplan überflog den Manhartsberg in einer Höhe von tausend Meter und landete dann nach nur sechsundfünfzig Minuten Flugzeit wieder wohlbehalten auf der Simmeringer Heide.

Nun liefen auch die letzten Skeptiker beim k. und k. Generalstab mit fliegenden Fahnen in das Lager der Luftfahrt über. Wieder einmal hatte Porsche recht behalten. Der Mann, der schon vor dem Durchbruch der Taube als interessierter Passagier mit dem Parseval zwischen Wiener Neustadt und Fischamend hin und her gependelt war, wußte ja schon seit dem Jahre 1907 von den Bestrebungen des Generalstabschefs Conrad von Hötzendorf, der schon damals auf die planmäßige Ausgestaltung des Flugwesens und auf die Schaffung einer starken Luftflotte gedrängt hatte.

Feldmarschall Conrad hatte nämlich schon im Jahre 1907 einen Plan aufgestellt, demzufolge zweihundert Militärflugzeuge beschafft und vierhundert Piloten ausgebildet werden sollten. Das junge Offizierskorps war Feuer und Flamme; die hohen Beamten und Offiziere der Militärverwaltung allerdings hielten das Projekt für eine kostspielige und unnötige militärische Spielerei.

Erst die durch den Porsche-Motor möglich gewordenen spektakulären Erfolge schreckten die Herren im Kriegsministerium auf. So faßte man auf dem Wiener Stubenring endlich den Entschluß, einen geeigneten Flugapparat österreichischer Herkunft „zu einem späteren Zeitpunkt" anzukaufen. Igo Etrich erstellte ein Offert auf Lieferung eines Militärflugzeugs für 25.000 Kronen, das dann auch angenommen wurde. Obwohl der Schriftsatz den Vermerk „Dringend!" bekam, änderte sich aber nicht viel. Schon damals zeichnete sich die Bürokratie durch besondere Schwerfälligkeit aus.

So kam es, daß Ende 1910 nur zwei Bestellungen für die Militärversion vorlagen: eine vom k. und k. Kriegsministerium und die andere aus Berlin. Etrich aber hatte schon ein Vermögen in seine Aeroplan-Entwicklung gesteckt und wollte unter diesen Umständen kein Geld mehr investieren. So entschloß er sich, die Lizenz zum Bau seiner Flugzeuge gegen entsprechende Beteiligung den Austro-Daimler-Werken zu übergeben. Werkmeister-Pilot Illner wurde als Betriebsleiter übernommen, und schon im nächsten Jahr stand das erste Militärflugzeug vor dem Hangar.

Der Daimler-Porsche-Flugmotor war vor seiner Serienfreigabe einer Belastungsprobe unterworfen worden: sechs Stunden lang lief er mit Vollgas am Prüfstand und leistete bei 1240 Touren in der Minute fast 57 Pferdestärken. Die Militärs hatten sich aber weitere Besonderheiten ausbedungen. So mußte ein Flugzeug in zwei Stunden zerlegt und in

48

MERCEDES JELLINEK — Ihr Name wurde zum Begriff der Automobiltechnik.
Mit dem Namen ihrer Schwester Maja hatte man jedoch weniger Glück.

POSE FÜR DEN HEERESPHOTOGRAPHEN — Zwei Einheiten des Super-Mörsers bei einer Testfahrt. Die Giganten konnten auch im Verband operieren.

zwei Stunden wieder zusammengebaut werden. Als am 2. April 1911 die Übernahmekommission in Wiener Neustadt erschien, benötigte Illner für die Demontage nur acht Minuten und baute den Aeroplan in einer halben Stunde wieder zusammen.

Erst jetzt lief das Geschäft an. Der Motor wurde stetig verbessert, und Porsche brachte ihn auf 60 PS Leistung. Experten aus aller Welt kamen nach Wiener Neustadt. Etliche Maschinen wurden nach Rußland und Italien geliefert, ja sie traten in riesigen Kisten tropenfest verpackt die Seereise nach China an. So konnte der Kommandant der Verkehrsbrigade, Feldmarschalleutnant von Schleyer, bereits im Jahre 1911 dem Kriegsminister melden, daß die bei den Übernahmeproben geforderten Leistungen weit übertroffen worden waren. Der Kommandant der Militärluftschiffer-Abteilung, Oberstleutnant Emil von Ucelac, beantragte am 18. Mai 1912 die Anschaffung vierzehn weiterer Maschinen, und zwar „die erprobte und verläßliche Type Etrich 1911 mit elastischem Schwanz und 60-PS-Daimler-Motor ...".

Unter der Ägide Porsche war aber schon Anfang 1911 mit der Entwicklung eines 120-PS-Motors begonnen worden. Dieser Sechszylinder wurde in die sogenannte Renntype eingebaut, in einen Aeroplan, der es mit einem Passagier immerhin auf 130 Stundenkilometer brachte. Der bekannte Militärflieger Oberleutnant Heinz Bier startete mit dem 120-PS-Motor beim internationalen Wettfliegen in England, einer von der Tageszeitung „Daily Mail" ausgeschriebenen Konkurrenz mit einem ersten Preis in der Höhe von 20.000 Pfund Sterling, und das war für die damalige Zeit eine geradezu gigantische Summe.

In der ersten Juniwoche des Jahres 1912 wurde der Aeroplan in Wiener Neustadt zerlegt, verpackt und mit Bahn und Schiff nach London gebracht. Von dort ging es zum Flugfeld nach Brookland. Dreißig Bewerber waren auf diesem kleinen Flugfeld erschienen. Die österreichische Maschine mit dem 120-PS-Porsche-Motor war die schnellste, obwohl sie als einzige einen Passagier mitführte. Doch schon bei der zweiten Etappe kam es zu einem gefährlichen Zwischenfall: das Triebwerk streikte, ein Zylinder flog in weitem Bogen vom Motor weg. Bier konnte im Gleitflug zwischen Welwyn und Codicote in der Grafschaft Hertfordshire auf einem Haferfeld glatt landen.

Die Siegeschance natürlich war vergeben. Eine Untersuchung ergab, daß sich im Schmieröl winzige Sandkörnchen befanden. Die arglosen

Österreicher hatten ihren Aeroplan während der Nacht nicht bewacht, und ein unbekannter Saboteur nützte diese Gelegenheit, indem er Sand in den Ölstutzen schüttete.

Die Zusammenarbeit Porsche-Etrich war schlechthin ideal, die beste, die man sich überhaupt nur wünschen konnte. Die beiden Männer ergänzten einander. Sie waren ja Landsleute — Etrich stammte aus Trautenau im böhmischen Riesengebirge —, und den begabten, eleganten Fabrikantensohn verband mit dem einfachen, oft sehr direkten Spenglersproß aus dem böhmischen Maffersdorf eine enge persönliche Freundschaft. Daher war es nicht weiter verwunderlich, daß der Aviatiker mit dem Konstrukteur harte Probefahrten mit dem neuen Automobil durchführte. Über so eine Testfahrt mit Ferdinand Porsche im Jahre 1911 berichtet Etrich: „Die Rennautos dieser Zeit hatten alle Spitzkühler. Hinter der Motorhaube waren zwei Sitze angebracht, hinten waren die Wagen flach. Das Automobil erzielte auf der Neunkirchner Allee eine Geschwindigkeit von 130 Stundenkilometer, was für die damalige Zeit recht günstig war. Nach dieser Fahrt fragte mich Porsche über mein Urteil. Ich sagte ihm, daß der Motor sehr gut, aber die Karosserieform falsch wäre, denn der Wagen ziehe einen starken Luftwirbel hinter sich her, der das Tempo herabsetze. Ferner sagte ich ihm, daß, wenn ich dem Rumpf meiner Taube eine ähnliche Form geben würde, mein Flugzeug keinen Hupfer machen könnte. Porsche leuchtete das ein. Ich empfahl ihm, versuchsweise das Wagenheck mit einer Blechhaube zu versehen, die einen günstigeren Luftabfluß gewährleiste. Daraufhin wurde der Wagen stromlinienförmig verkleidet, und es zeigte sich, daß der Motor über die zulässige Tourenzahl durchging, weshalb auch das Übersetzungsverhältnis im Getriebe geändert werden mußte. Nachdem auch das durchgeführt worden war, erreichte der Wagen eine Geschwindigkeit von 160 Stundenkilometer, worüber alle Herren bei Austro-Daimler begeistert waren. Es wurde beschlossen, noch zwei Wagen gleicher Art zu bauen, um drei Autos zur Prinz-Heinrich-Fahrt schicken zu können. An dem Rennen beteiligten sich Ingenieur Porsche, Direktor Fischer und ein Herrenfahrer, Graf Schönfeldt. Als die drei Wagen am Start erschienen, erregte ihre ungewöhnliche Form allgemeine Heiterkeit. Als aber die drei Austro-Daimler alle Mercedes- und Benz-Wagen weit hinter sich zurückließen und alle drei ersten Preise gewannen, hörte das Lachen auf. Von dieser Zeit an wurden die Rennwagen sämtlicher Autofirmen fischförmig gebaut. Es war dies der Anfang der Stromlinien-Rennwagen. Später gelangte die Stromlinie allgemein in der Automobilindustrie zur Anwendung..."

Aus dieser Episode ist klar zu ersehen, daß sich in der Steinzeit der Motorisierung nur universell begabte Menschen durchsetzen konnten. Ein Autokonstrukteur mußte nicht nur etwas von Motoren verstehen, er mußte auch in der Aerodynamik beschlagen sein, mit Schraubenzieher und Drehbank umgehen können. Porsche war so eine Persönlichkeit: er verbrachte seine Zeit am Prüfstand, regulierte den Vergaser, überwachte die Ölpumpe, und er mußte in der Wissenschaft der Werkstoffe ebenso bewandert sein wie etwa in der Mathematik.

Heute ist das leider nicht mehr der Fall: wir leben in einer Welt des ausgeprägten Spezialistentums. Die Technik mit ihren vielen Sparten ist viel zu kompliziert geworden. Was versteht schon heutzutage ein Motorenkonstrukteur von Autoreifen, von einem Spezialgebiet, auf dem die Chemiker dominieren und jeder von ihnen den eigenen Problemen nachjagt. Der Rechenschieber tritt immer mehr in den Hintergrund, und elektronische Datenverarbeitungsanlagen, die schon komplizierte Rechenoperationen in wenigen Minuten bewältigen und mit Schaltgeschwindigkeiten in Nanosekunden arbeiten, spielen die erste Geige.

Und eine Nanosekunde ist der gleiche Zeitraum, in dem das Licht eine Strecke von etwa dreißig Zentimeter zurücklegt!

In Wiener Neustadt hingegen wurde emsig auf Zetteln skizziert, mit einigen raschen, fahrigen Bleistiftstrichen gab Ferdinand Porsche in seinem Konstruktionsbüro der Idee die erste Form. Detailzeichnungen folgten, nach hitzigen, nicht immer akademisch geführten Diskussionen wurden sie wieder verworfen. In den Werkstätten stand der Technische Direktor neben der Drehbank, prüfte mit Schublehre und Mikrometer die Maße der Kurbelwelle und wollte es immer besser und noch schneller haben.

Es entstand der RBI, ein rasch laufender Blockmotor, und serienmäßig verließen wassergekühlte Sechszylinder-V-Flugmotoren und sogar Zwölfzylinder die Werkhallen. Porsche experimentierte eine Zeitlang mit einem Triebwerk, dessen Zylinder rotierten, und bei diesem technischen Außenseiter erfolgte die Schmierung durch die hohle Kurbelwelle. Der Rotationsmotor ging aber nicht in Serie...

Die Daimler-Flugmotoren aus Wiener Neustadt wurden in Aeroplane eingebaut, deren Piloten noch die wahren Ritter der Lüfte waren und zu Beginn des Krieges einander mit Pistolen erbitterte Zweikämpfe lieferten. Generaldirektor Porsche — der GD, wie er von seinen Mitarbeitern genannt wurde — befaßte sich später sogar mit der Konstruktion eines Hubschraubers. Dieser Drehflügler ist freilich nie gebaut worden, weil es damals noch keine verstellbaren Luftschrauben gab und der 250 Kilogramm schwere Elektromotor mit seinen 300 PS viel zu heiß wurde!

Auch bei diesem Porsche-Objekt dominierte der Königsgedanke, mit dem der Spenglersohn aus Maffersdorf so viele Erfolge und ebenso viele Rückschläge erfahren mußte: eine auf dem Boden installierte Kraftanlage sollte elektrische Energie liefern. Die Elektrizität wäre durch ein abspulbares Kabel zum Hubschrauber geleitet worden und hätte den dort installierten Motor betrieben. Für Artilleriebeobachtung ein ideales Gerät.

Als über Auftrag der Siegermächte nach dem ersten Weltkrieg die funkelnagelneuen C-Züge, Landwehr-Trains, 300-PS-Flugmotoren ausgeliefert oder gar demoliert werden mußten, stieß ein anderer Mann zu Porsche: Diplomingenieur Josef Mickl, ein eminenter Theoretiker, blendender Mathematiker und wohl der beste Experte auf dem Gebiet der Aerodynamik, den es damals in Mitteleuropa gab.

Dieser bescheidene Mann, der sich im Sommer 1964 im Alter von siebenundsiebzig Jahren mit Atomenergie befaßte und von bedeutenden Konzernen um seine Meinung befragt wurde, hat ebenso wie Ferdinand Porsche gleichwohl der Luftfahrt als auch der Motorisierung entscheidende Impulse gegeben. Als ihn der Autor in seinem Haus in Klagenfurt besuchte, saß Josef Mickl vor seinem mit Büchern und Tabellen überladenen Zeichentisch und löste schwierige Strömungsprobleme.

Der wortkarge, verschlossene Techniker — über sein Wirken ist in der Öffentlichkeit auch heute so gut wie nichts bekannt — wird dereinst als Pionier in die Geschichte des österreichischen Ingenieurwesens eingehen. In seinem Lebenslauf, den er am 25. August 1950, konzipierte, schreibt er: „Das mir schon während meiner Realschulzeit in die Hände gelangte Werk Lilienthals ‚Der Vogelflug und die Fliegerkunst‘ erregte in mir nicht mehr einzudämmende Sehnsüchte nach dem Fliegen. Nach Ablegung meiner zweiten Staatsprüfung im Februar 1909, glaubte ich genug Kenntnisse zu haben, um zum Bau eines Gleitfliegers zu schreiten. In Klagenfurt wurde von mir und meinen Freunden der Bau beschlossen.

Über den Sommer 1909 wurde der Gleitflieger zusammengebastelt. Als Gelände für die Erprobung wurde der Hang beim Kloster Tanzenberg ausgewählt. Der Abt des Klosters, Dr. Ecker, hat mich durch die Erlaubnis der Geländebenützung und durch die Errichtung einer hölzernen Startbahn verständnisvoll unterstützt. So gelangen mir Ende September 1909 Gleitflüge ins Glantal, die von mir und meinen Freunden so lange betrieben wurden, bis bei einer verunglückten Landung der mühsam gebaute Vogel zu Bruch ging. Die gelungenen Gleitflüge wurden von der Kärntner Zeitung in mit Lichtbildern belegten Artikeln unter dem stolzen Titel ‚Heimatliche Aviatiker' der Öffentlichkeit zur Kenntnis gebracht…"

Im Jahre 1910 konstruierte dieser Diplomingenieur in der k. und k. Marinestation Pola das erste österreichische Seeflugzeug. 140 Detailzeichnungen waren dafür notwendig. Der Aeroplan wurde von einem wassergekühlten 35-PS-Daimler-Motor, der mit seinem aufgalvanisierten Kühler damals Furore machte, angetrieben. Später baute er den „Blauen Vogel", mit dem der Fliegeroffizier Baron von Banfield über der Adria seine sensationellen Luftsiege errang, und viele andere Kriegsflugzeuge gingen nach den Berechnungen Mickls in Serie.

Die Aeroplan mit dem verhältnismäßig schwachen Porsche-Motor hatten ausgezeichnete Start- und Flugeigenschaften, und sie waren den ausländischen Baumustern weit überlegen, obwohl diese Maschinen über stärkere Triebwerke verfügten. Mickl hatte nämlich besonders gründlich das Schwimmer-Problem studiert. Seine Modelle wurden nämlich von einem Torpedoboot geschleppt, und so konnte der junge Techniker gleich in der Praxis die Schwächen seiner Konstruktion erkennen und umdisponieren.

So baute er unter anderem ein Flugboot mit einem 120-PS-Daimler-Motor und mit diesem Triebwerk vom Reißbrett des Wiener-Neustädter Konstruktionschefs wurden auch zwölf Rumpler-Tauben ausgerüstet. Diese Flugzeuge sollten noch Furore machen: sie wurden nach Tsingtau verschifft, und der deutsche Fliegerheld Kapitänleutnant Plüschow wurde mit den Aeroplanen aus Pola weltberühmt. Mickl konstruierte auch dreimotorige Großflugboote, Küstenaufklärer und Spezialübungsmaschinen.

Seine sämtlichen Pläne ließ er später im Heeresarchiv in der Wiener Stiftskaserne deponieren. Was mit den großen Kisten während des

Krieges passierte, ist ungewiß. Mickl vermachte jedenfalls seine Aufzeichnungen dem Technischen Museum ...

Der Techniker befaßte sich auch mit den gefürchteten kritischen Drehzahlen, mit denen man sich mitunter auch heute noch herumschlagen muß. Er erzählte von einem Motor, der bei vierzig und bei neunzig Stundenkilometer mit regelmäßiger Pünktlichkeit zu toben und zu scheppern begann. Drei Wochen lang experimentierte er mit dem Motor und fand endlich, daß die Kurbelwelle vergrößert werden mußte. Der Motor schnurrte dann ruhig wie eine Nähmaschine.

An der Entwicklung der ersten stromlinienförmig verkleideten Karosserien war Mathematiker Mickl ebenfalls führend beteiligt. Er befürwortete die windschlüpfrige Tulpenform, und Porsche zeigte sich über dieses Projekt anfangs entrüstet: „Solche großen Flächen da vorne“, rief er entrüstet, „und dann noch der Spitz am Heck. Um Gottes willen, die Radln geben s' mir da auch hinein!“

Dann marschierte der Direktor durch das Konstruktionsbüro, setzte sich auf den Tisch, nahm die ruhelose Wanderung wieder auf, schwang sich aufs Fensterbrett und rief: „Was machen wir jetzt? Mickl, irgendwie muß es gehen. Es muß einfach klappen!“ Und es funktionierte auch.

Als nach dem Zusammenbruch der Monarchie für die Austro-Daimler-Werke schwere Zeiten anbrachen, nahm Mickl ein Angebot aus dem Ausland an: er ging nach Neusatz und wurde Chef der Ikarus-Flugzeugwerke; das zuständige Ministerium hatte ihm zuvor gestattet, sämtliche Entwürfe und Konstruktionszeichnungen mitzunehmen. Über 150 Schulflugzeuge wurden in der Ära Mickl gebaut.

1922 konstruierte der Techniker einen 250-PS-Aufklärer, und die Produktionsziffern waren erstaunlich. In einem Jahr verließen hundert Militärmaschinen die Montagehalle. Doch im Ausland wollte es dem Kärntner nicht so recht gefallen. Als er im Jahre 1930 nach Wien kam und auf der Wollzeile spazierenging, traf er seinen ehemaligen Chef aus Wiener Neustadt. Ferdinand Porsche fragte gleich, ob er denn nicht in seinem neuen Konstruktionsbüro in Stuttgart eintreten wolle.

Josef Mickl sagte zu, und der Mann mit dem österreichisch-ungarischen Seeflieger-Patent Nr. 7 übersiedelte samt Familie nach Deutschland. Und es sollte daraus eine ersprießliche Zusammenarbeit und persönliche Freundschaft werden, die bis ins hohe Alter währte.

DER SASCHA-WAGEN

Nach dem Ende des ersten Weltkriegs mußte der mittlerweile zum Generaldirektor avancierte Dr. Porsche die Produktion der Austro-Daimler-Werke auf Friedensproduktion umstellen. Das auf Rüstung abgestimmte Fertigungsprogramm konnte man nicht von heute auf morgen stoppen. Die glühendroten Kurbelwellen für die Antriebsaggregate der schweren C-Züge wurden mit großen Zangen weiterhin aus den Gesenken gehoben, Motorblöcke mußten gefräst werden, und in den Regalen stapelten sich die Ersatzteile. Die Serien liefen aus.

Dem späteren Rennleiter Alfred Neubauer blieb es vorbehalten, die nagelneuen Trains den Siegermächten zu übergeben. Es dauerte fast ein Jahr, bis die letzten Benzin-Elektro-Zugwagen die Werkshallen verließen.

Damals waren bei Austro-Daimler etwa sechstausend Arbeiter und Angestellte beschäftigt, und es galt, diese Arbeitsplätze unter allen Umständen zu erhalten. Ferdinand Porsche konzentrierte sich wieder auf den Personenkraftwagenbau, auf ein Gebiet, das seine ureigene Domäne war.

Die Fachwelt hatte in diesen schweren Nachkriegsjahren auch nicht auf seine Automobile vergessen. Hatte doch der junge Generaldirektor mit seinem k. und k. Militärpostwagen, jenem schweren Vehikel mit den Nabenmotoren in den Hinterrädern, den blitzenden Messingscheinwerfern und den elegant geschweiften Kotflügeln, der Motorisierung den richtigen Drall gegeben. Der Mercedes-Electrique-Mixte-Rennwagen machte auch nach dem Jahre 1918 bei Konkurrenzen mit, und der schnittige Austro-Daimler-Viersitzer mit den vernickelten Drahtspeichenrädern aus dem Jahre 1910 war ebenfalls in der Nachkriegszeit am Start zu manchen Wertungsfahrten zu sehen.

Der Austro-Daimler-Generaldirektor glich einer geballten Ladung auf zwei Beinen, er sprühte vor Ideen, die er am liebsten noch am gleichen Tag verwirklicht sehen wollte. Für seinen damals elfjährigen Buben Ferry konstruierte er einen kleinen Zweisitzer, dessen Draisinenmotor dem Vehikel eine Geschwindigkeit von etwa fünfzig Stundenkilometer ermöglichte. Dieses motorisierte Super-Seifenkistel mit Kurbel, Scheinwerfern und Reserverad kurvte auf dem Werksgelände herum, und manchmal machte der Dreikäsehoch sogar Ausflüge in die Stadt, wobei die Polizisten beide Augen zudrückten. Am Sonntag, wenn die Familie Porsche mit Freunden auf den Semmering fuhr, dann bildete Ferry mit seinem Miniaturauto das Schlußlicht dieser langen Kolonne. Aber er hielt mit.

Für seine engsten Bekannten konstruierte der passionierte Waidmann Porsche den sogenannten Jagd-Wagen: ein langes, seltsam aussehendes Vehikel, das auch die Beute transportieren konnte und auf dem die Waidmannskameraden rittlings wie auf einem Sozius hockten. Die Ausflüge führten nach Hochwolkersdorf zur Luisen-Hütte, wo der Erfinder eine Jagd gepachtet hatte.

Dann fuhr er mit Frau und Kindern nach Kärnten in seine Wörther-See-Villa. Es waren regelrechte Testfahrten mit Neukonstruktionen, die er da durchführte. Neben der Villa gab es ein Bootshaus, in dem eine schnittige Motorjacht vor Anker lag: der „Argonaut". Dieses Kajütenboot wurde natürlich durch einen Austro-Daimler-Motor angetrieben, und es verfügte nicht nur über ein Sonnendeck, sondern auch über eine komplett eingerichtete Kombüse. Die Kabine war mit Mahagoniholz getäfelt.

In diesen Pioniertagen des Automobilismus setzte sich Porsche oft ans Steuer und erprobte persönlich seine vierrädrigen Nesthäkchen. Es ging dabei nicht immer ohne Pannen ab: der Herr Generaldirektor war ein schneidiger, sportlicher Fahrer, der dem Motor das Letzte abverlangte.

In den frühen zwanziger Jahren testete er einen neuen Typ, der unter größter Geheimhaltung in Wiener Neustadt entwickelt worden war. Porsche wollte das Angenehme mit dem Nützlichen verbinden und verfrachtete Familie und Bekannte im Fond. Er wollte auf Umwegen seine Frau zur Kur nach Badgastein bringen und selbst einige Tage ausspannen. Die Gesellschaft hatte dabei vor, auf dem Tauernpaß zu übernachten.

Etwa fünfzig Meter vor der Paßhöhe passierte dann das Malheur: der Motor begann zu rumpeln, ein Hauptlager hatte das stetige Überdrehen nicht verkraften können. Porsche fluchte, und alle mußten aussteigen. Gemeinsam schob man den schweren Wagen über den Paß zum nächsten Bauernhaus. Dort angekommen, wurde das kaputte Fahrzeug in die Scheune gebracht.

Nichts lag näher, als nach Wiener Neustadt zu telephonieren und den Wagen abschleppen zu lassen. Doch gerade das wollte Ferdinand Porsche verhindern. Handelte es sich doch um einen neuen Typ, und die Konkurrenz würde bald die nötigen Zweckgerüchte in Umlauf bringen. „Ein neuer Wagen von Porsche, und schon bei der Probefahrt war der Motor kaputtgegangen!" So etwas war nicht auszudenken.

Porsche handelte nach seinem eigenen Schema: Familie und Freunde machten es sich in der gemütlich eingerichteten Bauernstube bequem, ein Knecht wurde angeheuert und mußte beim Aufbocken helfen. Im Schein einer Petroleumlampe begann Porsche gemeinsam mit seinem Faktotum Goldinger den Wagen zu zerlegen. Die Tenne verwandelte sich bald zur Werkstätte; auf dem Boden lagen Zündkerzen, Ventile, Federn, Schrauben, Leitungen und Zahnräder.

Nach stundenlanger Arbeit hatten die beiden über und über beschmutzten Männer die Maschine auseinandergenommen. Doch zur Reparatur mangelte es an den primitivsten Dingen. So nahm Porsche eine Visitenkarte aus seiner Brieftasche, schnitt das Kärtchen zurecht und paßte es in die kaputte Lagerschale ein. Dann wurde der Motor wieder zusammengebaut und gestartet.

Doch die Maschine schepperte noch immer. Das ganze Manöver noch einmal! Eine zweite Visitenkarte wurde zurechtgeschnitten und eingelegt. Nun lief der Motor schon wesentlich ruhiger. Am nächsten Morgen hoben die Männer mit vereinten Kräften den Wagen von den Holzböcken, stellten ihn wieder auf die Räder. Vierundzwanzig Stunden später stand das Auto wieder im Daimler-Werk in Wiener Neustadt, und keiner wußte von der Episode, die sich da am Tauernpaß abgespielt hatte ...

Als erste Nachkriegskonstruktion stellte Porsche dann im Jahre 1920 den vier- bis sechssitzigen Personenwagen AD-617 vor: eine große Limousine mit Spitzkühler und einer ruhigen, harmonischen Außenform, die auch bei allen seinen späteren Konstruktionen typisch und kennzeichnend war. Der Wagen war Ende 1920 bereits serienreif und fand beim ersten Nachkriegs-Autosalon im Dezember des gleichen Jahres in Brüssel große Beachtung.

Ferdinand Porsche war damals mit einigen Mitgliedern der Wiener

Zentrale, darunter auch Präsident Castiglioni, mit dem Wagen nach Brüssel gekommen. Im September 1921 wurde der AD-617 auch auf der Berliner Automobilschau auf dem Kaiserdamm ausgestellt.

Aber der Wagen war viel zu teuer: der kleine Mann sollte sich ein Auto leisten können. Porsche schwärmte vom Kraftfahrzeug in Massenauflage. In jenen Krisentagen wollte man vor allem unter seiner Leitung kleine und vor allem billige Autos bauen.

Porsche zeigte auch hier den Meister, und schon 1921 konstruierte er den 1100-Kubikzentimeter-Renn-Sportwagen in einer kleinen Serie. Dieser leichte Flitzer bekam den Namen „Sascha-Wagen", wohl als noble Geste gegenüber dem langjährigen Freund des Erfinders, dem Herrenfahrer und Sport-Tausendsasa Sascha Graf Kolowrat, der nicht nur in der Sparte des frühen Automobilismus, sondern auch auf dem Gebiet der Kinematographie ein gewichtiges Wort mitzureden hatte.

Deshalb auch die Vorliebe des Generaldirektors für das Kino ...

Dieser kleine Vierzylinder, in den sich der massige Celluloid-Graf nur mit großen Schwierigkeiten hineinzwängen konnte, brachte es immerhin auf eine Motorleistung von 45 PS, und das Automobil — gewissermaßen der Ahnherr des späteren Volkswagens — erreichte bei einer Testfahrt die Spitzengeschwindigkeit von 144 Stundenkilometer!

Im Jahre 1922 schickte Generaldirektor Porsche drei solche „Sascha-Wagen" zur berühmten Targa-Florio nach Sizilien. Für dieses Rennen hatte man einen besonders schwierigen 108-Kilometer-Rundkurs ausgewählt, der viermal gefahren werden mußte. Vier Runden ergaben 432 Kilometer, und diese Strecke war mit mehr als sechstausend Kurven gespickt. Keine Rennbahn mit überhöhten Schleifen, sondern eine mit Schlaglöchern nur so übersäte Schotterstraße ...

Der Austro-Daimler-Chef schickte seine drei besten Männer auf die Zitroneninsel: Fritz Kuhn, Lambert Poecher und den damals schon etwas behäbigen Alfred Neubauer. Jenen altösterreichischen Artillerieoffizier, der so gut improvisieren konnte, von der Taktik auf den Rennpisten am meisten von allen verstand und überdies wie ein Teufel fahren konnte.

Während Kuhn und Poecher mit den regulären 1100-Kubikzentimeter-„Sascha"-Wagen zur Targa-Florio kamen, durfte Neubauer ein schnelleres Auto fahren: Porsche hatte den 1100er-Motor etwas aufbohren lassen, so daß er mehr Leistung entwickelte. Kuhn und Poecher gewannen in ihrer Klasse gegen starke ausländische Konkurrenz, und Alfred Neubauer belegte im Rennwagen-Klassement mit einem 56-Stundenkilometer-Durchschnitt einen ausgezeichneten sechsten Platz.

An jenem 2. April 1922 war der Kuhn-Poecher-Doppelsieg das Gesprächsthema Nummer eins auf dieser dreizehnten Targa-Florio. Der kleine Flitzer aus der ersten Kategorie der Serienwagen wurde von Fachleuten aus aller Welt bestaunt, und man wollte es einfach nicht wahrhaben, was da alles unter der Haube steckte. Der „Sascha-Wagen" war allen auf und davon gefahren. Und der dritte Wagen mit der aufgebohrten Maschine hatte ja mit einer Zeit von sieben Stunden und fünfzig Minuten das Rennen hinter einem viermal stärkeren Gegner beendet und dabei auf dem Sandstraßen-Karussell einen Durchschnitt von 55,15 Stundenkilometer herausgefahren. Für Sekunden erreichte Neubauer in den Geraden Spitzen bis zu 144 Kilometer, wie Messungen mit der Stoppuhr ergaben.

Porsche wurde durch diese Erfolge noch mehr aufgestachelt: nach der Targa-Florio vergrößerte er den Motor auf 1498 Kubikzentimeter, und noch im gleichen Jahr konnte Ingenieur Bettaque beim Ries-Rennen in Graz in der 1500er-Rennwagen-Klasse die Tagesbestzeit fahren.

Dieser „Sascha-Wagen" war bereits mit Vorderradbremsen ausgerüstet. Der Generaldirektor war anfangs der Einführung solcher Bremsen negativ gegenübergestanden. Als aber sein Konstrukteur Karl Rabe endlich eine ansprechende Lösung dieses Problems gefunden hatte, stimmte der etwas skeptische Chef zu.

Ferdinand Porsche war schon damals vom Geschwindigkeitsbazillus infiziert. Die Rekorde mit dem Elektromobil waren gewissermaßen Versuche in der Gehschule des Automobils. Den Siegeszug des „Sascha-Wagens" — die Experten aus dem Ausland bezeichneten den kleinen Flitzer als Offenbarung der Targa-Florio — hatte er bald vergessen: der GD konstruierte innerhalb weniger Wochen zwei Renntypen, schwere Zwei-Liter-Wagen. Mit dem Aufsichtsrat gab es die ersten Meinungsverschiedenheiten, die später zu erbitterten Differenzen ausarten sollten. Die Herren am grünen Tisch warfen Porsche vor, er kümmere sich zu wenig um die Serienproduktion; auch experimentiere er zu viel. Die Autorennen seien teurer, unverantwortlicher Luxus, und dies übersteige die Finanzkraft des Unternehmens.

Porsche war anfangs sehr gemäßigt und wollte den Aufsichtsrat mit

Zahlen überzeugen. Die Bilanz, die er da legen konnte, war auch imponierend. Bis zum Jahre 1922 waren die Daimler-Werke in fünfzehn Ländern mit einundfünfzig Wagen vertreten gewesen. Von diesen einundfünfzig Wagen erkämpften dreiundvierzig den ersten Platz oder durchbrausten in zweiter Position die Ziellinie.

Doch der Aufsichtsrat bei Austro-Daimler wollte davon nichts wissen. Das Argument des impulsiven Generaldirektors, Rennen seien eben die beste Reklame und garantieren auch die Verkaufserfolge, blieb unbeachtet. Auch von einer Serie des „Sascha-Wagens" wollte man nichts wissen.

Ferdinand Porsche zeigte sich in diesen Tagen sehr verstimmt und trug sich mit dem Gedanken, seinen Generaldirektor-Posten zur Verfügung zu stellen. Aber er setzte auch diesmal seinen Dickschädel durch und schickte sein erprobtes Team zu einem großen Rennen. Und am 9. September 1922, beim Circuito di Milano im Park von Monza, kam es dann zur Katastrophe.

Schon am 3. September hatte er mit seinem „Sascha-Wagen", von den Fahrern Haiden und Poecher meisterhaft gesteuert, trotz stärkster Konkurrenz gute Erfolge erzielt. Für den Bewerb am 10. September nannte Porsche vier Zwei-Liter-Wagen. Die Rennleitung gestattete noch am Samstag, dem 9. September, für Austro-Daimler ein letztes Training, wobei auch der Generaldirektor mit seinem Sohn Ferry und einige Herren der Wiener Zentrale anwesend waren.

Nachdem Neubauer bereits etliche Runden gedreht hatte, kam es zum Desaster: der von Fritz Kuhn gesteuerte und mit dem Beifahrer Fiedler besetzte Renner kam bei einem Höllentempo in der berüchtigten Lesmo-Kurve ins Schleudern, brach seitlich aus, schlitterte an den Grabenrand, schlug einen zweifachen Salto und ging in Trümmer. Kuhn wurde wie ein Geschoß aus dem Fahrersitz geschleudert und auf der Stelle getötet.

Eine Untersuchung ergab später, daß ein Drahtspeichenrad gebrochen war. Materialfehler oder lag es an der Konstruktion? Schon nach einigen Tagen stand eindeutig fest, daß dieser verhängnisvolle Unfall nicht auf einen Irrtum in den Berechnungen zurückzuführen war. Ein Materialfehler hatte die Katastrophe heraufbeschworen.

Man hätte nun meinen sollen, daß nach diesem tragischen Zwischenfall die Herren vom Aufsichtsrat mehr denn je zu dem ohnehin seelisch schwer angeschlagenen Porsche, der nicht nur einen ausgezeichneten Fahrer, sondern auch einen seiner besten Freunde verloren hatte und sich deshalb tagelang nicht sehen ließ, gestanden wären. Weit gefehlt: sie veranstalteten gegen den Konstrukteur ein Kesseltreiben, machten ihm Vorwürfe, und selbst die Bilanz der langjährigen Siegesserien war auf einmal uninteressant.

Diese Intrigen und hinterlistigen Angriffe waren für Ferdinand Porsche zu viel. Er verteidigte sich in lauten, erbitterten Worten gegen die Anschuldigungen, daß er zuviel herumkonstruiere, daß man keine passenden Ersatzteile lagernd habe, weil er eben mehrmals im Jahr mit neuen Typen herauskomme und das Unternehmen an den Rand des finanziellen Abgrunds manövriere, wurde aber schließlich überstimmt.

In seiner impulsiven, cholerischen Art, hemdsärmelig direkt und dabei grundehrlich, blieb er dem Aufsichtsrat nichts schuldig. Nun packte auch er seinerseits aus, schob mit einem kräftigen Ruck den Sessel zurück und verließ die Sitzung, nicht ohne zuvor den verdutzten Herren einiges an die Köpfe geworfen zu haben. In diesem Zusammenhang ist das Wort „Saubagasch" heute noch überliefert ...

Um eine neue Stelle brauchte dem Generaldirektor nicht bange zu sein. Er folgte einem Ruf nach Deutschland, wo er bei Daimler in Stuttgart-Untertürkheim den Posten eines Technischen Chefs und Vorstanddirektors annahm.

In Wiener Neustadt allerdings sollte man von den Ideen dieses für seine Mitarbeiter nicht immer angenehmen Generaldirektors noch lange zehren. Sein getreuer Chefkonstrukteur Karl Rabe verwaltete nun das Erbe, setzte das Vermächtnis fort, und über vier Jahre lang wurde noch der berühmte ADM, der schwere 2,6-Liter-Tourenwagen mit der obenliegenden Nockenwelle, weitergebaut; ein Zwei-Vergaser-Wagen mit Zentralschmierung, der ideale Sportwagen und Star vergangener Tage.

Aus diesem Automobil, der Augenweide für den Kenner, entwickelte Rabe den ADM-R, mit dem Altmeister Hans Stuck im Jahre 1927 seine Siegesserie startete. Dieser leichte Sechszylinder war auf allen Alpenstrecken Europas zu sehen, und in der Folge brachte Bergkönig Hans Stuck bei 46 Rennen immerhin 40 Bestzeiten mit nach Hause.

Solche Qualitäts-Automobile werden heutzutage zu Phantasiepreisen von Liebhabern gehandelt. Den moderneren Wagen, die einer großen Serie entstammen, geht es nicht so gut. Ein zehn Jahre alter Buick, Opel oder anderer Gebrauchswagen beispielsweise ist für einen Pappenstiel zu haben.

Vor einigen Jahren hatte ein Austro-Daimler-Fan es sich in den Kopf gesetzt, einen solchen ADM zu erstehen: einen richtigen Bergmeister mit Zentralrohrrahmen, einen Typ, mit dem Hans Stuck zwischen 1927 und 1931 seine großartigen Erfolge erzielte. Der Automobil-Liebhaber schickte seine Späher aus, die nach wochenlanger, schwieriger Suche tatsächlich zwei alte Daimler fanden.

Zwei alte Automobile zu restaurieren — das war zu teuer. Den einen Daimler behielt er für sich, für den anderen sah er sich in seinem Bekanntenkreis nach einem würdigen Interessenten um. Er fand diesen auch in seinem Freund, und der machte sich gleich auf den Weg. Er fuhr zu dem oberösterreichischen Bauern, in dessen Scheune das automobiltechnische Juwel aufgebockt war.

Der alte Bergmeister war in einem desolaten Zustand: über und über verstaubt, mit Spinnweben überzogen und teilweise stark verrostet. Aber der Wagen war nicht ausgeschlachtet, er war original, und das steigerte den Liebhaberwert beträchtlich. Ein nahezu orientalisches Feilschen um den Autoveteranen hob an, und um den Preis einer Kuh wurde man schließlich handelseins. Mit einem Krügel Most wurde das Geschäft besiegelt, und auf der Fläche eines großen Lasters trat der alte Daimler die Fahrt nach Salzburg an.

In einer modernen Werkstätte wurde der Bergmeister dann zerlegt und überholt. Zwei Monate später stand er dann im neuen Glanz im Hof. Kühler, Scheinwerfer und Drahtspeichenräder waren verchromt worden, und von der Polizei hatte man ein Kennzeichen bekommen. So fuhr er nach Zell am See, in seine neue Heimat. Dort bekommt er vom Enkel seines Schöpfers jede Menge Gnadenbenzin, und das hat sich dieser Automobilveteran, der fünfunddreißig Jahre nach seiner Geburt eine Wiederauferstehung feiern konnte, auch bestimmt verdient.

NEUER START IN STUTTGART

Als der impulsive Ferdinand Porsche im Frühjahr 1923 zu Daimler nach Stuttgart wechselte, um dort das Büro des Technischen Direktors zu beziehen, wurde er keineswegs mit offenen Armen empfangen. Die finanzielle Lage des Unternehmens war alles andere als günstig. Es gab nämlich damals in Deutschland 86 Automobilhersteller, die insgesamt 144 Typen herausbrachten. Dabei hätte den gesamten Automobilbedarf in diesem ausgelaugten Deutschland der Nachkriegszeit eine einzige gut ausgerüstete Fabrik decken können.

Mit Lastautos mußte das Geld zum Wochenende in die Fabrik gebracht werden, damit man die Löhne ausbezahlen konnte. Die Reichsmark war nicht einmal das Papier wert, auf dem sie gedruckt worden war. Im Jahre 1924 sah sich daher die Regierung gezwungen, eine fünfzehnprozentige Luxussteuer auf den Gesamtpreis aufzuschlagen, und diese unpopuläre Maßnahme brachte es dann auch mit sich, daß die Abschlüsse noch seltener wurden. Das Finanzministerium mußte im folgenden Jahr die Steuer um zehn Prozent reduzieren und setzte sie dann endgültig mit 7,7 Prozent fest.

Diese Taktik war stümperhaft; die Wirtschaftsexperten in den zuständigen Ministerien hatten nämlich auch die Einfuhrzölle herabgesetzt. Mit anderen Worten: nach Deutschland durfte die ausländische Konkurrenz ungehindert importieren ...

Bei Daimler in Untertürkheim beschränkte man sich damals auf die Produktion von wenigen, marktgängigen Typen. Die internationalen Käufer aus den oberen Schichten interessierten sich nach wie vor für den schweren Tourenwagen. Sechszylinder wurden gebaut, und Porsche befaßte sich auch sehr intensiv mit dem Kompressor-Problem, das in den zwanziger Jahren noch technisches Neuland war.

Der Zwei-Liter-Vierzylinder-Kompressor lag dem Doktor aus Österreich sehr am Herzen. Neun Monate lang entwickelte, konstruierte, verwarf und berechnete er immer wieder von neuem diesen Wagen. Mehrmals fuhr er den Prototyp, und Alfred Neubauer, den er aus Wiener Neustadt mitgebracht hatte, assistierte ihm dabei.

Mit diesem Kompressor-Wagen war das so eine eigene Sache: Daimler hatte den Zwei-Liter-Wagen in eine riesige Kiste verpackt und zum Autorennen nach Indianapolis verschifft. Doch es war kein guter Start — Ansaugsystem und Auspuffanlage des Kompressors harmonierten noch nicht recht. Die Motoren gaben zuwenig Leistung, sie waren unzuverlässig, laborierten an technischen Kinderkrankheiten. So ein Kompressor war ja in der Automobilwelt ein Novum: er saugt Luft an, preßt sie in die Zylinderräume, füllt sie dort bis zum letzten Kubikmillimeter aus und bringt solcherart bis zu vierzig Prozent und noch mehr Leistung!

Der Technische Direktor kreierte einen neuen Stil: waren seine Vorgänger früher nur selten in die Versuchsabteilung gekommen, so tauchte er bei allen erwünschten und unerwünschten Gelegenheiten in der Halle auf, und das immer gerade dann, wenn ein Versuchswagen von seiner Testfahrt zurückgekommen war. Der Chef schlüpfte rasch in einen Schlosseranzug, kroch unter den Wagen und blieb liegen. Meistens düpierte er seine Ingenieure und Werkmeister. Ehe die anderen eine Diagnose stellen konnten, hatte er schon den Fehler entdeckt. Und dann fielen keine freundlichen Worte.

„Stell dich weg, mach mir Platz, tummel dich, ein bisserl schneller, schau nicht in die Luft!" rief Porsche dann aufgeregt, Schraubenschlüssel flogen in die Ecke, Monteure hantierten plötzlich besonders eifrig und Türen fielen laut ins Schloß. Aber es klärte die Atmosphäre, und die Leute wußten, wie sie dran waren. Fünf Minuten später hatte der polternde Direktor den Vorfall ohnehin vergessen...

Der Rennbazillus hatte Porsche wiederum infiziert. Im Jahre 1924 setzte sich der Direktor dafür ein, an der Targa-Florio teilzunehmen. Ursprünglich wollte man nur einen Wagen nach Sizilien schicken, doch der Direktor war damit nicht einverstanden: „Wir müssen mehrere Eisen im Feuer haben", sagte er. „Da gehört schon eine ganze Mannschaft her. Mit Mechanikern, Ersatzteilen und allem Drum und Dran. Drei Wagen müßten am Rennen teilnehmen. Und ich fahr' auch mit!"

Mit drei Fahrern machte sich dann Ferdinand Porsche auf die Reise: Christian Werner, dem Altmeister Christian Lautenschlager und last not least Alfred Neubauer. Am 27. April 1924, um sieben Uhr früh, heulten auf der Madonie-Rundstrecke die Kompressoren auf. Wiederum waren vier Runden mit insgesamt 432 Kilometer zu fahren, und die Rennwagen wurden im Zwei-Minuten-Abstand losgelassen.

MONTAGE DER SUPER-MÖRSERS — Die beiden Bettungen sind zusammengefügt, die benzin-elektrischen Zugmaschinen gut getarnt im Gelände abgestellt. Diese Riesengeschütze griffen entscheidend in das Kampfgeschehen ein.

Umseitig: EIN PORSCHE-TATZELWURM VOR DER AUSFAHRT — Vor dem Direktionsgebäude von Austro-Daimler in Wiener Neustadt wendete der Mammut-Frachter auf engstem Raum, und alle Anhänger blieben genau in der Spur.

Mit der Stoppuhr stand Porsche am Start. Christian Werner mit dem Zwei-Liter-Wagen lag schon beim zweiten Durchgang an der Spitze. Er fuhr einen neuen Rundenrekord. Lautenschlager und Neubauer waren etwas angeschlagen und hielten sich hartnäckig im Mittelfeld.

Werner befolgte gehorsam die Weisungen seines Chefs: „Laß dich nicht nervös machen, laß dich nicht hetzen. Schone die Maschine!" Der Rennfahrer behielt auch dann die Nerven, als Ascari auf seinem Alfa-Romeo vorüberzog und sich an die Spitze setzte. Werner ließ sich nicht beirren und hielt das Tempo.

Die Italiener glaubten schon, den Sieg in der Tasche zu haben. Sie hatten aber die Rechnung ohne Porsche gemacht. Der Doktor wußte ganz genau: Ascari, der alte Fuchs, hatte beim Überholen den Motor stark überdreht, weit über die zulässige Tourenzahl beansprucht. Die Rechnung konnte daher nicht aufgehen: in der letzten Runde, in Sichtweite des Ziels, begann der geschundene Motor zu tuckern und blockierte. Wütend sprang Ascari aus dem Wagen und wollte, unterstützt von einigen Mechanikern, das Auto über die Ziellinie schieben.

Zu spät. Werner tauchte auf, trat das Gaspedal bis zum Anschlag durch und fegte über die Linie. Er hatte die 432 Kilometer in sechs Stunden, zweiunddreißig Minuten und siebenunddreißig Sekunden gefahren. Das war ein neuer Rekord. Mit einem Stundendurchschnitt von 66 Kilometer!

Porsche war außer sich vor Freude. Einen besseren Einstand des Österreichers in Deutschland hätte man sich gar nicht wünschen können. Mit großem Abstand ging nämlich der zweite, Graf Masetti auf Alfa-Romeo, durchs Ziel. Mit einem Rückstand von neun Minuten. Lautenschlager kam als zehnter und Neubauer als fünfzehnter.

Christian Werner marschierte zum Siegerpodest und wurde von Porsche begleitet. Und als die Rennfahrer aus Sizilien nach Stuttgart zurückkehrten, hatte die Stadt Fahnenschmuck angelegt, und Tausende begeisterte Menschen säumten die Straßen. Auch die offizielle Anerkennung blieb nicht aus. Am 4. Juli 1924 verlieh auch die Technische Hochschule Stuttgart dem Direktor von Untertürkheim die Urkunde zum Ehrendoktor: „In Anerkennung Ihrer hervorragenden Leistung beim Kraftwagenbau im allgemeinen und im besonderen als Konstrukteur des siegreichen Wagens im Targa-Florio 1924!"

Zwei Jahre nach dem Erfolg auf der Targa-Florio erfolgte die Fusionierung zwischen Daimler und Benz. Die beiden Firmen hatten sich schon 1924 zu einer Interessengemeinschaft zusammengeschlossen und eng zusammengearbeitet. Alfred Neubauer leitete nun die Fahrabteilung, und Chefkonstrukteur Porsche fuhr erstmals zur Avus.

Erstmals im wahrsten Sinne des Wortes, denn es war eine Premiere. Diese Rennbahn im Berliner Grunewald, der „Suppentopf", wie es die Fahrer scherzhaft nannten, wurde nämlich erst am 11. Juli 1926 mit dem „Großen Preis von Deutschland" eröffnet. Es hatte ja lange genug gedauert. Schon im Jahre 1907, beim Kaiserpreis-Rennen im Taunus, versprach Wilhelm II. den Automobilenthusiasten, eine Rennstrecke von Wiesbaden nach Berlin zu bauen. Fünf Jahre lang dauerte es dann bis zum ersten Spatenstich. Da war aber das Projekt schon sehr zusammengeschrumpft. Und im Jahre 1920 mußte der Konzernherr Hugo Stinnes einige Millionen auf den Tisch blättern, damit wenigstens die Rennbahn im Grunewald fertiggebaut werden konnte.

Die Charakteristika der Avus: eine Strecke mit einer weiten Schleife im Norden, einer schnurgeraden Trasse und einer engen halsbrecherischen Südkurve. Ein Jahr nach der Geldinjektion des Großindustriellen konnte dann diese „Automobil-Versuchs- und Übungsstrecke" endlich eingeweiht werden.

Zu diesem denkwürdigen „Großen Preis von Deutschland" waren eine halbe Million Berliner zur Avus gekommen. Ferdinand Porsche hatte es mit starker Konkurrenz zu tun: einundvierzig Wagen aller Klassen waren am Start. Im weißen Mercedes mit der Startnummer vierzehn saß Altmeister Otto Salzer. Als Fahrer war jedoch ein schüchterner, junger Mann an Bord. Er hatte einen Namen, bei dem man anfangs mit der Zunge ein wenig stolperte: Rudolf Caracciola. Dieser Caracciola war erst kurz zuvor bei Daimler-Benz als Verkäufer eingetreten. Er sollte in der Leipziger Filiale des Unternehmens Autos verkaufen und hatte dafür ein monatliches Fixum von hundert Mark bekommen. Da der junge Mann leidenschaftlich gerne Auto fuhr und sich dabei sehr geschickt anstellte, bekam er von der Direktion die Genehmigung, am Sonntag — in seiner Freizeit also — an Bergrennen und Zuverlässigkeitsfahrten teilnehmen zu dürfen.

Am 11. Juli 1926 saß Caracciola am Steuer. Und sein Start mit Altmeister Salzer als Beifahrer stand unter keinem guten Stern. Als sich die Flagge des Starters senkte, zog der Renner nicht los. Er blieb in der brüllenden Wolke von Petroleumgestank, die von den anderen Konkurrenten zurückgelassen worden war, einsam stehen.

Porsche und Neubauer stürzten nach vorn und brüllten: „Pumpen, pumpen, anschieben!" Caracciola, obwohl damals noch ein Rennfahrerküken, erfaßte blitzschnell die Situation: er stieg aufs Gaspedal, ließ nach, drückte es wieder bis zum Anschlag, damit Treibstoff in den Vergaser gepumpt werde. Dann kuppelte er aus, legte den vierten Gang ein, und der schwere Wagen wurde angeschoben.

Und was keiner der Zuschauer für möglich gehalten hätte: der Motor tuckerte ein wenig, aus dem Auspuff schossen Fehlzündungen, und dann heulte die Maschine auf. Salzer schwang sich elegant in den Beifahrersitz, der Motor kam auf Touren, flink schaltete Caracciola auf den zweiten Gang zurück, kuppelte ein, und wie ein Geschoß zog der Wagen los und verschwand in der Kurve.

Dr. Porsche machte ein mißmutiges Gesicht. Er war verärgert und nicht ansprechbar. Immerhin hatte das Feld bereits über eine Minute Vorsprung. Keiner beachtete den schneeweißen Wagen mit der roten Bauchbinde, der von einem Neuling gefahren wurde und von der übrigen Meute weit abgeschlagen Terrain aufzuholen versuchte.

Ein Zwei-Liter-Kompressor lag vorn in der Spitzengruppe. In der siebenten Runde ging er mit 170 Stundenkilometer in die Nordkurve. Plötzlich spürte der Fahrer einen süßlichen, betäubenden Geruch: einer der Äthertanks, zum besseren Anspringen der Motoren damals in Rennwagen eingebaut, mußte undicht geworden sein.

Der Mann am Volant lehnte sich ein wenig zur Seite. Für den Bruchteil einer Sekunde hatte er den schweren Wagen nicht unter Kontrolle. Der Kompressor schlitterte auf dem regennassen Klinkerpflaster, drehte sich um die eigene Achse und krachte mit unvorstellbarer Wucht gegen das Zeitmesserhäuschen in der Nordkurve.

Der Fahrer war sofort tot, sein Begleiter mußte mit schweren Verletzungen ins Spital gebracht werden. Und dort, wo das Zeitnehmerhäuschen gestanden hatte, lagen drei junge Menschen in ihrem Blut: Studenten, die sich beim Rennen einige Mark verdienen wollten.

Damals gab es noch kein Signalsystem wie bei den großen Rennen heutzutage. Weder Porsche noch Neubauer wußten anfangs, was eigentlich passiert war. Von Caracciola gar nicht zu sprechen. Der drehte verbissen seine Runden, dachte nur daran, was ihm der Chefkonstrukteur eingeschärft hatte und versuchte, den hoffnungslos groß gewordenen Vorsprung einzuholen.

In der achten Runde hatte sich die Startnummer vierzehn schon in die dritte Position vorgeschoben und drehte die beste Rundenzeit. Dann führte der junge Autoverkäufer. Die Zuschauer gerieten außer Rand und Band. Doch der Jubel war verfrüht: der Motor fing zu stottern an, verlor an Leistung, und bei der nächsten Runde hielt der Kompressor-Wagen an der Boxe.

Doch so sehr Porsche und Neubauer auch helfen wollten — sie durften es nicht. Im Reglement stand es schwarz auf weiß: „Alle Schäden und Defekte müssen vom Fahrer selbst behoben werden!" Beifahrer Salzer riß den Werkzeugkasten auf und drückte Caracciola einen Kerzenschlüssel in die Hand. Der Mann im verschmierten Overall tastete zur ersten Zündkerze und schrie auf. Sie war glühend heiß. Aber sie mußte um jeden Preis herausgeschraubt werden.

Porsche stand daneben, trat nervös von einem Fuß auf den anderen. Caracciola warf ihm die erste Zündkerze hin, der Chefingenieur fing sie geschickt und nahm sie mit der Lupe in Augenschein. Mittlerweile hatte Caracciola schon die zweite Kerze herausgeschraubt, und dieses Zeremoniell wiederholte sich. Blasen entstanden auf den Fingern des Rennfahrers, und eine Zündkerze nach der anderen mußte herausgedreht, begutachtet und mit dem Spezialschlüssel wieder eingesetzt werden.

Endlich — Zündkerze Nummer acht war verrußt. Sie wurde erneuert, eingesetzt, der Kabelschuh rastete ein, und schon heulte der Motor auf.

Knappe zwei Minuten hatte der Zwischenfall gedauert. Der Kompressorwagen hetzte dem Feld nach, holte auf, setzte sich abermals an die Spitze und näherte sich im Höllentempo der Boxe.

Mercedes-Direktor Sailer hob die Hand und deutete mit dem Zeigefinger: „Rudi, eine Runde mußt du noch fahren!" Mit Vollgas jaulte der Wagen in die Nordkurve, dann blubberte der Motor wieder auf sieben Zylindern und rumpelte aber dennoch als Sieger über die Ziellinie.

Einer der ersten, die den Wagen erreichten, war Ferdinand Porsche. Außer Atem warf er die Hände in die Höhe und rief: „Sieg, wir haben gewonnen, Rudi, Sie Teufelskerl. Auch den Bahnrekord haben wir gefahren. 135 Kilometer Schnitt . . ."

Der Spenglersohn aus Maffersdorf hatte eine weitere Sprosse auf der Stufenleiter zum Erfolg erklommen. Und der Autoverkäufer mit dem italienisch klingenden Namen, den keiner so richtig aussprechen konnte, bekam Lorbeerkranz, Goldpokal und 17.000 Mark.

Fünfeinhalb Jahre lang arbeitete Ferdinand Porsche bei Daimler-Benz als Chefkonstrukteur, und in einem Schaffensrausch ohne Beispiel entwickelte er einen Kleinwagen mit Ein-Liter-Motor, von dem im Frühjahr 1928 eine Versuchsserie von 30 Exemplaren die Hallen verließ, einen schweren Diesellastwagen, einen Zwölfzylinder-Flugmotor, einen luftgekühlten Zweizylinder für ein Motorrad, bei dem es sogar schon eine Hinterradfederung gab, ein System, das sich übrigens erst nach dem zweiten Weltkrieg im allgemeinen Zweiradbau durchsetzen sollte. Und auch sein Drei-Liter-Achtzylinder-Rennwagen nahm konkrete Formen an.

CHEFKONSTRUKTEUR IN STEYR

In den Jahren bei Daimler-Benz in Stuttgart war Porsche seßhaft geworden. Auf der Feuerbacher Heide hatte er sich eine große Villa bauen lassen. Mit dem Haus allein war es nicht getan: der Architekt Professor Bonatz — von seinem Reißbrett stammt übrigens auch der Entwurf für den Stuttgarter Hauptbahnhof — mußte außerdem noch eine große Garage einplanen. Hier sollte später einmal der Volkswagen geboren werden. Der Chefkonstrukteur konnte es nämlich auch daheim nicht lassen — das Basteln, Herumexperimentieren und Erfinden.

Bei Mercedes war seine Position geschwächt worden. Nach der Fusion mit der Firma Benz durfte Porsche nicht mehr allein die konstruktive Linie bestimmen. Er wollte schon damals einen Kleinwagen konstruieren, und dieses Fahrzeug sollte auch für die breite Masse erschwinglich sein. Die renommierte Firma in Untertürkheim aber hatte sich auf den großen, schweren Wagen festgelegt, mit ihm auch die schönsten Erfolge erzielt, und noch heute wird in Schwaben der Ausspruch: „Wir gehen nicht so bald unter die kleinen Leute!" von der Verkaufsstatistik diktiert.

Neben dem Bau schwerer Kompressorwagen wurden in Stuttgart auch mittelschwere Wagen entwickelt. Besonders die beiden Sechszylinder „Stuttgart" und „Mannheim", also starke Tourenwagen ohne Kompressor. Im Jahre 1928 wurde dann der 4,6-Liter-Tourenwagen „Nürburg" herausgebracht; er hatte einen Achtzylinder-Reihenmotor und wurde von besonders begüterten Käufern als Sechssitzer bevorzugt.

Diese in der Ära Porsche entwickelten Typen waren die letzten Vertreter der klassischen Fahrwerk-Bauweise mit U-Profilrahmen, starren Achsen und Halbelliptikfedern. Während der „Mannheim" zum Ausgangspunkt verschiedener Neuerungen wurde, hatte sich der „Nürburg" so ziemlich am längsten unverändert erhalten. Dagegen lassen die hohen Absatzzahlen des „Stuttgart" bereits auf eine steigende Nachfrage in der Mittelklasse schließen. Viele Jahre später, bei den sogenannten 170er-Typen, machte dann Mercedes ein ausgezeichnetes Geschäft. Gegen den schweren Kompressorwagen war dieser 170er-Vierzylinder allerdings ein Zwerg.

70

Die Unstimmigkeiten mit dem Vorstand und dem Aufsichtsrat wurden immer größer, und Porsche stieß mit seinem Kleinwagenprojekt auf taube Ohren. Man wollte den unbequemen Techniker abschieben und machte ihm das Angebot, eine längere Studienreise nach Amerika zu unternehmen. Er solle dann seinen Chefkonstrukteur-Posten zur Verfügung stellen und eine beratende Funktion, gewissermaßen einen Über-Oberingenieur, annehmen. „Sie werden bei allen heiklen und wichtigen Projekten befragt", wollte man Porsche besänftigen.

Da Porsche keine Kompromisse liebte, war der Sprung nicht mehr zu leimen. Ein Wort ergab das andere, und polternd verließ Porsche wieder einmal den Sitzungssaal.

Der Funke, der das Pulverfaß zur Explosion brachte, war eine an sich harmlose Episode, die sich im Winter des Jahres 1929 im Fabrikhof in Stuttgart-Untertürkheim abspielte. Über diesen Krach erzählt man sich in der Automobilindustrie eine kleine Geschichte. Daimler-Benz hatte damals einen Tourenwagen herausgebracht, den sogenannten 38er, und dieses Auto besaß die fatale Eigenschaft, daß es bei starker Kälte nicht anspringen wollte. Porsche verwahrte sich gegen alle Vorwürfe und erklärte, er sei für diese Detailkonstruktion nicht verantwortlich.

Generaldirektor Kissel aber war der Meinung, daß Porsche als Technischer Direktor und Chefkonstrukteur sehr wohl für diesen Mangel verantwortlich sei. Er stichelte weiter, und der ohnehin schon aufgebrachte Techniker verwahrte sich gegen solche Vorhalte. Er ging später in die Defensive und meinte, so schlimm werde es schon nicht sein.

In einer bitterkalten Nacht ließ nun der Generaldirektor fünfzehn neue Wagen dieser Serie in den Hof stellen. Am nächsten Morgen lud er seinen Vorstandskollegen ein, er möge doch so nett sein und wenigstens einen dieser Wagen starten. Aber kein einziger Motor sprang an. Wütend warf Porsche seinen Hut in den Schnee und trampelte darauf herum. Dann ging er.

Doch Konstrukteure vom Kaliber eines Ferdinand Porsche waren rar. Es ist daher nicht weiter verwunderlich, wenn einige große Automobilfirmen ihre Fühler nach Stuttgart-Untertürkheim ausstreckten. Die Österreichischen Steyr-Werke machten das Rennen. Porsche sagte freudig zu und kehrte wieder zurück in das Land, in dem er als Praktikant die ersten Sporen sich verdiente und einen kometenhaften Aufstieg zum Generaldirektor erlebte.

Als dieses Buch geschrieben wurde, feierten die Steyr-Werke eben ihr hundertjähriges Jubiläum. Ein altes, angesehenes österreichisches Unternehmen, am 16. April 1864 als „Josef und Franz Werndl und Co., Waffenfabrik und Sägemühle" in Oberletten gegründet. Josef Werndl war Geschäftsführer, und die junge Firma hatte mit großen Schwierigkeiten zu kämpfen. Infolge der Arbeitslosigkeit bestand nach Jagdwaffen geringe Nachfrage, und die Produkte fanden daher nur wenig Absatz.

Erst der Krieg gegen Preußen und Italien im Jahre 1866 brachte Werndl die langersehnten Aufträge. Bis dahin hatte man nämlich für die neumodischen Hinterlader nur wenig Interesse gezeigt. Die Niederlage bei Königgrätz brachte den k. und k. Generalstab dann endlich auf Trab. Der schneller schießende Hinterlader hatte nun auch die letzten Zweifler überzeugt und den klobigen, komplizierten und sehr langsamen Vorderlader überrundet.

Eine k. und k. Hinterladungskommission wurde eingesetzt. Über hundert Angebote trafen im Kriegsministerium ein. Am 10. November 1867 bekam Werndl schließlich den Auftrag, 150.000 nach seinem System konstruierte Gewehre auszuliefern. Die Fabrik wurde ausgebaut, vergrößert, und bis zu 5000 Werndl-Hinterlader im Monat verließen die Stadt an der Enns.

Der Industrielle aus Steyr errichtete in Budapest eine Zweigfabrik, und auch die Honved-Truppen wurden mit seinen Gewehren ausgerüstet. Die Fabrik in Steyr vergrößerte sich von Jahr zu Jahr. Dampfmaschinen und Lokomobile versorgten die Schmieden und Pressen mit Energie, um auch bei Niederwasser in der Fertigung unabhängig zu sein. Dreiunddreißig riesige Wasserräder erzeugten über 700 PS; zweitausend Maschinen sowie hundert Flammöfen und Essen waren in dieser Waffenschmiede in Betrieb. In vierzehn Objekten, auf einer Fläche von 26.000 Quadratmeter, waren bis zu 4500 Arbeiter beschäftigt.

Produktionsziffern, die einfach unrealistisch erschienen, wurden damals erzielt. Bis zum Jahre 1872 erzeugte man in Steyr 622.000 Gewehre, 8500 Karabiner, 2600 Repetiergewehre, 1800 Jagdstutzen und 114 Maschinengewehre. In alle Welt wurden österreichische Waffen exportiert. Und wenn ein Dutzend Übernahmekommissionen aus aller Welt in den Hotels logierten, glich die Stadt einem Sprachenbabel.

Zehn Jahre später riß mit einemmal das Geschäft ab: die meisten

Armeen waren mit Hinterladern ausgerüstet, und um seine Arbeiter auch weiterhin zu beschäftigen, mußte sich Werndl um andere Produktionszweige umsehen. Der weitblickende Industrielle, der für neue Errungenschaften immer etwas übrig hatte, interessierte sich sehr für das Phänomen Elektrizität und alles, was damit zusammenhängt. Dynamos und Beleuchtungskörper hatten es ihm schon immer angetan. Im Jahre 1883, auf der „Internationalen Elektrischen Ausstellung" in Wien, zeigte seine Firma einen Dynamo, der von einer Dampfmaschine angetrieben wurde und einige Bogenlampen mit elektrischem Strom versorgte.

Die erste Mutation dieses Wirtschaftskörpers: aus der Österreichischen Waffenfabriks-Gesellschaft wurde eine Licht-Firma. Doch der Markt erwies sich als nicht ausbaufähig; die Zeit für die elektrische Lampe war noch nicht reif. Es gab zwar einen kurzen Aufschwung im Waffengeschäft, als das Mannlicher-Repetiergewehr in großen Serien erzeugt wurde, doch dann ließ der Umsatz wieder nach. Am 29. April 1889 starb Josef Werndl im Alter von 58 Jahren.

Als dieser österreichische Pionier für immer seine Augen schloß, wurden bis zu 13.000 Mannlicher-Stutzen im Monat ausgeliefert. Doch es war kein Geschäft auf Dauer. Und in dieser Zeit stieg man in Steyr in das Transportmittel-Geschäft ein. Man radelte gewissermaßen in das Zeitalter der Motorisierung.

Die Fahrräder aus Steyr waren der letzte Schrei. Ketten und sonstiges Zubehör wurden erzeugt, und die Ingenieure befaßten sich auch mit einer elektrischen Zeilensetzmaschine. Aber das Fahrrad setzte sich immer besser durch, und auf die Produktion der Zeilensetzmaschine wurde verzichtet.

Dann kam der erste Weltkrieg: die Werke an der Enns entwickelten sich zu einer der wichtigsten Waffenschmieden der Mittelmächte. Etwa 14.000 Arbeiter waren beschäftigt, bis zu 4000 Gewehre und Maschinenwaffen im Tag wurden produziert. Und als dann der Friedensvertrag von St. Germain unterzeichnet wurde, der das Werk fast an den Ruin bringen sollte, hatte man in Steyr 3,000.325 Gewehre und Karabiner, 40.524 Maschinengewehre und über zwanzig Millionen Waffenbestandteile aller Art erzeugt.

Nach dem Friedensvertrag von St. Germain mußte die Waffenfabrikation bis auf ein Minimum an Gewehren gedrosselt werden. Die Spezialisten wanderten ab. Die Arbeiten konzentrierten sich nun auf das

Automobil. Bereits im Jahre 1920 rollte der Typ II, das sogenannte „Waffenauto", aus der Halle: ein robuster Sechszylinder mit einer dreifach unterteilten Kurbelwelle. Die elegant karossierten Wagen mit den schnittigen Spitzkühlern waren bald sehr gefragt.

Auch ein Zweieinhalb-Tonnen-Laster wurde erzeugt, der Typ III, und in den Jahren 1922 bis 1928 zählte diese Lkw-Serie zu den Aktivposten des Unternehmens. In dieser Ära kam auch ein berühmter Sechszylinder, der Typ XII, heraus: sein Motor leistete bei 3000 Touren etwa 30 PS, und diese Automobile brachten es zu sagenhaften Kilometerleistungen. Manche dieser Autoveteranen waren bis in die fünfziger Jahre in Wien zu sehen. Unverwüstlich und von einer geradezu sprichwörtlichen Robustheit und Qualität.

In drei Jahren wurden vom Typ XII genau 11.124 Exemplare gebaut, und in Steyr hatte man eine Fließbandanlage eingerichtet. Eine mustergültige Taktstraße im österreichischen Miniatur-Detroit. Infolge der Rationalisierungsmaßnahmen konnten auch die Preise gesenkt werden.

In dieses blühende Unternehmen trat am 1. Jänner 1929 Ferdinand Porsche als Chefkonstrukteur in den Vorstand ein und brachte auch seine Morgengabe. Natürlich ein Geschenk nach Porsche-Art, eine Neukonstruktion. Dieser Wagen wurde Typ XXX bezeichnet. Innerhalb kürzester Zeit konzipierte der Doktor auch einen Lastwagen und wollte dann endlich sein Lieblingsprojekt realisieren: den eleganten, großen und schweren Tourenwagen.

In dieser Sternstunde der Automobilgeschichte entstand in der alten österreichischen Waffenschmiede der 100-PS-Achtzylinder „Austria", ein Prachtexemplar mit Schnellgang und zwei Kerzen je Zylinder. In der Vorserie wurden nur drei Fahrzeuge gebaut, und im Jahre 1929 chauffierte Porsche höchstpersönlich dieses Prunkstück auf vier Rädern zum Automobilsalon nach Paris.

Das Cabriolett mit den Drahtspeichenrädern war die Sensation der Schau. Für den Wagen, der die amerikanische Konkurrenz weit in den Schatten stellte, bestand große Nachfrage. Der Erfinder war zufrieden, denn sein „Austria" zählte zweifellos zu den Spitzenkonstruktionen, die jemals in der Automobilindustrie entstanden waren.

Doch es sollte anders kommen. Als Porsche eines abends nach der Ausstellung in sein Hotel kam und zufällig eine österreichische Zeitung aufschlug, stutzte er. In einer kleinen Notiz wurde von einer ernsten

Finanzkrise der „Österreichischen Bodenkreditanstalt" berichtet. Dieses Institut war aber die Hausbank, mit der die Steyr-Werke in engster Geschäftsverbindung standen.

Porsche setzte sich in seinen „Austria" und trat überstürzt die Heimfahrt an. Doch auch er konnte die verhängnisvolle Entwicklung nicht mehr aufhalten: die Kreditanstalt am Hof, die Hausbank von Austro-Daimler, übernahm die „Österreichische Bodenkreditanstalt". Damit war eine verzwickte Situation eingetreten. Das Unternehmen in Wiener Neustadt, das mit dem großen und repräsentativen ADR allein den Markt für Luxuswagen beherrschen wollte, erblickte im „Austria" eine ernste Konkurrenz. Und die Aktionäre der Kreditanstalt waren dieselben, die im Jahre 1923 den Exodus des Ferdinand Porsche aus dem Direktionszimmer in Wiener Neustadt ausgelöst hatten.

Mit solchen Leuten wollte aber Porsche nicht zusammenarbeiten. Der Mann, der keine Kompromisse liebte, zog die Konsequenzen und schied abermals aus einer gut bezahlten Stellung.

Dieses Mal hatte aber Porsche wirklich die Nase voll. Er wollte von Aktionären, Bankdirektoren und neidischen Vorstandskollegen nichts mehr hören, sein eigener Chef sein, und er trug sich mit dem Gedanken, in Stuttgart ein Konstruktionsbüro aufzumachen. Sein treuer Mitarbeiter Karl Rabe war noch in Wiener Neustadt, aber auch der stille, bescheidene Oberingenieur wollte nicht mehr dortbleiben. Die beiden Männer hatten eine längere Unterredung, und damit war auch der Grundstock für eine weitere, fruchtbare Entwicklung im Automobilismus gelegt. Bald war auch der Plan abgesprochen. Man fuhr nach Stuttgart, die mittlerweile verpachtete Villa am Feuerbacher Weg wurde wieder auf Hochglanz hergerichtet, und das Konstruktionsbüro Ferdinand Porsche öffnete seine Pforten.

Nur ein Jahr lang hatte das Intermezzo in Steyr gedauert. Der Chronist der „Allgemeinen Automobil-Zeitung" hatte in allzugroßem Optimismus geschwelgt, als er Porsche bei seinem Dienstantritt in Steyr eine ganze Seite widmete. Schrieb er doch einleitend: „Unser großer Landsmann, der einst seinen ersten Ruhm in Wiener Neustadt verdient hat, kehrt nun wieder heim. Einen Mann von der konstruktiven Genialität von Dr. Porsche hier in Österreich zu wissen, darf den gesamten österreichischen Automobilismus mit Stolz erfüllen, und es war eine große Tat der Steyr-Werke AG, sich seiner Tätigkeit zu versichern..."

GEHIRNTRUST IN DER KRONENSTRASSE

Einen Betrieb ohne Aufsichtsrat, ein eigenes Konstruktionsbüro mit einer aufeinander eingeschworenen Ingenieurgruppe, ohne kaufmännischen Chef, der vorn und hinten einsparen will, nach Herzenslust experimentieren und verbessern, dann in den Papierkorb werfen und wieder von neuem zu beginnen — das war ein Aufgabengebiet nach dem Geschmack eines Ferdinand Porsche. Der wieselflinke, energiegeladene Mann mit Rechenschieber und Schraubenschlüssel, Prototyp des technischen Universalgenies unserer Zeit, das von kaufmännischen Dingen überhaupt nichts verstand und mit dem untrüglichen Instinkt für das Kommende der Entwicklung den richtigen Drall gab, hatte die ewig jammernden Bankleute endgültig satt. Eine Konstruktion nicht zu einem bestimmten Zeitpunkt in Serie geben zu müssen, sondern in aller Ruhe weiterzuentwickeln, neue, geradezu abwegige, an technische Häresie grenzende Theorien aufzugreifen, immer andere Ideen zu verwirklichen und die fertigen, ausgereiften Projekte weiterzuverkaufen, das mußte der absolute Gipfel in seiner Karriere sein.

Ferdinand Porsche und sein Gehirntrust! Mit einem verhältnismäßig kleinen Mitarbeiterstab hat er eine beachtliche Zahl schöner Automobile konstruiert. Fahrzeuge für Wanderer mit Sechs- und Achtzylindermotoren, einen Kleinwagen für Zündapp, den Vater des späteren Volkswagens, ein anderes Kleinauto für NSU, den Auto-Union-Rennwagen und den Auto-Union-Sportwagen, schließlich den Volkswagen selbst mit seinen Dutzenden Varianten für zivile und militärische Zwecke und last not least — den Daimler-Benz-Rekordwagen im Jahre 1939. Dazu kamen noch etliche Kleinschlepper, eine Windkraftanlage, gewissermaßen das Miniatur-E-Werk für den Bauern, dazu etwa zwanzig Auto- und Flugzeugmotoren, dann noch Fahrgestelle, Radaufhängungen, Lenkungen, Getriebe, Abgasturbinen und vieles andere mehr. In den ersten zehn Jahren nach Eröffnung des Konstruktionsbüros im Winter 1930 hatte Porsche nicht weniger als 104 Typen entwickelt.

Freilich kam der Konstrukteur nicht allein nach Stuttgart zurück. Der

Spenglersohn aus Maffersdorf hatte außer seinem Oberingenieur Rabe noch weitere sieben Mann mitgebracht. Alle Österreicher, jeder ein Experte auf seinem Gebiet: die Ingenieure Fröhlich, Zahradnik, Kales und Reimspiess, den Karosseriefachmann Kommenda und den Aerodynamiker Mickl. Auch Ferry Porsche arbeitete in diesem technischen Familienbetrieb.

Der Start war schwierig. Die Wirtschaftskrise hatte in Europa verheerende Folgen ausgelöst. Die Fabriken verfügten nur über geringe Geldmittel, es gab so gut wie keine Rücklagen, die technischen Einrichtungen mußten erneuert werden, Massenentlassungen waren an der Tagesordnung. Wer hatte Geld für ein Auto? Man war schon glücklich, wenn der Briefträger keinen „Blauen Brief" ins Haus brachte. Im Jahre 1930 ging es um das nackte Leben.

Nicht auszudenken, wenn Porsche mit seinem Gehirntrust in der Ära der Hochkonjunktur begonnen hätte. Das Wirtschaftsleben würde noch heute davon profitieren.

Doch das neue Team mußte sich anfangs nach der Decke strecken. Porsche, der sich über sein kaufmännisches Anti-Talent völlig im klaren war, hatte für sein Konstruktionsbüro einen alten, treuen Freund als Geschäftsführer gewonnen: Adolf Rosenberger, einen reichen Autofanatiker und Geschäftsmann aus Pforzheim, dessen Name auch in der Rennfahrergilde gut bekannt war. Und Adolf Rosenberger zählte zu den wenigen Menschen, von denen sich Ferdinand Porsche auch etwas sagen ließ. Der Geschäftsmann hatte die unangenehme Aufgabe, die himmelstürmenden Konstruktionsideen seines Freundes auf halbwegs vernünftige kaufmännische Maximen herunterzuschrauben. Dazu konnte Rosenberger noch ein weiteres Plus für sich buchen: er war kein trockener Buchhalter, sondern verstand eine ganze Menge von hochgezüchteten Motoren.

Es war eine glückliche Geschäftsverbindung zwischen dem reichen, erfolgreichen Herrenfahrer und dem klotzigen, nicht immer einfach zu behandelnden Selfmademan aus Böhmen. Eine Zusammenarbeit, die 1933 ihr vorläufiges Ende finden sollte, als der „nichtarische" Rosenberger Hals über Kopf seine Heimat verlassen und sich jenseits des Ozeans eine neue Existenz aufbauen mußte.

Die Verhandlungen für die ersten Aufträge waren recht mühsam. Ferdinand Porsche war mit seinem Geschäftsführer oft tagelang unterwegs. Sie besuchten Generaldirektoren großer Autofirmen, erkundigten sich über den letzten Stand der Entwicklung in der Zubehörindustrie, feilschten um Preise, klapperten die Reifenfirmen ab und sondierten systematisch das Terrain. In dieser schwierigen Zeit konstruierte Porsche für die Wanderer-Werke in Chemnitz den schnittigen Zwei-Liter-Wagen, und da man im Büro in der Stuttgarter Kronenstraße schon aus optischen Gründen nicht mit der Konstruktionsnummer eins beginnen wollte, entschloß sich der Doktor, gleich mit der Zahl sieben anzufangen. Eine richtige Glückszahl, wie sich später erweisen sollte.

So bekam der Zwei-Liter-Wanderer, jener schnittige, harmonisch geformte Tourenwagen, die Konstruktionsnummer sieben. Ferry Porsche und Bernd Rosemeyer erzielten mit diesem Auto schöne Erfolge. Bei einer Zuverlässigkeitsprüfung legten die damals blutjungen Tester zweitausend Kilometer in einer Nonstopfahrt zurück.

Der Typ Acht war dann der große Achtzylinder-Wanderer, ein zweitüriger 3,3-Liter-Wagen mit einem Roots-Kompressor und einer schicken Hinterradverkleidung. Der Wagen ging aber leider nicht in Serie. In der Wirtschaftskrise schlossen sich dann vier große Firmen zu einem Konzern zusammen: aus Horch und Audi in Zwickau, Wanderer in Chemnitz und Rasmussen in Tschopau wurde die Auto-Union geschaffen. Im Rahmen der neuen, streng auf Rationalisierung bedachten Konzernpolitik sollte Wanderer keine großen Wagen mehr bauen. Das blieb noch Horch vorbehalten. Der Achtzylinder-Wanderer blieb daher ein technisch interessantes Einzelstück. Ferdinand Porsche behielt sich seinen Typ Acht als Privatwagen.

In dieser Krisenzeit war es natürlich mit dem Automobilsport nicht gut bestellt. Ein Rennstall kostete sehr viel Geld, und nur wenige Firmen konnten sich so etwas leisten. Rudolf Caracciola ging in die Schweiz und fuhr italienische Wagen, weil er damit besser verdiente und sich eine gesicherte Existenz gründen konnte. Auf den Pisten herrschte heilloses Durcheinander. Die sogenannte „freie Formel" triumphierte; jedermann durfte mit jeder Konstruktion bei jedem Rennen antreten. Da lagen die schweren Mercedes-SSK-Kompressor-Wagen — die eineinhalb Tonnen schweren Geschosse mit 7,5 Liter Zylinderinhalt und 225 PS Motorenleistung — gegen um etliche hundert Kilogramm leichtere Alfas und Bugattis im Rennen. Und keiner fand etwas daran. Die Geschwindigkeiten wurden immer höher, und es ereigneten sich auf den unzulänglichen und für ein solches Höllentempo nur schlecht ausgebauten Pisten schwere Unfälle.

Es rollten ja damals keine ausgesprochenen Renner vom Start; auf Fahreigenschaft und Zuverlässigkeit maßgeschneiderte Repräsentationswagen, die selbst im vierten Gang von zwanzig bis zur Spitzengeschwindigkeit seidenweich beschleunigten, beherrschten das Feld.

Es mußte etwas geschehen. Am 12. Oktober 1932 platzte dann die Bombe: die internationale Sportkommission in Paris beschloß die 750-Kilogramm-Formel. Kein Auto über dieser Gewichtsklasse durfte mehr bei einem Rennen starten.

Es war ein Schock für die Konstrukteure: von eineinhalb Tonnen und noch mehr auf dieses Fliegengewicht herunterzukommen. Und die Abnahmebedingungen waren sehr streng — die Wagen wurden ohne Sprit, Öl, Kühlwasser und Reifen auf die Waage gerollt, und der Grenzwert durfte nicht um ein Dekagramm überschritten werden.

Kuriose Dinge spielten sich ab. Als die Monteure von Daimler-Benz einen solchen neuen Wagen zur Waage rollten, wies der Zeiger zum Entsetzen der Fahrer und Mechaniker auf die 751-Kilogramm-Marke. Der Wagen durfte nicht starten. Wie dieses Mißgeschick passieren konnte, war allen schleierhaft. Und mit leuchtendem Weiß hatte man den neuen Rennwagen lackiert. Bis ein findiger Kopf eine gute Idee hatte: die Farbe mußte herunter. Sie wurde auch mit scharfen Laugen abgewaschen. Der Rennwagen war dann um genau einen Kilogramm leichter. Seit diesem Tag wurden wohl aus Gewichtsersparnisgründen die Rennautos nicht mehr lackiert. Der „Silberpfeil" war geboren worden.

Der unverwüstliche Neubauer war damals bereits Chef der Rennabteilung in Untertürkheim. Ihm lagen die Rennfahrer in den Ohren, und das Formel-Dilemma war Tagesgespräch. Welcher Ingenieur sollte praktisch über Nacht unter die Haube eines 750-Kilogramm-Formel-Wagens eine 300-PS-Maschine zaubern können?

In diesen Debatten zeichnete sich ein Name immer klarer ab: Dr. h. c. Ferdinand Porsche, der Mann mit dem Konstruktionsbüro im Ulrichsbau in der Kronenstraße. Auch bei Porsche war nach diesem 12. Oktober öfters angeklopft worden. Es kristallisierte sich dabei immer deutlicher ein Gedanke heraus: die gesamte deutsche Automobilindustrie soll ihr Scherflein für einen nationalen Rennwagen zusammenlegen. Woher aber in den Krisenzeiten das Geld nehmen?

Der Mechaniker Wilhelm Sebastian, eine Kapazität in seinem Fach, der Mann, der zusammen mit Rudolf Caracciola die Mille Miglia durchgekämpft hatte, machte sich beim kleinen Doktor zum Sprecher. Die Argumente überzeugten Porsche, und schon fünf Wochen nach dem Formel-Beschluß, am 15. November 1932, hatte er den neuen Rennwagen in den wichtigsten Details skizziert *).

Eine revolutionierende Konstruktion: Sechzehnzylindermotor mit 4,4 Liter Hubraum und 280 PS Leistung! Die Maschine im Heck und der Benzintank ebenfalls hinter dem Fahrer. Doch die Entwicklung eines solchen hochgezüchteten Wagens kostete sehr viel Geld. Die Rennfahrer mußten tief in die Tasche greifen, und jeder opferte aus tiefster Überzeugung seine Ersparnisse. Auch Adolf Rosenberger schloß sich nicht aus: er kratzte sein ganzes Kapital zusammen, doch es reichte noch immer nicht...

Die Rennfahrer waren bedrückt, und die Stimmung erreichte den Nullpunkt. Porsche machte sich wieder auf den Weg und klapperte die Autofabriken ab. Die Herren hörten sich den berühmten Konstrukteur an, waren für das Projekt Feuer und Flamme, winkten aber bedauernd ab, wenn die Rede aufs Geld kam. Die Automobilindustrie nagte damals am Hungertuch, sie konnte sich auf so einen Ritt über den Bodensee nicht einlassen.

Da hatte der Rennfahrer Hans Stuck, ein Automobilsportler, wie es in diesem Jahrhundert nur wenige gab und auch wenige noch geben wird, eine Idee: Stuck, der in seinem ganzen Leben hauptsächlich Porsche-Konstruktionen gefahren hatte, erinnerte sich an einen gewissen Julius Schreck, einen Bekannten, der die gleiche Garage in München benützte und bei einem Parteiführer namens Adolf Hitler als Privatchauffeur beschäftigt war.

Der Rennfahrer besuchte nun den Garagenmitbenützer und erzählte ihm von seinen Sorgen. Mercedes-Fahrer Schreck hörte interessiert zu und meinte dann: „Herr Stuck, da kann ich Ihnen nur einen Rat geben. Gehen Sie doch zu meinem Chef, der hat eine dicke Parteikasse, und für nationale Gedanken ist er immer zu haben!"

Der Rennfahrer befolgte diesen Tip und fuhr nach München zum Braunen Haus am Königsplatz. Er wurde dort von Hitler empfangen

*) Siehe Anhang: „Einige Ideen zur Rennwagenkonstruktion."

WIE SICH DIE BILDER GLEICHEN — Ein halbes Jahrhundert nach dem Porsche-Tatzelwurm machte der amerikanische Konstrukteur Le Tourneau von sich reden. Sein Super-Frachter arbeitet nach einem Prinzip, wie es Ferdinand Porsche schon vor dem Ersten Weltkrieg in Wiener Neustadt ersonnen hatte.

DAS EISERNE TEAM — Die Herrenfahrer Graf Schönfeldt, Direktor Fischer
und Ferdinand Porsche von links nach rechts zählten schon vor dem Ersten Weltkrieg
zu den Spitzen des internationalen Motorsports.

und schilderte in düsteren Worten die katastrophale Lage des deutschen Rennsports. Der Mann im Braunhemd war ein aufmerksamer Zuhörer, er erkannte die Werbewirksamkeit dieser Rennwagen-Schlachten und sagte: „Sie haben mich überzeugt. Warten Sie noch ein wenig, es wird nicht mehr lange dauern, bis wir an der Macht sind. Dann werde ich Ihnen helfen!"

So schien dieser Bittgang vergebens. Es sah so aus, als würde man den Rennwagen niemals bauen können. Da saß im Frühjahr 1933 der Rennleiter Alfred Neubauer mit einem alten Sportfreund, dem Rennfahrer Herzing, bei einem Glas Wein. Das Gespräch hatte natürlich das Formel-Projekt zum Thema. Herzing, nunmehr bei Auto-Union in Zwickau, erzählte von den Intentionen seines sportbegeisterten Chefs: „Auch Auto-Union will jetzt Rennen fahren. Generaldirektor von Oertzen würde sehr gerne mitmachen. Allein schon aus Reklamegründen ..."

Der Manager von Oertzen, ein Gentleman vom Scheitel bis zur Sohle, kam dann auch nach Stuttgart und ließ sich in der Kronenstraße bei Porsche melden. Er schwärmte sofort über den geplanten 750-Kilogramm-Formel-Wagen. Der Doktor hörte sich den Generaldirektor an und meinte dann in seiner trockenen Art: „Bauen Sie doch den Wagen, Sie haben ja die Fabriken dazu und auch das nötige Geld!"

„Aber keine Konstruktionspläne", erwiderte der Besucher. Da huschte ein verschmitztes Lächeln über die Züge von Porsche und er griff rasch in die Tasche: „Da sind sie!" sagte er. „Die wichtigsten Unterlagen für den neuen Rennwagen!"

DER AUTODOKTOR MIT DEM SCHRAUBENZIEHER

So wurde der berühmte P-Rennwagen aus der Taufe gehoben, ein Auto, das sich in den folgenden Jahren zu einem schlanken, tropfenförmigen Geschoß in windschlüpfriger Verkleidung entwickeln sollte.

Ferdinand Porsche war damals sehr viel in Deutschland unterwegs. Die Automobil-Ausstellung in Berlin hatte es ihm angetan, und zwischendurch mußte er immer wieder in seinem Büro in Stuttgart nach dem Rechten sehen. Während des ganzen Tages führte er mit Automobilfirmen und Zubehörlieferanten Besprechungen, und dann ging's zum Bahnhof. Im Speisewagen bestellte er zwei Pilsner Bier, holte Rechenschieber und Zeichenblock aus der Aktentasche und skizzierte. Selbst im Schlafwagen kam der Bleistift nicht zur Ruhe. In Stuttgart wurde dann den ganzen Tag lang gearbeitet, Porsche diktierte Briefe, die Ingenieure seines Konstruktionsbüros mußten ihm Detailzeichnungen vorlegen, es kam zu Debatten, Projekte wurden verworfen und mußten neu konzipiert werden, und am Abend fuhr der Autodoktor mit dem Schnellzug wieder nach Berlin zurück.

Im Jänner 1934 wurde dann der neue P-Wagen im Ausland inoffiziell vorgestellt. Die Equipe, die für Auto-Union starten sollte, war bald nominiert: Hans Stuck, August Momberger, Wilhelm Sebastian und der Prinz zu Leiningen. Der Chef des Konstruktionsbüros aus der Stuttgarter Kronenstraße war sehr oft vor der Abfahrt der Mannschaft am Prüfstand bei Auto-Union zu sehen. Unter der Haube dieses Fahrzeugs mit der Konstruktionsnummer 22 steckte die geballte Kraft von 295 Pferdestärken.

Auf dem Autodrom in Monza traf sich die Fachwelt. Die Italiener kamen aus dem Staunen nicht heraus, als ein langer Konvoi Privatwagen mit deutschen Kennzeichen in die Zufahrtstraße bog. Die ausländische Konkurrenz tat sehr geheimnisvoll und führte überdies einen schweren Laster mit. Was er eigentlich geladen hatte, war nicht zu sehen. Die Ladefläche war mit einer mächtigen Plane abgedeckt.

Dann stoppte der Transporter: zwei lange, breite Bretter wurden ausgelegt, und vorsichtig rollte man ein silbergraues Ungeheuer auf die Rennbahn. Die Italiener belächelten dieses schnittige, kleine Ding aus Stahl und Leichtmetall. Das sollte der geheimnisvolle P-Wagen sein? Dieses komische Etwas auf vier Rädern mit der kleinen stumpfen Nase und dem langen, spitzen Schwanz? Ohne schwere Blattfedern, sondern nur mit diesen fremdartigen, in sich verdrehenden Stahlstäben?

Rennleiter Willy Walb drehte die erste Runde und Doktor Porsche stoppte die Zeiten. Er ließ sich nicht aus der Ruhe bringen. Ein Monteur mußte vom Büfett Wiener Würstel mit Bier holen, der Konstrukteur entwickelte einen herzhaften Appetit und vergaß dabei nicht, auf die Stoppuhr zu drücken. Als dann nach der nächsten Runde der P-Wagen vor den Boxen hielt, kamen die Experten an die Reihe: Meister Dietrich von Continental untersuchte mit der Lupe die Reifen, Oberingenieur Rössig, der Shell-Brennstoff-Mixer, überwachte kritisch den Tankvorgang, und der Zündkerzenmann von Bosch hielt mit dem Doktor ein längeres Konsilium, bei dem es ziemlich heftig zuging.

Dann studierten die beiden Männer das Kerzenbild: ein Mechaniker steckte der Reihe nach die Zündkerzen in ein Brett und servierte es dem Autodoktor. In den dreißiger Jahren war das ein wichtiges Zeremoniell, denn die richtige Vergasereinstellung konnte an Hand der Kerzen kontrolliert werden: schwarz und rußig — Gemisch zu reich; außen angelaufen, beperlte Elektroden — Gemisch zu arm; bräunlich, mit ganz feinem Überzug — Gemisch richtig!

Diese Angaben differierten selbstverständlich bei den einzelnen Fabrikaten. Die richtige Vergasereinstellung bei Bergrennen mit großen Höhenunterschieden zu finden, das bedurfte schon einer langjährigen Erfahrung. In 600 Meter Seehöhe ist ja der Sauerstoffgehalt der Luft wesentlich reicher als bei den letzten Kehren oben am Stilfser-Joch. Da ist dann das Gemisch beim Start zu arm und beim Ziel viel zu fett. Der richtige Mittelweg also mußte gefunden werden.

Eine „kalte" Kerze, eine Zündkerze mit hohem Wärmewiderstand, verträgt zwar eine hohe Tourenzahl, neigt aber beim Start sehr leicht zum Verölen und liegt wegen ihres höheren magnetischen Widerstandes ungünstig bei niedrigen Drehzahlen. Umgekehrt aber ist eine etwas „wärmere" Kerze unempfindlich gegen Verölen, bringt die Maschine besser auf Touren — Porsche sagte: „Sie kommt unten besser!" —, setzt aber beim Überdrehen aus. Das ist aber überaus negativ, wenn zwischen zwei Kurven das Schalten auf den nächsten Gang sich nicht mehr lohnt.

Der Autodoktor stellte nur zu oft innerhalb weniger Augenblicke die richtige Diagnose, regulierte mit dem Schraubenzieher die Vergasereinstellung und herrschte erbost die Monteure an, wenn ihm nicht rasch genug gearbeitet wurde. Und keiner sollte es wagen, die Autorität dieses technischen Meisters anzuzweifeln.

Wenn der Motor seine Mucken hatte, ahnte er die Ursache. Dann horchte Porsche mit zusammengekniffenen Augen in die Maschine, schraubte an Feineinstellungen, ließ eine Kerze herausnehmen, prüfte mit der Lupe den Elektrodenabstand, und ein glückliches Lächeln huschte dann über sein Gesicht, wenn endlich den entfesselten Pferden die Zügel locker gelassen wurden.

Beschäftigt war er immer, der Doktor Porsche, während des Trainings marschierte er mit seiner Schmalfilmkamera zwischen den Boxen herum und bannte interessante Episoden auf den Zelluloidstreifen.

Die Italiener merkten natürlich bald, daß die Deutschen mit dem P-Wagen einen besonderen Pfeil im Köcher hatten. Die Motorjournalisten in Mailand und Turin wurden aufgescheucht und fuhren nach Monza. Doch sie kamen zu spät: der große Laster rollte heran, legte die beiden Auffahrtsrampen aus, und schon war der Heckmotorwagen wieder im Laderaum verschwunden. Porsche und Walb waren vorsichtig: sie behüteten ihre vierrädrige Geheimwaffe, als handle es sich um ein dringendes militärisches Projekt!

Diesem Fabelauto war ja ein ausgezeichneter Ruf vorangegangen. Kurz zuvor hatte Stuck mit dem P-Wagen inoffiziell auf der Avus einige Runden gedreht und nach längerem Training eine Stunde lang einen Durchschnitt von 217,11 Kilometer gehalten.

Der P-Wagen hatte damals, im Jahre 1934, vor der Konkurrenz einen beachtlichen Vorsprung. Mercedes war mit seinen Rennwagen noch nicht fertig. Eines Tages läutete bei Hans Stuck in der Wohnung das Telephon. Der Rennfahrer war sehr erstaunt, als er eine Frauenstimme hörte: „Hier Reichskanzlei Berlin. Ich verbinde mit dem Herrn Reichskanzler!" Wenige Sekunden später meldete sich Hitler und sagte mit seiner kehligen Stimme: „Herr Stuck, ich habe unsere Begegnung im Braunen Haus nicht vergessen. Jetzt ist es so weit. Jetzt sind wir an der Macht. Jetzt will ich dem deutschen Motorsport helfen. Bringen Sie doch diesen Doktor Porsche zu mir!"

Wenige Tage später ließen sich Generaldirektor von Oertzen und Dr. h. c. Ferdinand Porsche beim Adjutanten in der Reichskanzlei anmelden. Mit einem freundlichen „Grüß Gott, Herr Hitler!" leitete Porsche das Gespräch ein, blickte souverän über die hakenschlagende, erstarrte Parteiprominenz hinweg, nahm Platz, griff zur Aktentasche und breitete seine Zeichnungen aus. Dann erklärte er in allen Einzelheiten seine Pläne. Der für technische Dinge schon immer sehr aufgeschlossen gewesene Parteiführer folgte ohne zu unterbrechen dem Vortrag und versprach dann, dem notleidenden Automobilsport helfend unter die Arme zu greifen. Er setzte jährlich 450.000 Mark für den nationalen Rennwagenbau aus. Der erste Preis sollte überdies mit 20.000 Mark, der zweite mit 10.000 Mark und der dritte mit 5000 Mark dotiert werden.

Doch diese knappe halbe Million Goldmark war auch für die damalige Zeit für ein solches Projekt sehr wenig Geld, ein Tropfen auf den heißen Stein: ein Rennstall mit allem Drum und Dran, dem kostspieligen Mechanikerteam, den Versuchen und vor allem das zeitraubende Training. Vier Millionen Mark war die unterste Grenze dieses Betrages. Jede Firma wollte natürlich für sich allein den fetten Happen beanspruchen. Ein Tauziehen zwischen Daimler-Benz und Auto-Union setzte ein. Bis ein weiser Beamter im Reichsverkehrsministerium sein salomonisches Urteil fällte: der Betrag wurde geteilt. 225.000 Mark bekam Daimler-Benz und die andere Hälfte wurde Auto-Union zugesprochen.

Am 6. März 1934, beim großen Rennen auf der Berliner Avus, wurde dann Porsche für seine Zähigkeit belohnt. Als Hans Stuck mit dem P-Rennwagen wie ein silberner Blitz über die Bahn fegte, mit singenden Pneus in die Kurven schlitterte, in wohl einmaliger Präzision den Wagen wieder abfing, das Gaspedal mit einem Ruck bis zum Anschlag durchtrat und mit dem brüllenden Ungetüm in die Zielgerade bog, war der kleine Mann, von dessen Weste die Stoppuhr an einem Schnürl baumelte, nicht mehr zu halten.

Wie ein Sprinter hetzte er aus dem Gebüsch und rannte dem ausrollenden Boliden nach. Er stürzte auf den noch im engen Cockpit sitzenden Stuck zu, umarmte ihn und rief: „Großartig, lieber Stuck. Wir haben es geschafft! Dreimal Weltrekord! 275 Stundenkilometer! Wir haben es geschafft!"

PORSCHE UND SEIN SILBERFISCH

Ein Rennen mit dem neuen 750-Kilogramm-Formel-Wagen brachte
für Fahrer und Mechaniker so manche Probleme mit sich: vor allem war
das Fahrzeug wesentlich leichter geworden. Dann hatte Porsche den
Motor erstmals im Heck eingebaut. Das verlangte eine völlig neue
Kurventechnik. Durch die Gewichtsverhältnisse änderte sich allerhand:
bei einer 600-PS-Maschine beispielsweise muß der Motor pro Pferde-
stärke 1,25 Kilogramm Gewicht mitschleppen. Beim Kompressorwagen
einige Jahre zuvor lag das Verhältnis wesentlich anders. Und wie sieht
es bei einem Serienwagen aus? Nur um bei Porsche zu bleiben: seine
berühmteste Schöpfung, der Volkswagen, muß pro PS etwa vierundzwanzig Kilogramm in Bewegung setzen.

Der Laie macht sich von der geballten Kraft, die in so einem Silberfisch steckte, keine Vorstellung. „Fußspitzengefühl!" — da mußte der
Fahrer mit dem Gas fein dosieren. Selbst bei 160 Stundenkilometer, auf
der Geraden, drehten sich die Räder durch, wenn nicht seidenweich
beschleunigt wurde.

Ein guter Start war daher der halbe Sieg. Da standen die Wagen in
Dreierreihen aufgestellt; die Positionen waren verlost worden. Sechzig
Sekunden vor dem Startzeichen schalteten die Fahrer die Zündung ein.
Die Monteure mit den elektrischen Anlassern — bohrmaschinenähnliche
Vorrichtungen, die den Motor ankurbelten — stürzten zu den Wagen.
Die Motoren heulten auf, eine brüllende Wolke von Petroleum- und
Ölgestank lag über dem Asphalt.

Doch die Fahrer überdrehten dabei nicht mutwillig den Motor, wie
man das in einschlägigen Romanen so oft liest. Das Benzin-Luft-Gemisch
wäre sonst durch die aus der Schmierung stammenden, winzigen Öl-
partikelchen angereichert worden. Eine Rennkerze kann das bei einer
niedrigen Betriebstemperatur nicht vertragen. Sie würde „verölen", und
der hochgezüchtete Motor wäre dann nur auf sieben oder acht anstatt
auf allen sechzehn Zylindern gelaufen.

Vollgas geben und den Motor einige Male hochjagen, daß die Fenster klirren — ein Rennfahrer macht das nicht, sondern nur ein junger Mann, der seiner Freundin imponieren will ...

Der Motor drehte gleichmäßig und die Nadel des Tourenzählers zitterte um die 2500er-Marke. Der Fahrer sah wie gebannt auf den Startleiter, der mit den Fingern die wenigen Augenblick zur Sekunde Null, zum Start, signalisierte. Der erste Gang war bereits eingelegt, die Kupplung ganz durchgetreten. Drei Sekunden vor dem Start ließ dann der linke Fuß ganz langsam nach und gleichzeitig wurde der Motor auf 4000 Umdrehungen gebracht.

Bei Null schoß der Wagen wie ein von der Sehne geschnellter Pfeil über die Startlinie. Der Motor war in diesem Moment von 4000 Touren auf etwa 400 Touren abgebremst worden. Das hielt die Kupplung nicht immer aus: sie wurde glühend heiß und flog mitunter in Fetzen davon.

Das Feld brauste nun donnernd an den Tribünen vorbei. Die Zuschauer sahen nur die silbernen Ungetüme vorüberflitzen, sie wußten nicht, daß innerhalb einer Distanz von 160 Meter, in einem Zeitraum von nur dreißig Sekunden, viermal gekuppelt, Zwischengas gegeben und viermal geschaltet werden mußte, damit die Fahrer ihre Wagen vom Stand auf die Höchstgeschwindigkeit brachten.

Der Benzinverbrauch bei so einem Autorennen betrug 60 Liter und noch mehr auf hundert Kilometer. Da durfte aber nicht wild darauflosgefahren werden. Die Rennstrategie dominierte, und in dem buntgewürfelten Feld herrschte Ordnung und Disziplin.

Alfred Neubauer, der alte Porsche-Mitarbeiter aus Wiener Neustadt und Untertürkheim, bekämpfte jetzt den Doktor auf der Rennpiste. Die beiden Herren kannten einander recht gut und wußten daher über die Schwächen des anderen ausgezeichnet Bescheid. Neubauer hatte ein Reglement für seine Fahrer ausgearbeitet, und die Befehle, die in einer stetig wechselnden Geheimsprache mit Tafeln und Fahnen signalisiert wurden, mußten unbedingt befolgt werden. Zwei wichtige Thesen waren Grundlage für dieses Rennreglement. Der erste Punkt: „Jeder fährt in Kenntnis seiner Maschine und Fähigkeiten vom Start weg, so schnell er kann. Kein Überdrehen, kein Verausgaben in den ersten Runden!" Und der zweite Punkt: „Der Fahrer, der als erster einen Vorsprung von einer Minute vor der Konkurrenz erkämpft hat, darf von seinen Stallgefährten nicht mehr angegriffen werden. Er hat das Recht auf Sieg erworben!"

In den frühen dreißiger Jahren, da Ferdinand Porsche mit Lupe,

Stoppuhr und Rundentabelle vor der Boxe stand, wurde das Rennen mitunter nicht auf der Piste, sondern durch technische Planung und Wartung entschieden. Bei einem mehrstündigen Rennen auf dem Nürburgring in der Eifel beispielsweise mußte ja mehrmals getankt und die Reifen gewechselt werden.

Selbst die besten und teuersten Spezialpneus hielten diese mörderische Beanspruchung nicht aus. Im Reifen spielte sich allerhand ab. Das Gewicht des Wagens walkt ihn, einer gigantischen Knetmaschine gleich, durch. Der Pneu wird brennheiß. Die Bindeschicht zerfließt, verliert ihre Klebekraft, und die äußere Hülle, der Protektor, fliegt in Fetzen davon.

Der Reifenwechsel wurde von den Mechanikern zu einer Perfektion entwickelt, die man auch als Zauberei bezeichnen kann. Wenn der Fahrer bei den Tribünen vorübersauste, gab er selbst ein Handzeichen oder wurde vom Rennleiter zu den Boxen dirigiert. Er drehte noch eine Runde, schaltete dann hundert Meter vor dem Wartungsplatz die Zündung aus — die Kerzen durften ja nicht verölen — und rollte auf eine markierte Stelle zu.

Drei Monteure standen bereit. Mechaniker Nummer eins machte sich über das linke Hinterrad, lockerte den Schnellverschluß, Mechaniker Nummer zwei hantierte bereits auf der anderen Seite. Dann rastete der Wagenheber ein, das Heck wurde aufgebockt und die abgefahrenen, brennheißen Pneus, die überdies einen penetranten Geruch ausstrahlten, flogen samt den Speichenrädern zur Seite. Neue Räder wurden aufgesteckt, der Wagen senkte sich, der Heber flog zur Seite und der Reifenwechsel war fertig.

Monteur Nummer drei hatte in diesen wenigen Augenblicken auch ein Gewaltpensum zu erledigen: zuerst reichte er dem Fahrer eine saubere Brille, putzte mit einem Rehhäutl die Windschutzscheibe, gab dem verschwitzten Rennfahrer ein Glas Wasser und tankte dann den Wagen auf. Unter hohem Druck wurde der Treibstoff in die Tanks gejagt: 25 Liter pro Sekunde.

Die Arbeit der Rennmechaniker wurde von Porsche überwacht. Er war nervös, trieb die Männer an. Ein Lob für die Monteure, wie sie es schöner gar nicht sich wünschen konnten. Nur mit tüchtigen Mechanikern gab sich der Doktor ab, wenn er auch manchmal schimpfte. Von schlechten Mitarbeitern nahm er überhaupt keine Notiz!

Auf dem Porsche-Wagen starteten viele berühmte Fahrer. Da ist ein-

mal Achille Varzi zu nennen, jener elegante Italiener, der anfangs der
dreißiger Jahre über sich hinauswuchs und 1935 mit zwei großen Preisen,
einem zweiten Preis und einem dritten Preis, zu den erfolgreichsten
Fahrern von Auto-Union zählte.

Aber wohl kaum ein anderer Rennfahrer war mit Ferdinand Porsche
so verhaftet wie Hans Stuck, der ungekrönte Bergmeister, ein Mann, der
einen eigenen Kurvenstil geprägt hatte, der den Wagen durch Haarnadelkurven reißen konnte wie kein zweiter. War Rudolf Caracciola
auf der regennassen Bahn nicht zu schlagen, so konnte auch keiner im
Kurvenzirkus den Hans Stuck überrunden.

In einer steilen Linkskurve etwa schlug er stark nach links ein, gab
dann einen Gedanken mehr Gas, so daß sich die Räder durchdrehten,
der Wagen stellte sich quer, die Hinterräder standen also im Gegensatz
zu den eingeschlagenen Vorderrädern, und so schlitterte der Silberfisch
in vollem Tempo durch die Kurve. Mit dem Gaspedal wurde der schleu-
dernde Wagen abgefangen, ausgerichtet, und mit Vollgas ging es dann
weiter. Das war die schnellste, für die Reifen aber auch die tödlichste
Art, durch die Kurve zu kommen.

Daß dieser Mann für den Motorsport überhaupt entdeckt wurde, ist
indirekt Ferdinand Porsche zu danken. Der Autodoktor war eben erst
mit seinem Mitarbeiter Neubauer zu Daimler nach Untertürkheim
gekommen. Porsche bezog die Villa am Feuerbacher Weg und Neubauer
wohnte bei einer Frau Kless in einem kleinen Untermietzimmer.

Eines Tages kam Neubauer später als sonst nach Hause und wurde
von seiner Quartiergeberin empfangen. „Entschuldigen Sie den Lärm,
Herr Neubauer", sagte die Frau. „Wir haben Besuch bekommen. Der
Mann meiner Nichte ist da und sie feiern im Nebenzimmer!"

Der gesellige Neubauer setzte sich dazu, und da der junge Mann sehr
viel von Autos erzählte und auch sonst keinen anderen Gesprächsstoff
kannte, waren die beiden bald ein Herz und eine Seele. Dieser Hans
Stuck war eine blendende Erscheinung: schlank, hochgewachsen, elegant
und vermögend. Sein Vater war Direktor einer Nähseidenfabrik im
Schwarzwald und seine Mutter Sproß einer Hugenottenfamilie. Hans
Stuck selbst bewirtschaftete ein Gut in Oberbayern und fuhr damals
einen kleinen 750-Kubikzentimeter-Pluto mit Skiff-Karosserie.

Als Neubauer sah, wie Stuck sich in dieses winzige Wägelchen setzte,
lud er ihn nach Untertürkheim ein. Schon damals machte sein Schützling

mit dem Kompressorwagen Bekanntschaft, und Stuck war bald vom Rennbazillus infiziert. Er lernte Porsche kennen, und zwischen 1927 und 1930 gab es kaum ein Bergrennen in Europa, das er nicht für sich entschieden hatte. Der Daimler-Bergmeister, vom Porsche-Konstruktionschef Rabe entwickelt, war sein Lieblingswagen.

Die Ehe mit der Nichte der Neubauerschen Quartiergeberin hielt aber nicht lange. Hans Stuck fand eine kongeniale Partnerin: Paula von Resniczek, berühmte Tennismeisterin und bekannte Journalistin. Diese elegante Frau war dann immer bei den Rennen ihres Mannes dabei, sie führte mit der Stoppuhr die Rundentabelle und gehörte gewissermaßen als vollwertiges Mitglied zum Auto-Union-Rennstall.

Beim Großen Preis von Deutschland auf dem Nürburgring in der Eifel siegte Stuck gegen schärfste Konkurrenz. Ferdinand Porsche dirigierte mit souveräner Meisterschaft dieses technische Zeremoniell. Die Mercedes-Silberpfeile hatten keinen guten Tag: Manfred von Brauchitsch wurde aus der Bahn getragen, erlitt eine Schädelfraktur, zwei Rippenbrüche und schwere Prellungen. Er mußte für die weitere Saison ausscheiden. Nur Caracciola, der auf diesem 172-Kurven-Kurs die schnellste Trainingsrunde gedreht hatte, konnte erstmals die Traumzeit von elf Minuten unterbieten. Doch der durch eine schmerzhafte Beinverletzung schwer behinderte Meisterfahrer fuhr unter Aufbietung aller Energie.

Mit seinem kaputten Bein mußte er Fronarbeit am Pedal leisten. Es war ein Duell dieser beiden Ritter am Volant, und elf Runden lang hetzte Caracciola den vor ihm fegenden Stuck über den kurvengespickten Kurs.

Doch Stuck hielt sich an die Strategie des alten Porsche: er mutete dem Motor keine Überanstrengung zu viel zu. Die Maschine wurde nicht überdreht. In der dreizehnten Runde drückte dann Caracciola das Gaspedal plötzlich hart bis zum Anschlag. Der Silberpfeil überholte mit einem gewaltigen Satz den Porsche-Wagen, setzte sich an die Spitze und zog dahin.

Der Mann mit dem ewig zerdrückten Filzhut hatte dieses Manöver an der Boxe beobachtet. Er wurde nicht unruhig. Der Doktor schmunzelte und sagte nichts. Zwei Runden später warf er dann begeistert die Arme in die Luft. Der Motor des Silberpfeils machte nicht mehr mit. Er war von Caracciola überdreht worden und hatte einen Kolbenfresser. Vorbei mit dem Traum vom Sieg. Der P-Wagen machte das Rennen.

Am 15. August 1934, beim Rennen in Pescara an der Adria, kam es mit dem 750-Kilogramm-Auto-Union-Wagen zu einem dramatischen Zwischenfall: beim Training, in voller Fahrt, hatte der Wagen Stucks Feuer gefangen. Der Rennfahrer brachte den Silberfisch noch zum Stehen, der Brand konnte im letzten Augenblick gelöscht werden.

Ein Vergaser war „hängengeblieben": das Benzin war über den heißen Motorblock geströmt und hatte den Wagen in Brand gesetzt. Ferdinand Porsche disponierte rasch um, und aus einem anderen Silberfisch, der bereits verladen und schon einige Stunden lang unterwegs war, ließ er den Motor ausbauen.

Während der ganzen Nacht wurde gearbeitet. Der Doktor selbst half mit, hetzte die Mechaniker und riß sich an einem Gestänge die Hand auf. Mit blutenden Fingern hantierte er mit Spezialschlüssel und Schraubenzieher. Erst knapp vor dem Rennen war der Wagen fertig. Es blieb nicht einmal Zeit für eine Probefahrt. Porsche und der Leibmechaniker des Rennfahrers, der flinke Fritz Matthey, hatten dieses einmalige Kunststück fertiggebracht.

Das Rennen ging dann programmgemäß in Szene. Als sich die Startfahne senkte, schoß der Auto-Union-Sechzehnzylinder mit seinem souveränen Fahrer wie ein Panther nach vorn und setzte sich gleich an die Spitze. Abermals kam es zwischen dem Kurvenkönig und Caracciola zu einem erbitterten Duell. Und dieser Hans Stuck gewann den „Großen Preis". Porsche taufte diesen Ersten Preis als „Feuer-und-Blut-Sieg"!

Einige Wochen später wurden die Rennwagen für den „Großen Preis der Schweiz" verladen. Auch diesmal blieb Caracciola das Pech treu: bei der Verlosung der Startplätze mußte sich der Rennfahrer mit einer Position in der vierten Reihe zufriedengeben. Zwischen den beiden Spitzenfahrern entwickelte sich ein dramatischer Kampf über siebzig Runden. Obwohl Caracciola mit seinem Silberpfeil elf Wagen überholte, errang er nur den vierten Platz. Nun stand es drei zu eins im Duell dieser beiden Ritter des Volants.

Beim Großen Preis von Italien in Monza zog Mercedes dann wieder nach. An diesem 9. September 1934, bei Tropenhitze, stellten sich die fünfzehn Boliden zu einem 116-Runden-Kampf auf dem 501-Kilometer-Rundkurs. Wie ein geölter Blitz schob sich der P-Wagen gleich nach dem Startschuß an die Spitze. Der mit allen Wassern gewaschene Rennfuchs Caracciola hängte sich an die Hinterräder, nützte in genialer Weise den

Windschatten des Wagens aus, sparte Treibstoff und schonte den Motor.

Die Strecke mit ihren 1276 Kurven war mit 928 „Schikanen" gespickt: künstliche Tore in der Rennbahn, die gewissermaßen im Slalom genommen werden mußten. Diese mit Strohballen und Holzbarrieren markierten Hindernisse zwangen aber die Fahrer zu einer starken Tempoverminderung. Die Tore konnten nur im ersten Gang passiert werden.

Bis auf Caracciolas Silberpfeil waren alle Mercedes-Wagen ausgefallen. Und das Rennfahrer-As war durch seine Bein- und Hüftverletzung schwer angeschlagen. Aber über fünfzig Runden lang hielt er sich mit knappem Abstand in zweiter Position. In der 57. Runde wurde dann der Porsche-Wagen zur Boxe gewunken: Reifenwechsel! Die gekonnte, aber reifenmordende Fahrtechnik — Stuck hatte den Wagen durch die „Schikanen" buchstäblich durchgerissen — rächte sich. Caracciola zog vor, dann verließen ihn aber die Kräfte. Selbst unter Aufbringung äußerster Selbstbeherrschung waren die Schmerzen nicht mehr auszuhalten.

Langsam rollte der Silberpfeil vor den Boxen aus. Die Mechaniker mußten den fast bewußtlosen Caracciola aus dem engen Fahrersitz heben. Er konnte nicht mehr. Der junge Nachwuchsfahrer Fagioli sprang ein. Er gewann das Rennen bei einem Bewerb, in dem der halbe Sieg bereits von seinem großen Lehrmeister herausgefahren worden war. Der P-Wagen landete diesmal auf dem zweiten Platz.

In diesem für Porsche so erfolgreichen Jahr 1934 stellte Hans Stuck mit dem Sechzehnzylinder gleich drei neue Weltrekorde auf: über hundert Meilen, über zweihundert Kilometer und über eine Stunde. In den Jahren 1934 bis 1937 — so lange dauerte die Verbindung zwischen Porsche und der Auto-Union — konnte dieser in etlichen Varianten gebaute Rennwagen überzeugende Erfolge für sich buchen. In diesem Zeitabschnitt bestritten seine Silberfische 64 Große Preise, Rundstrecken- und Bergrennen, und dabei wurden 32 erste, 22 zweite und 15 dritte Plätze belegt. Damit stand dieses Weltunternehmen an der Spitze der erfolgreichsten Rennwagenmarken überhaupt.

DREHSTAB UND UR-VOLKSWAGEN

Schon im Jahre 1931 ließ sich Porsche eine Erfindung patentieren, die den ganzen Automobilbau revolutionieren sollte: den Torsionsstab. Wenn er — abgesehen von den C-Zügen, Landwehr-Trains, dem Sascha-Wagen und der elektromobilen Feuerwehr — der Technik nichts anderes als dieses Federungssystem geschenkt hätte, dann wäre er schon allein auf Grund dieser Erfindung in die Geschichte der Motorisierung eingegangen.

Das Sprichwort „Alles ist schon einmal dagewesen!" ist besonders auf die Technik anzuwenden. So auch für den Drehstab. In den Jahren 1917 und 1919 waren für den Drehstab in Frankreich Vorpatente angemeldet worden, aber die Franzosen konnten dieses Federungssystem praktisch nicht anwenden. So blieb es Ferdinand Porsche vorbehalten, diesem wichtigen Bauelement zum Durchbruch zu verhelfen. Der Drehstab heutzutage ist auf der ganzen Welt zum Allgemeingut geworden.

Die Überlegung ist plausibel: wenn eine Spiralfeder zusammengedrückt wird, dann wird der Stahl „in sich" verdreht. Das zur Spirale geformte Metall verwindet sich. Läßt der Druck nach, dehnt sich auch die Feder. Die Spannungen in dem zur Spirale aufgewundenen Stahldraht werden geringer.

Porsche folgerte: wenn ich einen Stahlstab mit dem Federmechanismus kopple, dann müßte auch dieser einfache Stahlstab „in sich" verdreht werden. Er verband daher die Fahrzeugachse mit einem Hebelarm und verband diesen dann mit dem Drehstab. Beim ersten Hindernis auf der Fahrbahn schlug das Rad in die Höhe, übertrug die Kraft auf den Hebelarm, und dieser verdrehte die Federstrebe.

Nach dem Schlagloch drehte der Torsionsstab wieder zurück. Er hatte sich wieder entspannt, und das Rad war in der Normallage. Mit freiem Auge war dieser Vorgang im Drehstab freilich nicht zu sehen. Stark überspitzt ausgedrückt: mit dem Drehstab verhält es sich so, als würde die Hausfrau in der Waschküche ein Leintuch auswringen ...

Diese Drehstabfederung brachte Porsche einen Sieg auf der ganzen Linie. Der Konstrukteur hatte schon immer gegen die hohen Fahrzeuggewichte gewettert, gegen die schweren, teuren Blattfedern, die den Wagen unförmig machten und seine Straßenlage nicht verbesserten, einen Krieg mit dem Zeichenstift geführt. Dann waren die Blattfedern viel zu träge, in engen Kurven neigte sich der Wagen zur Seite, der Schwerpunkt war viel zu hoch gelagert.

Im Typ 12 sollte diese Torsionsfederung ihre Premiere feiern: im Urahn des Volkswagens, der zwischen Dezember 1931 und April 1932 auf dem Konstruktionstisch des Doktors entstanden war. Die Idee für ein kleines Volksauto stammte eigentlich vom Generaldirektor der Zündapp-Motorrad-Werke, dem Geheimrat Dr.-Ing. h. c. Fritz Neumeyer, der in Nürnberg eine große Fabrik besaß. Der Industrielle hatte sich schon viele Jahre mit dem Problem eines Volkswagens befaßt, und wenn einer sie verwirklichen konnte, dann war es nach seiner Ansicht kein anderer als Ferdinand Porsche.

Generaldirektor Neumeyer hatte bestimmte Vorstellungen über diesen Fahrzeugtyp. Schon 1925 ließ er sich einige Kleinwagen aus England kommen, zerlegte die Fahrzeuge und stellte umfangreiche Studien über Material- und Fertigungskosten an. Zu diesem Zweck kaufte er in Moosach bei München einige Fabrikhallen, um dort später eine Serienfertigung aufziehen zu können.

Ferdinand Porsche erhielt den Auftrag, für Zündapp drei solche Kleinwagen zu bauen. Das Konzept kam dem späteren VW schon sehr nahe: Motor nach der Hinterachse, Getriebe im Heck, windschlüpfrige Karosserie und vorn das Reserverad. Der Doktor wollte einen luftgekühlten Vierzylinder-Boxermotor einbauen, stieß aber mit diesem Projekt auf den harten Widerstand des Managers.

Der Erfinder gab nach und erklärte, er wolle einen Dreizylinder entwerfen. Aber auf seine Luftkühlung wollte er nicht verzichten. Doch Neumeyer hatte eigene Vorstellungen über den künftigen Zündapp-Volkswagen: er forderte einen wassergekühlten Fünfzylinder-Sternmotor. Porsche wollte anfangs davon überhaupt nichts wissen, es kam zu hitzigen Debatten, später ließ er sich aber doch zu einem Kompromiß herbei: er stimmte dem Sternmotor-Konzept zu, drückte aber dabei auch einige seiner konstruktiven Forderungen durch.

Drei Versuchswagen entstanden: Porsche hatte den Fünfzylinder-Sternmotor nicht senkrecht zur Längsachse eingebaut, sondern ein wenig nach vorn im Rahmen verankert, um auf eine günstige aerodynamische

94

Form zu kommen. Diese Motoraufhängung ließ er patentieren. Dies nur am Rande, denn als vor einigen Jahren der Mercedes 300 SL vorgestellt wurde, kam die Fachwelt über den schräg eingebauten Hochleistungsmotor aus dem Staunen nicht heraus.

„Alles ist schon einmal dagewesen!" heißt es bei Ben Akiba ...

Die Probefahrten mit dem Typ 12 standen jedoch unter keinem guten Stern. Der Sternmotor wurde viel zu heiß, und schon nach zehn Kilometer Fahrt kochte das Öl. Außerdem war die Maschine viel zu kompliziert, nicht einmal bei kleinen Reparaturen kam man an sie heran. Der für das Volksauto-Projekt zuerst so aufgeschlossene Geheimrat steckte nun zurück.

Die Investitionen für eine Serienfertigung schienen ihm zu hoch. Er hätte seinen Werken eine Motorenerzeugung und auch eine Karosseriefabrik angliedern müssen. Auch war die Marktlage viel zu unsicher. Außerdem war Hitler an die Macht gekommen, und schon deshalb war eine Motorisierung des Heeres zu erwarten. Neumeyer hatte auch auf die richtige Karte gesetzt: die Kradschützenkompanien der ersten motorisierten Heeres-Verbände wurden mit seinen Zündapp-Beiwagenmaschinen ausgerüstet.

So bezahlte der Geheimrat mit einem lachenden und einem weinenden Auge dem Ferdinand Porsche 85.000 Mark Honorar für die Entwicklung des Typs 12 und ließ ihn ziehen. Aus dem Volkswagen war wieder nichts geworden. Ein Modell dieses VW-Urahns blieb am Leben, aber nur bis zum Jahre 1944; bei einem Bombenangriff starb es in einer Stuttgarter Garage den Flammentod. Ein Auto, das seiner Zeit weit voraus war und im Technischen Museum einen Ehrenplatz verdient hätte.

Dem zweiten VW-Vorläufer war ebenfalls nur ein kurzes Leben beschieden. Der Typ 32, von Porsche in der zweiten Hälfte 1933 bis Jänner 1934 auf die Reißbretter gezaubert, war schon wesentlich ausgereifter, kein so ungehobelter Klotz wie sein Zündapp-Vorgänger. Auch für dieses Projekt mußten drei Prototypen gebaut werden. Und als Auftraggeber fungierte ebenfalls eine Motorradfabrik. Der Generaldirektor von NSU in Neckarsulm, der joviale Fritz von Falkenhayn, stellte aber im Gegensatz zum Zündapp-Geheimrat nicht so viele Bedingungen an Porsche, sondern ließ ihn experimentieren.

Nun konnte der Autodoktor endlich seinen luftgekühlten Heckmotor anbringen: ein echter Boxer mit zwei gegenüberliegenden Zylinder-

Paaren, obengesteuerten Ventilen und 1,5 Liter Hubraum. Mit den Drehstäben aber hatten die Stuttgarter Ingenieure kein Glück: sie brachen beim Test, und die freien Spitzen schlugen wie Schrapnells aus der Karosserie. Man mußte da schon die Beine ziemlich rasch aus der Schußrichtung bringen ...

Für zehn Millionen Mark glaubte NSU, dieses Porsche-Volksauto auf die Räder stellen zu können. Zwei Prototypen bekamen bei Drauz in Heilbronn ihre Karosserien, und die Fahrzeuge präsentierten sich in einem gefälligen Kunstlederüberzug. Der dritte Wagen wurde bei Reutter in Stuttgart „eingekleidet", er bestach durch seine gebogene Windschutzscheibe, die auch nach schräg oben Sicht gestattete. Die Panoramascheibe scheint schon beim VW-Urahn geboren worden zu sein ...

Doch auch dieser Wagen sollte nicht in Serie gehen. Im Jahre 1934 lief die deutsche Rüstung bereits auf Hochtouren. Da BMW und Zündapp tausende Motorräder für die neuaufgestellten Divisionen bauen mußten, blieb NSU das Zivilgeschäft vorbehalten. So kam es, daß auch der Typ 32 über das Stadium einer automobilen Eintagsfliege nicht hinauskam.

FAMILIENAUSFLUG BEI HOCHWOLKERSDORF — Diese seltene Aufnahme
zeigt Ferdinand Porsche mit dem kleinen Ferry bei einem Spaziergang.

AUS DEN BABYTAGEN DER AVIATIK — Die Etrich-Taube mit dem Daimler-
Motor. Österreich stand damals in der Konstruktion von Flugzeugmotoren an
führender Stelle.

RUSSLANDREISE UND ERSTE VW-PROTOTYPEN

Im Jahre 1932 wurde die Zusammenarbeit zwischen Deutschland und Rußland groß geschrieben. Ein Landsmann von Ferdinand Porsche, der Hochschulprofessor und Turbinenfachmann Dr.-Ing. Lösel, ging für einige Zeit nach Rußland, um den Bau großer Elektrizitätswerke zu überwachen. Er war mit dabei, als die großen Kraftzentralen am Rande der sowjetischen Hauptstadt entstanden.

Aber nicht nur auf dem Energie- und Transportsektor gaben deutsche Ingenieure den Ton an. Auch zwischen der Reichswehr und der Roten Armee gab es einen regen Interessenaustausch. Der deutsche General von Seeckt sah es besonders gerne, wenn russische Stabsoffiziere auf deutschen Kriegsschulen sich beim Sandkastenspiel produzierten.

Die sowjetische Panzerwaffe wurde nach deutschen Grundsätzen aufgebaut. Russische Fliegeroffiziere besuchten deutsche Flugzeugfabriken, obwohl damals die Alliierten dem Hunderttausend-Mann-Heer keine Luftwaffe erlaubten. Deutsche Delegationen fuhren kreuz und quer durch Rußland, und sowjetische Ingenieure klapperten die deutschen Industriezentren ab.

So eine Moskauer Delegation rief eines Tages Ferdinand Porsche an. Es war ein kurzes, informatives Gespräch am Telephon, und die Russen ließen nur durchblicken, daß sie den Doktor gerne einmal persönlich gesprochen hätten. Dieser sagte zu, und man traf sich in einem kleinen Kaffeehaus in der Nähe des Konstruktionsbüros.

Bei diesem Kaffeehaus-Plausch gaben die Besucher aus dem Osten dann den wahren Grund dieses Treffens bekannt: Der Doktor Porsche möge doch einmal nach Rußland fahren. Dort seien gewaltige Umwälzungen im Gange. Wenn er in der Sowjetunion die Verhältnisse studiere, dann könnten sich vielleicht auch für ihn geschäftliche Möglichkeiten ergeben. Man sei an seinen Konstruktionen sehr interessiert . . .

Porsche besprach sich mit Rabe, seinem Oberingenieur. Man vermutete, die Russen hätten es auf die Traktoren-Entwürfe abgesehen. Hatte doch Porsche schon im ersten Weltkrieg einen riesigen Zweiradschlepper mit luftgekühltem Vierzylindermotor konstruiert, einen Büffel, der von den Soldaten „Kraftprotze" genannt wurde. Dieses Ungetüm auf seinen mächtigen Eisenrädern machte auch bei der Arbeit auf dem Acker seinem Namen alle Ehre: es konnte mehrere Pflüge ziehen, und im Nu waren die Felder umgeackert.

Das war im Jahre 1918. Den eigentlichen Traktor-Trend erlebten wir erst kurz nach dem zweiten Weltkrieg, und Mehrscharenpflüge wurden etwa vor zwei Jahrzehnten in die Landwirtschaft eingeführt ...

Drei Wochen nach dem Anruf der russischen Delegation fuhr also Porsche mit der Eisenbahn nach Osten. Es war dies eine Informationsreise, wie es vor und auch nach ihm kaum ein Techniker erlebt haben dürfte. Der Konstrukteur hatte sich zuerst verpflichten müssen, über alles strengstes Stillschweigen zu bewahren, das war aber wohl selbstverständlich. Porsche besichtigte die Schwerindustrie, in den Flugzeugfabriken machte man ihn mit den neuesten Projekten bekannt, er besuchte Rüstungswerke, in denen Panzer hergestellt wurden, und die großen Automobilfabriken standen natürlich ebenfalls auf dem Besichtigungsprogramm.

Mit der Eisenbahn kam Porsche bis hinter den Ural. Überall wurde er mit ausgesuchter Höflichkeit empfangen, die berühmte russische Gastfreundschaft schien sich selbst zu überbieten. Ein Empfang löste den anderen ab. Die Tische bogen sich.

Doch der einfache Mann aus Böhmen machte sich nichts aus Schlemmerei. Ein saftiges Beinfleisch, ein würziges Gulasch, Wiener Würstel und vor allem ein Krügel mit kaltem Pilsner wären ihm viel lieber gewesen. Und wie sehr die Russen bestrebt waren, jeden seiner Wünsche zu erfüllen, zeigt eine kleine Episode: eines Abends servierte der Kellner original Pilsner Bier!

Schon während dieser großen Informationsreise war es Porsche klargeworden, daß die Russen weniger seine Patente als ihn selbst haben wollten. Dieser Gedanke wurde durch eine Besprechung in Moskau erhärtet. Die Regierung machte Porsche ein Angebot, von dem ein Techniker sein ganze Leben lang träumt: „Kommen Sie zu uns. Sie haben alle erdenklichen Möglichkeiten. Sie können nach Herzenslust konstruieren und experimentieren. Geld und Zeit spielen keine Rolle. Ihren Mitarbeiterstab können Sie selbst bestimmen. Unser gesamtes Industriepotential steht Ihnen zur Verfügung ..."

Dann schob der Verhandlungspartner einen Blankoscheck über den Tisch, und Porsche brauchte nur die Gage einzusetzen. Allerdings hatte dieses Angebot einen Haken: Porsche müßte sich bei Vertragsabschluß verpflichten, die Sowjetunion nicht mehr zu verlassen. Also Arbeit nach Wunsch, aber im Goldenen Käfig!

Porsche überlegte: mit einemmal wären die Sorgen um die nackte Existenz beseitigt. Das Büro in der Kronenstraße kämpfte um Aufträge. Der Chef wußte nicht, mit welchem Geld er die Gehälter für seine Ingenieure bezahlen sollte. Um seine Familie jedenfalls brauchte er sich keine Sorgen zu machen. Die Regierung hatte ihm für Frau und Kinder eine komfortable Privatvilla samt Personal auf der Krim angeboten.

So sehr diese schöpferische Arbeit aus dem vollen — ohne griesgrämigen Aufsichtsratspräsidenten — den Techniker auch reizte: er war ein Mensch, dem die Freiheit alles bedeutete. Porsche lehnte Zwang ab, mochte er noch so schmackhaft verpackt sein; der heimatverbundene Mann wollte sich das Leben nach seinem Geschmack einteilen. Vorbei gewesen wäre es mit den Jagdausflügen nach Hochwolkersdorf, mit den schneidigen Motorbootfahrten am Wörther See und nicht zuletzt auch mit den Rennen auf der Avus. Er unterschrieb nicht und fuhr nach Hause.

Ferdinand Porsche sollte diesen Entschluß auch nicht bereuen. Wie zum Lohn für diese Entscheidung kamen für sein Konstruktionsbüro neue Aufträge, und langsam zeichnete sich auch eine neue Entwicklung ab, eine Arbeit, die zu seinem größten Erfolg werden sollte: der Volkswagen wurde aus der Taufe gehoben.

Der Mann, der diesen Stein ins Rollen gebracht hatte, saß zwar nicht mehr im Braunen Haus in München, sondern in der Reichskanzlei zu Berlin: Adolf Hitler. Er galt schon immer als Autonarr und Fanatiker der Motorisierung. Als er im Jahre 1924 aus der Festungshaft in Landsberg entlassen wurde, wartete vor dem wuchtigen Bau ein schwerer Mercedes. Sein Freund Jakob Werlin holte ihn mit einem funkelnagelneuen Wagen ab. Und Hitler war von dem 60-PS-Auto so sehr angetan, daß er die Parteikasse umstülpte und für etliche Milliarden Mark diesen Wagen kaufte.

Bis zur Machtergreifung fuhr Hitler nur schnelle, schwere und vor allem neue Wagen. Am 11. Februar 1933, in der zweiten Woche seiner Regierung, bei der Berliner Automobil-Ausstellung, verkündete Hitler die „Sieben Punkte zur Volksmotorisierung", und schon aus diesen Thesen kristallisierte sich deutlich der Trend zum Kleinwagen heraus.

Jakob Werlin, der Altparteigenosse, hatte als „Automobilberater" jederzeit unangemeldet Zutritt zu Hitler. Er war es auch, der in den Babytagen des Volkswagens den Konstrukteur mit dem Politiker bezüglich dieses Themas zusammenbrachte. Was sich der Mann im braunen Parteirock unter einem Volkswagen vorstellte, entwickelte er in langer Rede. Der Wagen müßte eine Dauergeschwindigkeit von hundert Stundenkilometer garantieren, der Benzinverbrauch dürfte sieben Liter auf hundert Kilometer nicht überschreiten. Es sollte ein Vier- bis Fünfsitzer sein, und vor allem wollte Hitler auch die Luftkühlung verwirklicht sehen.

Alles Forderungen, die den Intentionen des Doktors schon sehr nahe kamen. Und wenn man nach drei Jahrzehnten den VW genau betrachtet, sind diese Grundkonzeptionen noch vorhanden.

Porsche sagte zu, ging es doch um sein Lieblingsprojekt, und am 22. Juni 1934 wurde der Vertrag unterzeichnet. Der Reichsverband der Deutschen Automobilindustrie (RDA) und die Dr.-Ing. h. c. Ferdinand Porsche GmbH. schlossen einen Volkswagen-Konstruktionsvertrag, „um die Motorisierung des deutschen Volkes auf der Grundlage einer Gemeinschaftsarbeit, unter Einsatz der besten Kräfte des deutschen Automobilwesens, mit allen Mitteln zum Wohle des Deutschen Reiches zu fördern!".

Porsche mußte sich aber von vornherein verpflichten, „falls aus übergeordneten nationalen Gründen eine Einforderung des ganzen Materials durch die Reichsregierung oder deren Beauftragte in Frage kommen sollte, dieses Material restlos über den Reichsverband der Deutschen Automobilindustrie an die entsprechende Stelle zu überführen".

Eine Klausel in dem Vertrag besagte, daß Porsche innerhalb von z e h n Monaten den ersten Versuchswagen abzuliefern habe. Die Konstruktion müsse so ausgelegt werden, daß der Wagen in der Fertigung — auf der Basis einer 50.000-Stück-Serie — nicht teurer als 990 Mark komme.

Daß es dem Reichsverband der Deutschen Automobilindustrie mit dem Volkswagen-Projekt nicht sehr ernst war, ist schon aus diesen Ansätzen klar zu erkennen. Die deutschen Automobilhersteller wollten ja selbst das Geschäft machen, die Porsche-Konkurrenz hatte ihnen gerade noch gefehlt. Die Manager hielten das Volkswagen-Projekt in dieser Form für eine Marotte des neuen Reichskanzlers. Alle Achtung vor Porsche: aber in neun Monaten ein Auto mit diesen Leistungsdaten zu konstruieren, zu einem solch niedrigen Preis — das hielt jeder Fachmann für ausgeschlossen. Das war eine Utopie.

Die Mittel, die man Ferdinand Porsche zur Verfügung stellte, waren nicht bescheiden, sondern geradezu lächerlich: 20.000 Mark im Monat durfte Porsche für sein VW-Projekt verbrauchen. Diese Summe hatte ihm der Reichsverband großzügig bewilligt. Es gab keine leistungsfähige Werkstätte. Mit zwölf Mitarbeitern bastelte der Doktor selbst an dem neuen Wagen herum. Büro, Labor, Werkstätte und Montagehalle — das war alles in der kleinen Garage in seiner Villa untergebracht.

Herbert Kaes, der Neffe des Erfinders, erinnert sich dieser turbulenten Tage: „Wir haben mit primitivsten Mitteln herumgebastelt. Ich beispielsweise mußte einmal das Blech für die Gebläsekühlung löten. Ich habe den Lötkolben gar nicht mehr halten können. Das war eine Arbeit. Die Augen tränten. Es war kein Platz: einer stand auf dem anderen. Alles mußte in Handarbeit hergestellt werden. In einem winzigen Verschlag, kaum größer als ein Kabinett, hatten wir einige Maschinen aufgestellt: eine Drehbank, eine Hobelmaschine, einen kleinen Fräser und eine Bohrmaschine. Eine ,Quetschen' war das. Es ist ein Wunder, daß Porsche diesen Wagen da überhaupt fertigbrachte!"

Dabei hatte Hitler bei der Unterredung großzügig erklärt: „Herr Doktor Porsche. Sie fragen, zu welchem Preis der Wagen hergestellt werden soll? Das kann ich Ihnen sagen — jeder Preis unter tausend Mark ist mir recht..."

Und Porsche hatte ihm darauf in seinem Exposé ganz richtig geantwortet: „Ich habe die Frage des Volkswagens eingehend studiert. Ich verstehe unter einem Volkswagen kein Kleinfahrzeug, das durch künstliche Verringerungen seiner Abmessungen, seiner Leistung, seines Gewichtes usw. die Tradition der bisherigen Ergebnisse auf diesem Gebiet nach Storchenschnabelmanier weiterführt. Ein solcher Wagen kann zwar im Ankaufspreis, niemals aber vom Standpunkt einer gesunden Volkswirtschaft aus billig sein, da ja sein Gebrauchswert durch Verringerung der Fahrtbequemlichkeit und Lebensdauer nur äußerst gering ist. Gerade in Zeiten wachsender Verkehrsdichte, in denen die Fahrsicherheit immer höhere Beachtung verdient, sind alle Maßnahmen, die auf Verringerung des Gebrauchswertes abzielen, unbedingt zu verwerfen. Ich verstehe unter einem Volkswagen nur ein vollwertiges Gebrauchsfahrzeug, das mit jedem anderen Gebrauchsfahrzeug gleichberechtigt in Wettbewerb treten kann. Um die bisher üblichen Gebrauchswagen zu Volkswagen zu machen, bedarf es meiner Ansicht nach grundsätzlicher Lösungen!"

So entstand in der vollgepackten, stickigen Garage in der Villa auf dem Feuerbacher Weg der Typ 60: ein Wagen mit einem luftgekühlten Vierzylinder-Boxermotor mit 990 Kubikzentimeter Hubraum, der bei 3500 Umdrehungen 23 PS leistete und im ersten Gang eine Steigung von dreißig Prozent bewältigte. Es war ein Kampf mit jedem Dekagramm Gewicht, die Werkstoffe mußten nicht nur nach technischen, sondern auch nach finanziellen Grundsätzen gewählt werden, denn der Wagen käme sonst zu teuer, und er sollte auch keinesfalls mehr als 650 Kilogramm wiegen.

Die alte Porsche-Faustformel wurde zum Evangelium: pro hundert Kilogramm Fahrzeuggewicht durfte nicht mehr als ein Liter Treibstoff aufgewendet werden. Und die Werkstoffe mußten nicht nur dauerhaft, sondern vor allem ohne großen Maschinenaufwand zu bearbeiten sein. „Einfach und billig!" — so lautete die Devise. Und das war für Porsche alles andere als einfach.

Seine Ingenieure tüftelten mit Rechenschieber und Materialtabellen, und sie konnten immerhin, bezogen auf die geplante 50.000-Stück-Serie, den VW-Gestehungspreis auf 1550 Mark herunterschrauben. Nach zehn Monaten hätte Porsche den ersten Versuchswagen dem Reichsverband abliefern sollen. Dieser Termin wurde natürlich weit überzogen. Es sollte aber achtundzwanzig Monate dauern, ehe der erste Prototyp die Privatgarage in der Porsche-Villa verlassen konnte.

Der Reichsverband für die Deutsche Automobilindustrie verheimlichte es gar nicht, durch seine mageren, verwässerten Voraussetzungen dem Volkswagen-Projekt einen schwachen Start verholfen zu haben. „Die Herstellung der Versuchswagen", so hieß es in einem Zwischenbericht im holprigen Techniker-Jargon, „war teilweise behelfsmäßig ohne Vorrichtung erfolgt, so daß sie wichtige Maßabweichungen in den Sollwerten aufwiesen, die wiederum Fehlschläge erwarten ließen. Auch die verwendeten Werkstoffe waren zum Teil nicht vorschriftsmäßig und fast durchwegs auf Einhaltung der geforderten Eigenschaften mangels an geeigneten Einrichtungen geprüft. Aus diesem Grunde mußte im Dauerbetrieb der Versuchswagen über größere Strecken mit Schäden von vornherein gerechnet werden. Gegenüber diesen zahlreichen Störungsquellen erschienen die Mittel zur jeweils schnellen Abhilfe von vornherein als sehr beschränkt. Ersatzteile waren nur in geringem Umfang vorhanden. Das Fehlen genügender Ersatzteile wäre nicht so schwerwiegend gewesen, wenn zur Betreuung der Versuchswagen eine größere Werkstätte mit allen notwendigen Hilfsmitteln zur Verfügung gestanden hätte. Aber auch hier waren die Möglichkeiten beschränkt . . ."

In etlichen Reden rührte Hitler die Reklametrommel: „Ich zweifle nicht, daß es der Genialität des damit betrauten Konstrukteurs sowie der späteren Produzenten in Verbindung mit höchster nationalwirtschaftlicher Einsicht aller der daran Beteiligten gelingen wird, die Anschaffungs-, Betriebs- und Erhaltungskosten dieses Wagens in ein tragbares Verhältnis zum Einkommen der breiten Massen unseres deutschen Volkes zu bringen, wie wir dies in Amerika als gelungen gelöst sehen können!"

Am 12. Oktober 1936 verließen die drei ersten Prototypen die Privatgarage auf dem Feuerbacher Weg, und das Erprobungsprogramm lief an. Es war primitiv. Von Zerreißproben, wie sie heutzutage in der Autoindustrie angewendet werden, konnte keine Rede sein. Die Wagen waren alles andere als äußerlich ansprechend. Die Ausstattung konnte als spartanisch bezeichnet werden. Der Motor war viel zu laut und viele technische Kinderkrankheiten mußten behoben werden. Zwischen dem 12. Oktober 1936 und dem 22. Dezember waren die drei Probewagen täglich unterwegs, auch bei Nacht. Porsche-Ingenieure jagten sie von Stuttgart über Karlsruhe und Darmstadt bis Frankfurt und von dort manchmal bis nach Bad Nauheim und wieder zurück. Am nächsten Tag stand wiederum die gebirgige Schwarzwaldstrecke auf dem Programm. Jeder Defekt, jeder kleine Huster des Motors wurde schriftlich festgehalten, und man führte Buch über Reifenverschleiß, Treibstoffverbrauch, Kilometerleistung, und diese Protokolle wurden dann dem Reichsverband übergeben.

Der RDA berichtete: „Zweifellos war ein Ziel gesetzt, das über die von der Kraftfahrzeugindustrie bisher erreichten und die von ihr unter den gegebenen Verhältnissen für ausführbar gehaltenen Maße hinausging. Daß die Schwierigkeiten dabei von der Dr. Porsche GmbH. doch wohl unterschätzt worden waren, bewies die beträchtliche Überschreitung der für die Fertigstellung des Entwurfs zunächst zugesagte Zeit."

Ein Nadelstich, und dazu noch ein besonders hinterhältiger! Der Reichsverband konnte ja gar nicht daran interessiert sein, daß dieses Auto gebaut werden sollte. Und nun die angeprangerte Überschreitung des Liefertermins. Die drei Prototypen waren ja buchstäblich aus dem Nichts geschaffen worden, in einer kleinen, mit technischen Mitteln nur unzulänglich ausgerüsteten Privatgarage: es waren zusammengebastelte Autos, die immer wieder in ihren wesentlichen Elementen geändert und verbessert werden mußten. Mit Lötkolben, Hammer und Schraubenzieher ein Kraftfahrzeug zur Serienreife bringen, das besser, billiger und leistungsfähiger sein sollte als das Programm der Konkurrenz, das war mehr als ein Wunder. Zwölf Techniker brachten aber dieses Kunststück zusammen, und das bei einem Finanzzuschuß von 20.000 Mark im Monat!

Heutzutage sind Tausende hochqualifizierte Arbeitskräfte an der Entwicklung eines neuen Wagens beschäftigt. Alle technischen Möglichkeiten stehen ihnen offen, angefangen von den elektronischen Rechenmaschinen bis zu den neuesten Werkstoffanalysen, bei denen sogar die Atomphysik mitspielt, endlose Zahlentabellen, die von einem hochqualifizierten Spezialisten-Team angefertigt worden sind.

„Es gelang zwar verhältnismäßig rasch, zu einem Ergebnis zu kommen, das in technischer Beziehung befriedigte", berichtete der RDA weiter, „jedoch erfüllte es nicht die hinsichtlich des Preises bestehenden Bedingungen. Es bestätigte sich die alte Erfahrung, daß die Gewichtsverminderungen nur bis zu einer gewissen Grenze auch Preisvorteile mit sich bringen!"

Der Versuchsleiter des Reichsverbandes, Ingenieur Vorwig, gab nach dem Krieg offen zu: „Es ist klar, daß eine privatwirtschaftlich geführte Industrie kein Interesse am Volkswagen haben konnte, mit dem sie sich ja praktisch die eigene Konkurrenz züchtet!"

Dieser Ingenieur Vorwig schloß am 26. Jänner 1937, also knappe drei Monate, nachdem die drei Prototypen in Erprobung geschickt worden waren, mit folgenden Feststellungen: „Die Bauart hat sich als zweckmäßig erwiesen, die Versuchswagen haben sich auf der 50.000-Kilometer-Fahrt im allgemeinen bewährt. Es sind zwar eine Anzahl von Schäden vorgekommen und Mängel aufgedeckt worden. Sie alle sind jedoch nicht grundsätzlicher Natur und voraussichtlich technisch ohne große Schwierigkeiten behebbar. Verschiedene Baugruppen, wie zum Beispiel

Vorderachsen und Bremsen, erfordern zur Weiterentwicklung noch weitere Versuche! Der Betriebsmittelverbrauch hält sich in befriedigenden Grenzen. Die Fahrleistungen und Fahreigenschaften des Wagens sind gut. Das Fahrzeug hat demnach Eigenschaften gezeigt, die eine Weiterentwicklung empfehlenswert erscheinen lassen!"

Ferdinand Porsche und sein Gehirntrust arbeiteten aber unterdessen an einem neuen, weiter verbesserten Volkswagen. Mittlerweile hatte sich Daimler-Benz eingeschaltet; für größere Vorserien war die Privatgarage zu klein geworden. Zwei Serien zu je 30 Stück sollten nun gebaut werden. Und der Doktor liquidierte sein Büro in der Kronenstraße und übersiedelte nach Zuffenhausen, in einen großen Gebäudekomplex, wo er uneingeschränkt bauen, konstruieren und verbessern konnte.

EIN AUTO FÜR 990 REICHSMARK

Die Verschleißfahrten der drei Prototypen wurden nach einem strengen technischen Zeremoniell durchgeführt. Die Testfahrer wurden von Ingenieuren der Technischen Hochschulen Stuttgart und Berlin begleitet. Außerdem gab es noch neutrale Beobachter. Ferdinand Porsche hatte angeordnet, daß vor allem seine Konstrukteure bei etlichen solchen Probefahrten mitmachen mußten.

Die Wagen waren natürlich belastet. Auf den hinteren Sitzen waren Sandsäcke festgeschnallt, und diese Gewalttouren wurden auch über löcherige Landesstraßen und tiefgefurchte Feldwege ausgedehnt; die mausgrauen, geduckten Käfer-Autos mit dem schmalen Heckschlitz gaben den Leuten so manches Rätsel auf.

Achtundsechzig Tage lang hatte die Überprüfung gedauert, denen sich die drei ersten Prototypen unterziehen mußten. Wie hieß es doch trocken im Abschlußbericht des Reichsverbandes: „Die Fahrleistungen und Fahreigenschaften sind gut. Das Fahrzeug hat Eigenschaften gezeigt, die eine Weiterentwicklung empfehlenswert erscheinen lassen!"

Über diesen etwas distanzierten, arroganten Testbericht meinte Ferry Porsche zwanzig Jahre später: „Damit verabschiedete sich der Reichsverband mehr oder weniger vom Volkswagen. Ein Abschied war es geworden. Geheimrat Almers hatte nämlich eine neue Denkschrift ausgearbeitet, die Hitler auf den Tisch gelegt wurde. Es war darin offen ausgesprochen, daß man die Entwicklung skeptisch verfolgt habe und nunmehr der Ansicht ist, daß der Volkswagen nur noch durch hochdotiertes Preisausschreiben für die Konstrukteure aller Automobilwerke gerettet werden könnte. Es war aber gefährlich, Hitler Vorschläge zu machen, zumal in einer Sache, in der er sich schon entschieden hatte. Er ließ Vater zu sich kommen und erklärte ihm, daß er entschlossen sei, ein eigenes Werk zu bauen. Und man besprach auch nochmals den Preis des Volkswagens. Er, Hitler, war der Ansicht, daß der Wagen im Verkauf nur 990 Mark kosten dürfte. Es war klar, daß ein solcher Preis mit einer rein sachlichen Kalkulation nichts zu tun hatte. Und es war auch gleichgültig geworden, für oder gegen diesen Preis zu sein. Denn das Risiko schloß sich aus. Der Staat würde jedes Defizit decken, es war seine Sache. Damit konnte beim besten Willen die Industrie nichts mehr zu tun haben. Sie mußte sich ja distanzieren!"

Der in zweieinhalbjähriger Arbeit in der Privatgarage gebastelte Typ 60 gleicht in seinen wesentlichsten Konstruktionselementen dem heutigen Käfer-Auto. Allerdings haben die Fertigungsmethoden einen gewaltigen Unterschied erfahren. Auf den Schraubstöcken in der kleinen Werkstatt-Garage wurden die Zylinderköpfe abgefeilt und mit Glaspapier blankgeschliffen. Heute wandern die Motorköpfe durch vollautomatische Fertigungsstraßen. Bohrer fressen sich in den Rohling, Dutzende rotierende stählerne Finger schneiden Gewinde in den Werkteil, daumendicke Strahlen milchähnlicher Flüssigkeit kühlen die Werkzeuge. Im Nu hat der Zylinderkopf seine Flächen und Bohrungen bekommen, und schon sind die Sitze eingefräst und spiegelglatt geschliffen, die später von den Ventilen im blitzschnellen Arbeitsrhythmus geöffnet und geschlossen werden.

Die Kurbelwellen mußten von Porsche noch in Spezialgießereien bestellt werden. Im Roboter-Zeitalter greifen von Geisterhand betätigte stählerne Zangen nach den im Elektroofen bis zur Rotglut erhitzten Kurbelwellen, die automatisch gesteuerten Bearbeitungsmaschinen blinzeln aufgeregt mit ihren roten, gelben und grünen Kontrollaugen, und im Gleichtakt wandert die Kurbelwelle in dieser Fertigungsstraße weiter. Die Maschinengreifer drehen das Werkstück, spannen es in große Vorrichtungen, fräsen, schleifen, polieren, messen, schleifen nochmals, und das fertige Produkt muß dann noch eine rigorose Kontrolle über sich ergehen lassen.

Die ersten Holz-Stahl-Versuchskarosserien wurden bei Drauz selbst zugeschnitten, mit Holzhämmern bearbeitet und zusammengeschweißt. Die Dachpressenstraße leistet heutzutage ein Vielfaches: gummibereifte Gabelstapler schaffen die Blechpakete herbei, zischende Sauger mit ihren mechanischen Polypenarmen fassen die spiegelblanken, feingewalzten und auf den Millimeter genau zugeschnittenen Blechplatten, heben sie hoch und legen sie behutsam auf das Gesenk.

Die riesige Presse vom Gewicht einer schweren Güterzuglokomotive senkt sich im Zeitlupentempo,. drückt das Blech gegen den unüberwindlichen Widerstand des unteren Gesenkteiles, das Material brüllt, ächzt, stöhnt auf und wird gewissermaßen zwischen zwei Atemzügen in die gewünschte Form verwandelt. Dann öffnet das Pressen-Ungetüm wiederum sein ungeschlachtes Maul, der fertige Karosserieteil saust heraus, wird wieder von den allgegenwärtigen Greifarmen erfaßt und wandert zur nächsten Station weiter. Und schon fliegt eine andere Blechplatte in das Gesenk, und zischend senkt sich der Kopf der Presse gegen das Werkstück.

Auf der Hängebrücke, über den Köpfen der Arbeiter, fahren die fertigen Teile in der Halle herum. Hunderte Kotflügel, jeder einem überdimensionalen Schuhlöffel gleichend, fertig gepreßte Seitenteile, Motorhauben und Türen, die nur noch in die Karosserie gehängt zu werden brauchen. Alles wird verschraubt und verschweißt, das Material fließt im ständigen Nachschubstrom, es kommt zu keinen Stockungen, die insgesamt 140 Kilometer lange Hängebrücke kommt nicht einen Augenblick zur Ruhe.

Schlug sich Ferdinand Porsche mit dem Spezialproblem einer Motordämpfung tagelang herum, bis er endlich die richtige Lösung gefunden hatte, so arbeiten jetzt Dutzende Entwicklungsingenieure an einem Detail. Riesige elektronische Datenverarbeitungsanlagen überwachen die gesamte Produktion. Einige Ziffern mögen da einen Überblick geben. Fünfundzwanzig Jahre, nachdem die ersten drei Prototypen der VW-60-Serie aus der Garage am Feuerbacher Weg gerollt waren, verbrauchte man im VW-Werk im Monat 25.000 Tonnen Bleche, 35 Millionen Schrauben, 750.000 Glühbirnen, 100.000 Quadratmeter Textilien für Polsterung und Zubehör und etwa drei Millionen Meter elektrische Leitungen aller Art.

Das war Anfang der sechziger Jahre. Heute hat die technische Entwicklung diese gigantischen Zahlen schon längst wieder überrundet.

Die Getriebegehäuse, von Porsche und den Männern seines Gehirntrusts mit aller technischen Akribie in nächtlichen Überstunden ausgefräst und mit einfachen Handwerkzeugen auf den letzten Schliff gebracht, werden heutzutage in selbstdenkenden Transferstraßen fabriziert. Die Gehäuse bestehen aus Elektron, einer Leichtmetallegierung aus 90 Prozent Magnesiumguß, von Metallurgen in kostspieligen, zeitraubenden Versuchen ausgetüftelt. Wie sehr allein diese technische Sparte das Wirtschaftsleben beeinflußte, zeigen einige Daten: In England wurden im Jahre 1960 jährlich etwa 4800 Tonnen Magnesiumguß verarbeitet, in Deutschland hingegen waren es immerhin fast 25.600 Tonnen. Das Volkswagenwerk allein brauchte an die 21.000 Tonnen!

Die wesentlichsten Teile sind in ihrem Konzept im großen und ganzen unverändert geblieben. Was sich an dem Porsche-Projekt geändert hatte, sind vor allem die Maschinen. Neue Verfahren mußten entwickelt werden. So schaffte ein Drehmesser unter bestimmten Voraussetzungen 15 Meter pro Minute. Mit Hartmetall konnten 180 bis 200 Meter in der Minute behandelt werden. Die neuesten Keramikwerkstoffe bringen es schon auf 400 bis 600 Meter im gleichen Zeitraum: das entspricht einer Geschwindigkeit von 24 bis 36 Stundenkilometer. In diesem rasanten Tempo fressen sich die spanabhebenden Werkzeuge in die rohen Gußteile. Die moderne Fertigungstechnik triumphiert, und sie ist mit der Stoppuhr ausgerichtet. Die Dimensionen der Roboter muten geradezu unwirklich an. Bei der linken Hälfte des Kurbelgehäuses werden gleichzeitig bis zu 143 Werkzeuge angesetzt.

Bei der ersten Arbeitsbesprechung für den Volkswagen hatte Hitler Ferdinand Porsche apodiktisch erklärt: „Sie fragen mich nach dem Preis, Herr Doktor Porsche? Den kann ich Ihnen nennen. Jeder Preis unter tausend Mark ist mir recht!"

Mit schlafwandlerischer Sicherheit für die kommende Entwicklung hatte Porsche diesen Ur-VW durchdacht. Schon zu einer Zeit, da es noch keine Expreßstraßen gab, mußte der Wagen eine Stundengeschwindigkeit von 95 Kilometer garantieren. Mit den Autobahnen wurde dann dieser Wert automatisch höhergeschraubt. Geeicht und vollgasfest für eine Höchstgeschwindigkeit, die zugleich auch als Dauerleistung gedacht werden mußte — hundert Stundenkilometer und noch darüber hinaus.

Das Volksauto mußte daher schon vom Anfang an alle anderen ähnlichen Projekte in den Schatten stellen. Und damit hatte man bekanntlich schon in der Steinzeit der Motorisierung Schiffbruch erlitten. Das Bestreben, für den kleinen Mann ein billiges, dauerhaftes und dabei auch ein leistungsfähiges Auto zu bauen, ist schon fast so alt wie das Kraftfahrzeug selbst. Die Demokratisierung aller Lebensbereiche, die Entwicklung der Eisenbahn, der aufstrebende Massenverkehr — das alles hat den Wunsch nach individueller Bewegungsfreiheit noch verstärkt.

Schon um die Jahrhundertwende wollte man den Handlungsreisenden samt seiner großen Musterkofferkollektion motorisieren. Die Amerikaner spürten rechtzeitig den kommenden Trend, und mit dem kleinen

Oldsmobile aus dem Jahre 1902, einer Motorkutsche zu einem wahrhaft volkstümlichen Preis, beeinflußten sie frühzeitig die Entwicklung in den Vereinigten Staaten.

In Europa war die Situation wesentlich schwieriger: die Aristokratie, und vor allem die reiche Oberschicht, interessierte sich für Automobile. Es waren sündteure Einzelanfertigungen, und bei jeder Konstruktion mußten noch ein Dutzend Sonderwünsche berücksichtigt werden.

Schon 1890 versuchte Dion-Bouton mit seinem Motordreirad den Markt zu erobern, aber die puffenden Dreiradler blieben motorisierte Eintagsfliegen. Die Süddeutsche Automobilfabrik Gaggenau brachte für 2500 Goldmark das Liliput-Volksautomobil heraus. Schon im Jahre 1905 wurde dieses Modell in zwei Radgrößen geliefert, und auch der Preis hielt sich in Grenzen: 2500 Mark für das Standard-Modell und 2750 Mark für die Luxusausführung.

Im Jahre 1907 erregte auf der Berliner Automobil-Ausstellung der aus der Bremer Autoindustrie stammende 7-PS-Hansa-Wagen mit Lamellenkupplung und abnehmbaren Felgen großes Aufsehen. Dieses relativ leichte Fahrzeug war von einer für die damalige Zeit hohen technischen Reife und ließ seinen Fahrer nur selten im Stich. Wegen seiner großen Zuverlässigkeit wurde es hauptsächlich von Landärzten gekauft, die auf ein stets einsatzbereites Gefährt angewiesen waren. Dadurch wurde dieses Auto unter dem Namen „Arztwagen" populär.

Die Fabriken standen in einem scharfen Konkurrenzkampf. Opel brachte für den Landarzt den „Doktor-Wagen" heraus: ein Zweisitzer zum Preis von 3950 Mark mit Vierzylindermotor. Frankreich machte durch seinen „Bébé-Peugeot" von sich reden, den kein Geringerer als Ettore Bugatti konstruierte. Der „Bébé-Peugeot" war schon ein durchgereifter Volkswagen — 856 Kubikzentimeter, Vierzylinder —, der bei 2000 Touren zehn PS leistete. Opel, Wanderer, NSU, NAG, Phänomen, Sperber und Mathis brachten zwischen 1911 und 1914 etliche Konstruktionen auf den Markt. Doch die Wagen konnten sich nicht durchsetzen. Für den kleinen Mann waren sie noch immer viel zu teuer. Und selbst für den „Doktor-Wagen" mußte der Landarzt viele Jahre sparen.

Ein volkstümliches Auto war auch das „Puppchen" von Wanderer, ein Zweisitzer mit einem 1,15-Liter-Vierzylinder mit 12 PS, der es immerhin auf 55 Stundenkilometer brachte. Doch auch dem „Puppchen" war keine freudige Zukunft beschieden. Die Fabrikation wurde im

Jahre 1911 aufgenommen, aber dann bald darauf wiederum eingestellt.

Einer aber hatte mit seinem Auto Glück und konnte damit eine ganze Nation motorisieren: Henry Ford. Er mußte nicht mit solchen enormen wirtschaftlichen Schwierigkeiten kämpfen wie seine Kollegen in Europa. Das Preisniveau war kraß: für ein Zehntel der Summe eines europäischen Tourenwagens bekam man in Detroit ein Automobil. Im Jahre 1913 richtete Henry Ford in der Automobilindustrie erstmals ein Fließband ein. Vom berühmten Modell T, der legendären „Blech-Lizzy", allein wurden zwischen 1908 und 1927 fünfzehn Millionen Exemplare gebaut.

Solche Produktionsmethoden waren aber keineswegs neu. Ein halbes Jahrhundert zuvor, beim Secessionskrieg, hatte man bei Colt die Großserienerzeugung eingeführt. In den neunziger Jahren rollten in den Vereinigten Staaten die schweren Tenderlokomotiven vom Fließband; sie wurden im sogenannten Taktverfahren hergestellt. Und auch die Textilindustrie hatte wertvolle Vorarbeiten geleistet. Henry Ford holte sich aber praktisch überall seine Tips. Sogar bei der Fleischkonservenerzeugung horchte er herum.

Ein wesentlicher Faktor ist dabei zu berücksichtigen: der deutsche Facharbeiter war und ist noch immer Individualist. Er hat eine Abneigung, an einer Maschine zu stehen und in monotoner Reihenfolge mit fünf Handgriffen in stundenlangem Rhythmus eine Maschine zu bedienen. Der Chef in Deutschland scheut sich, einem guten Arbeiter anzuweisen, tagaus, tagein immer nur zwei Schrauben festzuziehen und auf ihren Sitz zu prüfen.

In den USA war das anders: Job ist Job, und im Zuge dieser vereinfachten Produktionsmethoden und der schon damals vorgetriebenen Rationalisierung konnte Ford seine Blech-Lizzy auch zu einem erstaunlich geringen Preis herstellen.

Erst zehn Jahre später wurden in Deutschland die ersten Versuche zur Fließbandfertigung angesetzt. Es waren nur zaghafte, unsichere Schritte in der Automobil-Gehschule: Opel brachte seinen „Laubfrosch" auf den Markt, und der kleine, offene Flitzer kostete auch seine 4500 Reichsmark. Im Jahre 1925 wurden fünfundzwanzig Exemplare pro Tag erzeugt, und die Produktion konnte trotz Inflation und Wirtschaftskrise auf hundertzwanzig Stück täglich gesteigert werden. Dieser einfache, grünlackierte Zweisitzer konnte in der Folge auf ein langes

Automobildasein zurückblicken. Insgesamt rollten 122.507 Exemplare aus der Montagehalle.

Auch in Frankreich wurden alle Anstrengungen unternommen, einen Volkswagen auf die Räder zu stellen. Schon 1919 brachte Citroën für 7250 Francs einen Kleinwagen heraus. Die Konstruktion erfreute sich großer Beliebtheit, und täglich verließen etwa hundert Fahrzeuge die Fabrik.

Aus der Nachkriegszeit wären dann noch der kleine Hanomag zu erwähnen, der wegen seiner Pontonform den Spitznamen „Kommißbrot" bekam. „Zwei Kilo Blech, drei Kilo Lack, und fertig ist der Hanomag!" witzelten die Autofahrer. Mit 2300 Reichsmark lag aber der Preis überaus günstig, und achtzig Fahrzeuge pro Tag wurden ausgeliefert. Bei so manchem Veteranen-Treffen ist dieser 10-PS-Wagen aus dem Jahre 1924 zu bewundern. BMW brachte 1928 seinen „Dixi" heraus, und dieser Grashüpfer auf vier Rädern lief immerhin auch seine fünfundsiebzig Stundenkilometer.

Porsche hatte diese Entwicklung genau verfolgt und eifriges Literaturstudium betrieben. Sein Sascha-Wagen im Jahre 1920 war der erste Ansatz zum volkstümlichen Automobil, und erst in den dreißiger Jahren, mit dem Zündapp-Wagen, trat er wiederum mit dem Volkswagen-Projekt in die Öffentlichkeit. Wenn man von Henry Ford absieht — den übrigens der Doktor aus ganzem Herzen zeit seines Lebens bewunderte —, war Ferdinand Porsche der einzige Techniker in Europa, der drei wesentliche Dinge richtig erkannte: ein Fahrzeug von hoher Qualität zu konstruieren, produzieren und auch zu verbreiten.

Und dieses Automobil durfte daher keinesfalls hinter dem Stand der allgemeinen Entwicklung zurückbleiben. Es durfte nicht einmal die Jahreszahl auf der Karosserie tragen, sondern es mußte zeitlos sein. Wenn bei Feierstunden und Gedenkstunden immer wieder erklärt wird, daß das Kraftfahrzeug die Welt verändert habe, dann gilt diese Behauptung nicht für Rennwagen, Kompressor-Zweisitzer und tonnenschwere verchromte Luxuslimousinen, sondern in erster Linie für das Volksauto. Denn die fähigsten Konstrukteure haben an der Verwirklichung eines solchen Fahrzeugs gearbeitet.

GRAF SASCHA KOLOWRAT BEIM RIESRENNEN — Links neben dem berühmten Sascha-Wagen der nun schon legendäre Filmpionier, am Steuer Ingenieur
Bettaque, neben dem Vorderrad der kleine Ferry mit seinem Vater.

TECHNISCHES JUWEL AUF RÄDERN — Der Bergmeister, ein Wagen, der in den späten zwanziger Jahren konstruiert wurde, zählt zu den besten Schöpfungen des Meisters. Dieser Veteran wurde drei Jahrzehnte nach seinem „Geburtsjahr" aufgestöbert, restauriert und wieder behördlich zugelassen.

TRAGÖDIE IN DER MÖRFELDENER SCHNEISE

Nach dem wenig enthusiastischen Bericht des RDA-Versuchsleiters Ingenieur Vorwig schaltete sich nun massiv Hitler ein. Sein Beschluß: Bau des Volkswagens in NS-Regie. Diese Entscheidung kam aber keineswegs unerwartet. Hatte Hitler doch schon in seiner Rede anläßlich der Eröffnung der Automobil-Ausstellung 1937 erklärt: „Es ist nunmehr notwendig, die letzten Voraussetzungen für die Produktion des neuen Volkswagens sicherzustellen und mit dieser dann zu beginnen!"

Während Porsche in seiner neuen Privatfabrik in Stuttgart-Zuffenhausen, diesem hochmodernen Autolaboratorium, an den dreißig Prototypen der zweiten Vorserie experimentierte, wurden die ersten Arbeitssitzungen der „Gesellschaft zur Vorbereitung des Volkswagens" abgehalten. GEZUVOR ließ dieses Gremium in der Kurzform, schon damals hatte man für Termina etwas übrig, auch wenn sie noch so verrückt klingen sollten.

Als Geschäftsführer der GEZUVOR fungierten Dr. Ferdinand Porsche und Jakob Werlin; als Kapitalträger waren zwei Tochtergesellschaften der Deutschen Arbeitsfront eingetragen. DAF-Funktionär Dr. Bodo von Lafferentz galt als zeichnungsberechtigt. Die GEZUVOR sollte sich vor allem mit den Problemen der Produktion des zukünftigen Volkswagens vertraut machen.

Mittlerweile waren auch die dreißig Volkswagen der zweiten Vorserie fertiggestellt. Sie standen aufgefädelt in Reih und Glied im Werkshof von Daimler-Benz in Untertürkheim — dort waren auch wesentliche Teile der Karosserie und des Fahrgestells erzeugt worden —, und unter Leitung von Ferry Porsche begann ein Testprogramm, wie es in der Automobilgeschichte kaum eine Parallele fand.

Zum Großen Bergpreis auf dem Großglockner erschienen Porsche senior und junior mit je einem brandneuen Fahrzeug der zweiten Vorserie, um die Veranstaltung zu eröffnen. Die Versuchswagen zeigten auch gleich, was sie konnten: die dreizehn Kilometer lange, mit Haarnadelkurven nur so gespickte Steilstrecke von Ferleiten zum Fuscher Törl bewältigten die beiden Käfer-Wagen in einundzwanzig Minuten und vierundvierzig Sekunden. Das entsprach immerhin einem Stundendurchschnitt von 34,6 Kilometer bei einem Höhenunterschied von 1240 Meter.

Man mag darüber Vergleiche anstellen: ein von einem routinierten Fahrer gelenkter 2,3-Liter-Sechszylinder hatte diese Zeit nur um knappe vier Minuten unterbieten können. Andere Wagen in dieser Größenordnung schafften es kaum unter sechsundzwanzig Minuten. Dabei waren die beiden Wagen mit je drei Personen besetzt und mußten auf der damals keineswegs ausgebauten und verbreiterten Bergstraße auch noch etliche Autobusse überholen. Es wurde hauptsächlich im dritten und im zweiten Gang gefahren. Nur zweimal mußte auf die Erste zurückgeschaltet werden, und das nur deshalb, weil die Autobusse im Zeitlupentempo in die Kurven krochen und erst bei ausreichender Sicht überholt werden durften.

Am Straßenrand standen viele andere Autos, deren Besitzer ärgerlich die Motorhauben hochgeklappt hatten, weil das Kühlwasser kochte ...

Über 2,5 Millionen Kilometer legten diese Versuchswagen zurück. Die Fahrten gingen über Autobahnen, Bundesstraßen, Alpenpässe und auch durch schwieriges Gelände. Über jede Begebenheit wurde Buch geführt, automatische Fahrtschreiber gaben über Benzinverbrauch und Ölkonsum in geradezu pedantischer Weise Auskunft.

In diesem Jahr fuhr Ferdinand Porsche nach den Vereinigten Staaten, um dort die Fließbandtechnik zu studieren. Schon ein Jahr zuvor, im Sommer 1936, war er mit seinem Sekretär Ghislaine Kaes in den USA gewesen. Der Doktor hatte auf seine eigene Art die Neue Welt studiert, und zwar vom Volant aus. In New York erstand er auch einen Achtzylinder-Packard, fuhr damit kreuz und quer durch die Bundesstaaten und kam dann wieder nach New York zurück. Mit der „Bremen" sollte die Rückreise angetreten werden. Die Karten waren schon in Deutschland gebucht worden.

Da erfuhr Porsche durch einen Zufall, daß einige Tage vor der Abfahrt der „Bremen" das Flaggschiff der Cunard-Linie, die „Queen Mary", in See stechen sollte. Und der Doktor, der für maritime Dinge schwärmte und für große Schiffe schon immer etwas übrig hatte, wollte mit dem mächtigsten Ozeanriesen der Welt die Heimreise über den Atlantik antreten. Der Sekretär wurde mobilisiert und bekam den Auftrag, für Porsche einen Platz zu buchen.

114

Bei den Schiffahrtslinien geht es aber nicht so wie heute bei den Fluggesellschaften: ein Ticket kann nicht von einer Gesellschaft auf die andere umgebucht werden. Die Reedereien sind nicht wie die IATA in einen Dachverband zusammengeschlossen. Außerdem gab es damals überaus strenge Devisenbestimmungen. Übrigens war die Passage schon Wochen zuvor in Reichsmark beim Norddeutschen Lloyd erlegt worden; der Freibetrag in Dollar war schon längst aufgebraucht.

Der Sekretär fragte in Berlin an und bat um zusätzliche Devisen. Doch die Herren waren indigniert und winkten ab: sie zeigten sich verstimmt darüber, daß der berühmteste deutsche Autokonstrukteur ausgerechnet auf einem britischen Schiff nach Hause fahren wollte. Immerhin war die „Bremen" so etwas wie ein deutsches Symbol: der Turbinen-Schnelldampfer hatte ja das „Blaue Band" errungen.

Ghislaine Kaes war ratlos: er erstattete Porsche Bericht, kam aber dabei schlecht an. Der Doktor ließ nicht locker: „Ich muß auf der ‚Queen-Mary' fahren, und wie das auch arrangiert wird, ist mir egal!" Da gab es keinen Widerspruch.

Der Sekretär wußte keinen anderen Ausweg und fuhr in das Passage-Büro der Cunard-Linie. Er trug dem Direktor seinen Wunsch vor, und als der Brite den Namen Porsche hörte, wurde er noch aufmerksamer. Er führte ein längeres Telephongespräch und erklärte dann: „Die Sache geht in Ordnung. Herr Doktor Porsche kann auf der ‚Queen-Mary' nach Southampton fahren . . ."

So kam es, daß der Erfinder, ohne einen Penny zu bezahlen, mit dem schneeweißen 81.270-Tonner, dem größten und schnellsten Schiff der Welt, in einer Luxuskabine über den Atlantik schaukelte. In einer Suite, die kurz zuvor von der Königinmutter für die Überfahrt nach den Staaten benützt worden war.

Doch dies alles war Porsche nicht genug: er wollte ja nicht aus irgendeinem Spleen heraus auf der „Queen-Mary" fahren, sondern vor allem die Kommandobrücke und der Maschinenraum hatten es ihm angetan. Das ergab aber weitere Komplikationen: ohne besondere Genehmigung durften Ausländer die Maschinenzentrale nicht betreten. Der Kapitän zeigte Verständnis. Der Funker setzte ein Kabel nach London ab, und die Genehmigung ließ auch nicht mehr lange auf sich warten.

Während der Überfahrt kam ein heftiger Sturm auf. Porsche blieb aber nicht in seiner Luxuskabine, sondern diskutierte mit den Ingenieuren über allerlei technische Probleme. Sein Wissensdurst war unersättlich. Er photographierte und filmte; und als die „Queen-Mary" dann in Southampton längsseits ging, warteten die Reporter und wollten die Passagiere über die außerordentlich stürmische Atlantiküberquerung interviewen.

Den meisten war noch schwach in den Knien, und als Porsche von den Reportern befragt wurde, erwies er sich für die Journalisten als Fundgrube. Die Zeitungsleute nahmen ihm auch die Filme ab, und die einzigen Bilder, die in der englischen Presse über diese Sturmfahrt erschienen, stammten von dem hartnäckigen deutschen Konstrukteur, der in der Staatskabine, ohne einen Penny zu bezahlen, über den Ozean gekommen war.

Die zweite Amerika-Reise aber war nicht so gemütlich und der Terminkalender des Doktors ausgebucht. Porsche konferierte mit Henry Ford, durchsprach mit ihm in allen Details sein Volkswagenproblem, studierte die Fließbandfertigung und fuhr dann zum Vanderbilt-Rennen. Er mußte ja mit dabei sein, wenn sein P-Wagen in Übersee zur großen Motorenschlacht antrat.

Das Rennen gewann Bernd Rosemeyer. Diesen blonden Hünen aus Norddeutschland hatte der in sich abgekapselte und schwer zugängliche Ferdinand Porsche besonders ins Herz geschlossen, steuerte er doch den Boliden von Sieg zu Sieg. Darüber hinaus war Bernd Rosemeyer in diesen Jahren zum Sport-Idol der deutschen Jugend geworden. Und als er ein Jahr später beim Weltrekordversuch auf der Autobahn Frankfurt-Darmstadt mit dem Stromlinien-P-Wagen durch eine Sturmboe vom Betonband geschleudert wurde und sein Leben lassen mußte, war der Doktor tagelang nicht ansprechbar, obwohl er persönlich mit diesem tragischen Unfall überhaupt nichts zu tun hatte.

Bernd Rosemeyer stammte aus dem Städtchen Lingen in Norddeutschland. Schon als er zwanzig Jahre alt war, kam sein Rennfahrer-Temperament elementar zum Durchbruch. Damals gastierte in Lingen ein Wanderzirkus, und ein Artist produzierte sich als Motorradfahrer auf einer Steilwand. Rosemeyer konnte dieser Trick nur wenig imponieren; er fand gar nichts daran. Er schloß vielmehr mit seinen Freunden eine Wette ab, daß auch er auf der neunzig Grad steilen, hölzernen Wand dieses „überdimensionalen Suppentopfes" fahren könne. Der Artist war einverstanden, denn er versprach sich eine zusätzliche Reklame. Und tat-

116

sächlich fuhr Bernd Rosemeyer zuerst auf dem Sozius mit und übernahm später das Steuer, um auf der Todeswand Steilkreise zu drehen.

Der Polizei blieb diese unheimliche Motorradfahrt natürlich nicht verborgen, und Bernd Rosemeyer mußte seinen Führerschein abgeben. Nach einigen Interventionen der Stadt-Honoratioren ließ sich der zuständige Kommissär allmählich umstimmen, und als der große Junge ziemlich kleinlaut um das begehrte Dokument bat, drückte der Polizeichef beide Augen zu. Mit diesem „Gnadenakt" öffnete er gewissermaßen dem aufstrebenden Naturtalent den Weg zu den Rennpisten.

Bernd Rosemeyer arbeitete fleißig in der Werkstätte seines Vaters in der Bahnhofstraße. Als begeisterter Motorradfahrer studierte er alle Berichte von Motorsportveranstaltungen. Eines Tages stoppte ein schwerer Tourenwagen vor der Reparaturwerkstätte. Der Fahrer wünschte aufzutanken und kam mit Bernd zufällig ins Gespräch. Dabei stellte sich heraus, daß er als Generalvertreter der Zündapp-Werke zu einem Grasbahnrennen nach Oldenburg unterwegs sei. Dieses Rennen schien aber unter keinem guten Stern zu stehen: der beste Fahrer des Zündapp-Teams war plötzlich krank geworden, und der Generalvertreter hatte noch keinen Ersatz gefunden.

Der junge Mann an der Tankstelle erfaßte sofort die Situation: er beschwor den Generalvertreter, er möge ihn doch als Ersatzmann in diesem Rennen starten lassen. Ein Redeschwall prasselte auf den Zündapp-Vertreter nieder, und plötzlich rannte Bernd in den Schuppen, holte sein Motorrad hervor, schwang sich in den Sattel und legte eine Kür hin, daß es dem Fremden den Atem verschlug.

Alle nur möglichen Mätzchen führte der junge Rosemeyer auf seinem Stahlroß vor. Freihändig brauste er über das Kopfsteinpflaster, lenkte die Maschine dann mit den Füßen und absolvierte sogar damit einen Weitsprung.

Der Zündapp-Mann war begeistert. Er nahm Rosemeyer mit, und der Zwanzigjährige drehte gleich zur Premiere auf der völlig ungewohnten Grasbahn-Maschine die schnellste Trainingsrunde des Tages. Der Generalvertreter erkannte sofort, welches Motorentalent er da aufgespürt hatte und machte mit Rosemeyer einen Vertrag. Und gleich beim erstenmal fuhr der blonde junge Mann aus Lingen vor 20.000 Zuschauern den ersten Preis heraus!

Vier Jahre später lernte Alfred Neubauer den Rennfahrer, der ihm dereinst zum gefährlichsten Konkurrenten werden sollte, endlich persönlich kennen. Neubauer war von Stuttgart zur Automobil-Club-Winterfahrt nach Garmisch unterwegs. Auf der Schwäbischen Alb war die Fahrbahn nicht gestreut, und Neubauer mußte manchmal im Schritt fahren. Plötzlich tauchte im Rückspiegel eine schwere BMW-Maschine auf. Ein vermummter, junger Mann versuchte, den schweren Tourenwagen zu überholen.

Der Motorradfahrer bat, ob er sich denn nicht hinten am Wagen festhalten dürfe. Neubauer sagte zu, hatte dabei aber kein gutes Gefühl. Der Rennleiter wunderte sich noch über das eminente Können des Motorradfahrers, über die Virtuosität, mit der er die schwere Maschine über das Eis balancierte. So kamen die beiden ins Gespräch, und Neubauer war sehr erstaunt, als er hörte, daß der junge Mann ebenfalls zur Winterfahrt nach Garmisch-Partenkirchen wollte. „Der kommt da niemals hin!" dachte er sich, und auch der Motorradfahrer hatte schon von der kräfteverzehrenden, lebensgefährlichen Schleppfahrt genug.

Neubauer war um so mehr überrascht, als er dann in Garmisch dem Motorradfahrer begegnete. Auf die Frage, wie er denn bei diesen vereisten, spiegelblanken Straßen nach Bayern gekommen sei, antwortete Rosemeyer unbefangen: „Ein Fernlaster hat mich mitgenommen. Die Maschine haben wir auf der Ladefläche verstaut!"

Langsam wurde der Name Rosemeyer in Rennfahrerkreisen ein Begriff. Es gab kaum einen Wettbewerb, bei dem er nicht an der Spitze oder zumindest in führender Position lag. Im Jahre 1934 wurde der Sportler dann zu DKW als Werksfahrer verpflichtet. Auf manchmal geradezu abenteuerliche Weise gewann er die Rennen. So hatte er einmal einen defekten Pneu und keine Möglichkeit, das Hinterrad zu wechseln. Jede Runde mußte Rosemeyer stoppen und aufpumpen. Und dann fuhr er wieder wie der Teufel los. Trotz dieses Handikaps belegte er den zweiten Platz ...

Die DKW-Werke waren eine Tochterfirma des Auto-Union-Konzerns, und auf diese Weise stieß Rosemeyer zu Ferdinand Porsche. Im November 1934 suchte Auto-Union einige Nachwuchsfahrer, und es war daher nichts Außergewöhnliches, daß auch der Motorrad-Spezialist eine Einladung bekam, sich mit „Overall, Brille und Handschuhen" auf dem Nürburgring zu melden.

Bei dieser Nachwuchsprüfung fiel allen die außergewöhnliche Begabung dieses Volant-Anfängers auf. Man konnte es einfach nicht glauben: gleich zu Beginn hatte Rosemeyer eine Trainingsrunde in der phantastischen Zeit von 11,20 Minuten gedreht. Hans Stuck nahm sich kameradschaftlich des Rennfahrer-Küken an und machte ihn auf drastische Weise mit den Tücken der Bahn bekannt.

Zwei P-Wagen waren unterwegs: im ersten saß Hans Stuck, der zweite, der nur in geringem Abstand folgen mußte, wurde von Rosemeyer gesteuert. Der Nachwuchsfahrer mußte lernen, wo gebremst, wo geschaltet und wo mit Vollgas durchgezogen werden mußte. Stuck beobachtete immerzu seinen Schützling im Rückspiegel und war erstaunt, mit welchem Verve der blonde Hüne die Kurven anschnitt, sich seitlich zum Pistenrand vertragen ließ und blitzschnell zu seinem Lehrmeister wieder aufschloß.

Schon kurze Zeit nach Rosemeyers Aufnahme in den Auto-Union-Rennstall konnte sich auch Ferdinand Porsche von der Fahrkunst dieses jungen Mannes überzeugen. Vier Runden lang hatte der Nachwuchsfahrer eine ausgezeichnete Position halten können. Als er dann den P-Wagen mit 180 Stundenkilometer in die Nordkurve zog, platzte ein Pneu.

Man befürchtete das Schlimmste. Rosemeyer brachte das Kunststück fertig und konnte den Wagen eisern im Zaum halten. Der schwere Renner schleuderte, wurde immer wieder in die Bahn gezwungen, brach dann unvermittelt aus, aber schon hatte der Fahrer wieder gegengesteuert. Der Rennwagen bekam keinen Kratzer ab, aber die Siegeschancen waren dahin.

Als Rosemeyer dann bei der Boxe aufkreuzte, sagte der Doktor kein Wort, obwohl man merkte, daß er sich sehr ärgerte. Er ging auf den Fahrer zu und klopfte ihm auf die Schulter. Das war schon ein Lob, wie man es sich größer gar nicht vorstellen konnte.

Beim Eifel-Rennen auf dem Nürburgring 1935 führte Auto-Union vor Mercedes-Benz. Rosemeyer lag an der Spitze, und dicht aufgeschlossen folgte der Silberpfeil mit Rudolf Caracciola. Runde um Runde wurde gedreht, aber der alte Rennfuchs ließ sich nicht abhängen. Bernd glaubte schon den Sieg in der Tasche, er konnte nicht ahnen, daß der erfahrene Caracciola genau seinen Fahrstil studierte und die schwachen Punkte herausfinden wollte. In der letzten Runde griff dann unvermutet der Silberpfeil an: Caracciola schaltete blitzschnell herunter, überdrehte den

Motor, daß man glaubte, er löse sich in alle seine Bestandteile auf, und zog dann unaufhaltsam nach vorne. Mit zweihundert Meter Vorsprung siegte er vor dem P-Wagen.

In diesem Jahr, beim Masaryk-Rennen in Brünn, lernte dann Rosemeyer die berühmte Fliegerin Elly Beinhorn kennen. Im nächsten Sommer heiratete das Paar. Beide wetteiferten in ihrem Metier. Elly Rosemeyer-Beinhorn flog mit ihrer Messerschmitt-Taifun in einem Tag die Strecke Damaskus—Kairo—Athen—Berlin, und ihr Mann konnte in diesem Jahr sieben Siege, darunter drei Große Preise, den Straßen- und auch den Europameister nach Hause bringen.

Am 2. Dezember 1936 flog Elly Rosemeyer-Beinhorn mit ihrem Mann als „Flugschüler am zweiten Steuerknüppel" mit der Messerschmitt-Taifun von Berlin nach Kapstadt. Mit einer einmotorigen Reisemaschine, wenn sie auch damals nur für Millionäre und Luftwaffen-Generale in Frage kam, eine wohl einmalige Leistung. Bernd war es während dieses Fluges in der Kabine zu heiß, und mit primitivsten Mitteln bastelte er eine neuartige Tropenentlüftung. Sie war technisch so ideal, daß sie später in Serie fabriziert wurde.

Für Mercedes-Benz war es kein erfolgreiches Jahr. Rennleiter Neubauer selbst gibt offenherzig zu, daß die Wagen konstruktive Mängel aufwiesen. Aber schon einige Jahre zuvor war nach Untertürkheim ein neuer Mann gekommen: Dr. Ing. Uhlenhaut, der die schweren Grand-Prix-Wagen selbst fuhr und ihre Schwächen erkannte. Und ihm war es zu verdanken, daß die Silberpfeile bald wieder gleichziehen konnten.

Das Rennfahrerglück blieb den Auto-Union-Fahrern noch einige Zeit treu. Am 5. Juli 1937 erkämpfte Rosemeyer in Amerika auf dem P-Wagen den ersten Preis und konnte dafür einen 20.000-Dollar-Scheck einlösen; Porsche war bei diesem Rennen an der Boxe. Auf dem Nürburgring in der Eifel drehte der Spitzenfahrer eine phantastische Rundenzeit von 9 Minuten und 46 Sekunden und war somit um 18 Sekunden schneller als sein schärfster Rivale Rudolf Caracciola.

Der Schüler hatte also seinen Lehrer mit dessen eigenen Waffen geschlagen.

Der P-Wagen war damals zu seiner vollen Reife entwickelt worden. Man wollte den Superlativ der Schnelligkeit auskosten. Eine der Lieblingsideen von Ferdinand Porsche war der absolute Weltrekord. Der

einstige Spenglerbub aus Maffersdorf, der schon um die Jahrhundertwende in Rekordzeit die Elektromobile auf den Exelberg und den Semmering gejagt hatte, in der ersten Vor- und Nachkriegszeit bei den
sportlichen Motorschlachten am Volant selbst mit dabei war, schien
geradezu darauf versessen, daß sein Wagen auch die Bestzeit auf einer
regulären Straße fahren konnte.

Es kam damals natürlich nur eine Weiterentwicklung des P-Wagens
in Frage. Porsche tauchte aber immer seltener bei Auto-Union auf, das
Volkswagen-Projekt verlangte seine ganze Zeit und Arbeitskraft. Er
wußte von den Bestrebungen der Konkurrenz, die mit ihren Silber-
pfeilen den absoluten Weltrekord brechen wollte. Auf der Autobahn
zwischen Frankfurt und Darmstadt, dem schnurgeraden Betonstreifen,
wollte man diesen Straßenrekord herausfahren.

Das war das Wesentliche: nicht auf dem spiegelglatten Salzsee in den
USA, wo es weit und breit kein Hindernis gibt, sondern auf einer
regulären Schnellstraße, einer wichtigen Verkehrsarterie, die überdies für
dieses Motoren-Duell gesperrt werden mußte.

Bei Auto-Union und bei Daimler-Benz liefen die Vorbereitungen auf
allen Touren. Schon im Jahre 1937 hatte man mit dem Silberpfeil auf
diesem schnurgeraden Reichsautobahnstück für wenige Sekunden eine
Spitze von über vierhundert Stundenkilometer erreicht. Doch es war eine
Fahrt, bei der schon der Knochenmann in den Volant gegriffen hatte:
für einige Augenblicke hob der Wagen von der Fahrbahn ab, er schwebte,
der Luftpolster zwischen Straße und Karosserie verwandelte ihn gewissermaßen in ein Flugzeug.

Doch es passierte nichts: der Wagen war nur ein wenig seitlich ver-
setzt worden und rollte aus. Die Techniker disponierten um: sie verschlossen die Kühlöffnungen und installierten in das Fahrzeug einen
gigantischen Eiskasten. Etwa ein Kubikmeter Eis sollte den Motor
während des Weltrekordversuchs kühlen. Die Praxis gab dieser außer-
gewöhnlichen Maßnahme recht, obwohl das Kühlsystem sich in der
letzten Phase in einen brodelnden Hexenkessel verwandelte. Der Eiskasten genügte für die kurze Fahrt!

Am 27. Jänner 1938 wurde die Autobahn zwischen Frankfurt und
Darmstadt von den Behörden gesperrt. Nach Rückfragen mit den
Meteorologen vom nahen Rhein-Main-Flughafen entwickelte sich das
Wetter günstig. Die Strecke schien ideal, schnurgerade, von Böschungen

eingebettet, nur bei Testkilometer 9,2, beim Übergang Mörfelden, gab es eine Schneise. Da konnte der Seitenwind schon sehr gefährlich werden.

Die Wetterfrösche von der Luftfahrt lieferten genaue Prognosen. Für den 28. Jänner sagten sie einen Föhneinbruch voraus. Um fünf Uhr früh würde die Autobahn eisfrei sein, zwei Stunden später müßte der Beton bereits abgetrocknet haben, und erst ab neun Uhr sollte Wind aufkommen. Dem Weltrekordversuch konnte also nichts mehr im Wege stehen.

An diesem Tag traf auch der P-Wagen in Frankfurt ein. Zuerst fuhr die Konkurrenz mit Caracciola. Bei einem „fliegenden Start" erreichte er einen Durchschnitt von 432 Stundenkilometer und erklärte seinen Monteuren, daß der Wagen zu hoch übersetzt sei. Mit der anderen Übersetzung würde er spielend auf 450 Kilometer Spitzengeschwindigkeit kommen.

Bernd Rosemeyer gratulierte seinem alten Rivalen. Dann setzte er sich an das Steuer des P-Wagens, der für diesen Versuch eine neuartige Stromlinienverkleidung bekommen hatte. Die Warnungen Caracciolas, daß der Seitenwind sehr unangenehm sei, tat er mit einer ungeduldigen Handbewegung ab.

Dann heulte der Motor auf, und der Wagen setzte wie im Panthersprung nach vorne. Auf Anhieb fuhr Rosemeyer über 430 Stundenkilometer. Dieselbe Strecke mußte auch auf Gegenkurs zurückgelegt werden, um etwaige Rückenwind-Komponenten, die den Rekord beeinflussen könnten, auszuschalten. Das verlangten die internationalen Vorschriften.

Als Rosemeyer zurückkam, war er sehr verlegen: „Junge, Junge, mich hat es da oben verrissen", meinte er zu seinem Rennmechaniker. „Dort oben an der Schneise nach Mörfelden. Aber ich habe Gas gegeben, kräftig gegengesteuert, und durch war ich!"

Den verantwortlichen Männern am Start war dieser plötzlich aufgekommene Seitenwind auch nicht entgangen. Der Windsack am nahen Flugplatz stand steif im Wind, wie eine aufgeblähte Stoffwurst. Auch der Rennmonteur Sebastian bekam es mit der Angst zu tun: „Bernd", meinte er, „die Böen gefallen mir nicht. Warte ein wenig ab!" Doch Rosemeyer wurde ärgerlich und meinte etwas pikiert: „Beeile dich, wir dürfen keine Zeit verlieren!"

Rennleiter Dr. Feuereissen von Auto-Union ließ auch die notwendige Autorität vermissen: er hätte ja schon längst den Weltrekordversuch abblasen müssen. Aber er gab nach, anscheinend wollte er seinen Spitzenfahrer nicht verärgern. So wurden die Kerzen gewechselt, der Wagen aufgetankt, und Rosemeyer zwängte sich in den engen Fahrersitz.

Doch Sebastian ließ nicht locker: „Bernd, pfeif auf alle Rekorde, laß uns Schluß machen. Morgen ist auch noch ein Tag!"

„Ich weiß genau, was ich will!" antwortete Rosemeyer zornig. Nun hatte auch Sebastian genug und sagte: „Gut, wenn du unbedingt willst!" und ging verärgert zur Seite.

Dr. Feuereissen hatte diese Szene beobachtet und versuchte einen letzten Vorstoß: „Ich höre, daß wir starken Seitenwind haben. Wollen Sie es lieber nicht bleiben lassen"?

„Das ist nur eine Stelle, ich kenne sie ganz genau. Es kann nichts schiefgehen!"

Das war am 28. Jänner 1938, kurz vor zwölf Uhr mittag. Die Startfahne senkte sich, in einer Wolke von Auspuffrauch aufbrüllend schoß der P-Wagen über die schnurgerade Strecke. Aus dem Lautsprecher krächzten die Meldungen der Streckenposten: „Kilometer drei: durch!"

„Kilometer sieben: durch!" Dann war es still. Plötzlich überschlug sich eine Stimme: „Kilometer neun: Wagen gestürzt!"

Dr. Feuereissen war plötzlich kreidebleich. Er stürzte zu seiner schweren Horch-Limousine. Doch der Motor sprang nicht an. Neubauer lief herbei: „Nehmen Sie meinen Wagen!" Der Auto-Union-Rennleiter rannte mit dem Mercedes-Rennarzt Dr. Gläser zum Wagen und raste los.

Als sie zur Mörfeldener Schneise kamen, war die Fahrbahn mit Trümmern übersät. Auf einer weiten Strecke lagen die silbern schimmernden Blechteile, als wäre der P-Wagen von einer Bombe zerrissen worden. Und am Brückenpfeiler klebte das Fahrgestell. Nicht ein Quadratzentimeter der Karosserie war an dem Chassis zu finden.

Für Rosemeyer war es die letzte Fahrt gewesen. Mit gebrochenem Genick lehnte er an einem Baum; äußerlich war keine Verletzung sichtbar. Es schien, als würde der Rennfahrer schlafen.

Der Schock, der damals den internationalen Motorsport erschütterte, war unbeschreiblich. Die Zeitungen druckten Extraausgaben, der Rundfunk unterbrach sein Programm und strahlte Sondermeldungen aus. Elly Beinhorn erfuhr telephonisch die Hiobsbotschaft. Mit einem Sonderflugzeug wurde sie aus Sachsen nach Frankfurt gebracht.

Zehntausende Menschen säumten den Weg, als man den Sarg zum

Frankfurter Hauptbahnhof brachte. Wenige Tage später wurde Rosemeyer unter riesiger Anteilnahme der Bevölkerung in Berlin-Dahlem zur letzten Ruhe getragen.

Porsche war bei diesem Weltrekordversuch nicht dabei; man hatte ohne sein Wissen die Karosserie verändert. Die Bindungen zu Auto-Union waren auch nicht mehr so eng, der Doktor war mit anderen Projekten beschäftigt. Als Neubauer einige Tage nach dem tragischen Unfall den Konstrukteur zufällig auf dem Stuttgarter Hauptbahnhof traf, war Porsche sehr aufgeregt. Er griff in die Tasche und holte ein verknittertes Photo hervor: „Was sagen Sie dazu, Herr Neubauer?" sprudelte er hervor. „Schauen Sie sich doch meinen Wagen an!"

Das Photo war kurz nach dem Start aufgenommen worden, und es zeigte eine verbogene Flanke des P-Wagens. Der Luftdruck mußte die hauchdünne Karosserie eingedrückt haben. Die Strömungsverhältnisse hatten sich dadurch verändert, und bei zunehmender Geschwindigkeit mußte der Wagen anscheinend aus der Bahn getragen worden sein. Neubauer schüttelte den Kopf: er hatte ja den Wagen vor der Versuchsfahrt genau gesehen. Die Karosserie war nicht eingebeult gewesen, sie hatte nicht den geringsten Kratzer gezeigt.

Auto-Union ließ diesen Vorwurf nicht auf sich sitzen. Die Karosserie wurde nachgebaut und auf ein P-Wagen-Chassis montiert. Auf der Autobahnstrecke Frankfurt—Darmstadt, bei ähnlichen, regenfeuchten Wetterbedingungen, wurden die Photographen eingeladen, und sie knipsten den vorbeischießenden Wagen. Und siehe da: der dunkle Fleck auf der Karosserie, diese angebliche Beule, war wiederum auf den Hochglanzbildern zu sehen. Nichts anderes als ein Lichteffekt.

Die Theorie eines Reifenplatzers mußte ebenso verworfen werden: die Pneus waren in Ordnung, auf dem rauhen Beton fand sich nicht die geringste Bremsspur. Motorjournalisten und Autoexperten überboten einander in Theorien; der Unfall beim Weltrekordversuch war in Deutschland Tagesgespräch.

Dem Rennmechaniker Sebastian ließ das Rätselraten keine Ruhe. Er fühlte sich für den Tod des Freundes indirekt verantwortlich. Er allein ging der Sache auf den Grund. Wie ein Kriminalist trug er die Daten zusammen, und bald hatte er auch den Fall gelöst: aus den meteorologischen Protokollen des Rhein-Main-Flughafens ging einwandfrei hervor, daß gerade in dem Augenblick, da Rosemeyer die Schneise bei Mörfelden durchraste, eine Windbö quer zur Autobahn fegte. Der Seitenwind erreichte eine Spitzengeschwindigkeit von 70 Meter in der Sekunde.

Es gab keinen Zweifel. Die elektrisch aufgezeichneten Zeitnehmerdaten des Weltrekordversuchs deckten sich haarscharf mit den automatisch registrierten Windstärkemessungen.

Wäre Rosemeyer nur eine Sekunde schneller oder langsamer gewesen, dann hätte es keine Katastrophe gegeben.

Neubauer aber hatte seine eigene These über diesen Unfall und wurde in seinen Überlegungen auch von Porsche unterstützt: die Stromlinienverkleidung, diese hochgezogene Flanke aus Leichtmetall, mußte dem starken Seitenwind eine viel zu große Angriffsfläche geboten haben. Hatte der P-Wagen bei der Fahrt über den „fliegenden Kilometer" bereits einen Luftwiderstand von 400 Kilogramm auf eine Fläche von einem Quadratzentimeter zu überwinden, war der Seitenwind dann doch zu intensiv. Er mußte allein in der ersten Phase mindestens zusätzliche 200 Kilogramm pro Quadratzentimeter Karosserie betragen haben.

Im Zeitraffer könnte man es sichtbar machen: die Karosserie war eingebeult worden, sie verformte sich, verlor ihre Spannkraft, der unheimliche, mörderische Druck wuchs weiter an, und dann gab eine zusammengenietete Verbindungsnaht nach. Es war, als ob der P-Wagen in voller Fahrt eine kompakte Mauer gerammt hätte, eine Mauer aus Luft. Die Karosserie zerplatzte in Sekundenbruchteilen, eine beispiellose Kettenreaktion setzte ein, in deren Verlauf der Rennwagen buchstäblich zerfetzt wurde.

Jetzt hatte man auch des Rätsels Lösung: der 545-PS-Wagen mit dem 6,33-Liter-Motor war wie eine Granate explodiert. Deshalb auch die vielen Trümmer auf der Fahrbahn und erst 600 Meter vom Unfallort das entblätterte Fahrgestell.

Als Porsche um seine Meinung befragt wurde, meinte er erschüttert: „Ich habe von dieser Karosserieform abgeraten. Ohne mein Wissen wurde der Wagen abgeändert. Wenn ich dabei gewesen wäre, dann hätte sich diese Tragödie nicht abgespielt. Ich hätte bei einem solchen Seitenwind den Rosemeyer niemals fahren lassen!"

scharfe Kurve. Viel zu spät trat er auf das Bremspedal: der Daimler brach seitlich aus, der Sekunden zuvor noch lebensüberdrüssige Stuck versuchte nun mit allen Mitteln, den Wagen auf der Fahrbahn zu halten. Das Fahrzeug stellte sich quer, und dem Mann am Volant gelang es tatsächlich, den Sportwagen wieder in die Gerade zu bringen.

Das war etwas ganz Neues: Stuck hatte die Kurve mit viel zu hoher Geschwindigkeit genommen, und er kam darauf, daß man es auf diese Weise immer so machen könnte. Er feilte seine Kurventechnik weiter aus, sogar auf den Zentimeter genau wurde der Daimler zum Straßengraben getragen, und aus der Not wurde eine Tugend. „Rennfahrerstil und Liebeskummer!" könnte man dazu sagen . . . !

In diesen Tagen schloß Stuck eine Freundschaft, die fünfzehn Jahre später für den geplanten Porsche-Weltrekordwagen von größter Bedeutung sein sollte. Der berühmte Jagdflieger Ernst Udet war nach dem ersten Weltkrieg schwach bei Kasse. Für die Fliegerei hatte die Öffentlichkeit nur wenig übrig, und vor allem stand dafür kein Geld zur Verfügung.

Stuck zerbrach sich den Kopf, und die beiden Männer arbeiteten für eine sensationelle Schau ein Programm aus. Mit dem Austro-Daimler-Rennwagen sollte Stuck über den Tempelhofer Flugplatz fahren. Udet würde mit dem Flugzeug im Tiefflug das Auto verfolgen und dann allmählich die Geschwindigkeit verringern. Über eine Strickleiter sollte dann ein Artist vom Flugzeug in das Auto umsteigen. Bei voller Fahrt!

Im Jahre 1925 ging dieser Flugzeug-Auto-Zirkus in Szene. Tausende Zuschauer waren nach Tempelhof gekommen, die Kassen füllten sich. Es gab keine Probe. Stuck setzte sich in den Wagen, fuhr los, und schon wenige Sekunden später setzte sich Udet auf seine Fährte. Dann hatte das Flugzeug gleichgezogen, den Wagen überholt, und Udet schob um einen Gedanken den Gashebel zurück. Die Strickleiter wurde heruntergelassen und der Artist kletterte Sprosse um Sprosse herunter.

Doch man hatte die Rechnung ohne den Fahrtwind gemacht: der Luftdruck preßte die Strickleiter und den Körper des Artisten zurück, und für einige Sekunden streifte der Akrobat den Boden. Stuck erkannte blitzschnell die Gefahr und verriß den Wagen. Auch Udet zog geistesgegenwärtig die Maschine hoch. Beim zweiten Versuch klappte es.

Die Gage für dieses Akrobatenstück: die drei Mann bekamen je tausend Reichsmark!

MEDITATIONEN VOR DEM GROSSEN RENNEN — Ferdinand Porsche — den Hut tief in die Stirn gedrückt — scheint abwesend, wie der Laie glauben könnte. Er grübelt jedoch taktische Verhaltensregeln aus, die der Rennfahrer Hans Stuck (links) unbedingt befolgen muß.

Umseitig: DIE SILBERFISCHE VOR DEM START — Bei dem Weltrekordversuch auf der Autobahn Frankfurt—Darmstadt verunglückte der unvergeßliche Bernd Rosemeyer mit einem dieser Wagen. Porsche verhalf Auto-Union in diesen Jahren zu einer einmaligen Siegesserie.

Udet und Stuck hatten jedoch genug: ihnen war der Spaß zu gefährlich geworden. Doch der Artist war pleite und bestand auf einem neuerlichen Versuch. Ein anderer Flieger machte sich für dieses Experiment
erbötig. Er verfügte aber nicht über das fabelhafte fliegerische Können
und über die Geistesgegenwart eines Ernst Udet — der Artist stürzte
und wurde auf der Stelle getötet.

Das Duo Stuck-Udet produzierte sich aber auch mit anderen Ge-
schicklichkeitsproben. Auf dem Austro-Daimler wurden zwei Stangen
montiert. Daran befestigte man ein Taschentuch. Udet schraubte an die
Tragflächenspitze seiner Kunstflugmaschine einen Fanghaken. Der Daimler brauste quer über das Flugfeld, wie ein Adler stach Udet mit seinem
Doppeldecker auf den Rennwagen, fing das Flugzeug im letzten Augenblick ab und fischte elegant mit dem Haken das Taschentuch weg.

Es gab kaum ein Rennen, bei dem Stuck nicht an der Spitze lag. Er
wußte nicht mehr, was er mit den vielen Pokalen anfangen sollte. Er
hatte keinen Platz dafür. Eines Tages verpackte er seine Trophäen in
den Wagen und brachte sie zu einem Silberschmied. Zwei Tischplatten
wurden aus den Siegerpreisen gegossen: die erste aus 60 Pokalen und
die zweite aus 80 schweren Trophäen. Doch es kamen immer neue
Preise hinzu, und als im Jahre 1939 ein Schweizer Motorsportler eine
Ausstellung veranstalten wollte und Stuck um seine Trophäen bat, sagte
dieser zu.

Wenige Wochen später brach der zweite Weltkrieg aus. Die Grenzen
zur Schweiz wurden hermetisch abgeriegelt. Die beiden Tischplatten und
die zahlreichen Trophäen blieben bei den Eidgenossen in Verwahrung.
Das war auch gut so, denn Stuck hatte durch Kriegsereignisse einen
Großteil seines Hausrates verloren. Nach 1945 fuhr dann Stuck in die
Schweiz, um seine Silberschätze wieder nach Hause zu bringen. Doch die
Schweizer wollten die Gegenstände nicht ausfolgen, und zwar deshalb,
weil Stuck „deutscher Staatsbürger" sei. Keineswegs eine Bosheit, sondern eine behördliche eidgenössische Verordnung mußte befolgt werden.

Doch der Rennfahrer manövrierte mit einem Trick die Bürokraten aus.
Er fuhr in sein Haus nach Oberbayern, kramte einen alten österreichischen
Paß aus der Schreibtischlade und begab sich wieder in die Schweiz. Als
Ehrenbürger von Wiener Neustadt — wohl eine Anerkennung für die
zahlreichen Rekorde auf dem Austro-Daimler-Wagen — war er auto-
matisch österreichischer Staatsbürger geworden. Er hatte daher Anspruch

auf einen österreichischen Reisepaß. Und die Schweizer, die dem berühmten Rennfahrer die kostbaren Erinnerungsstücke nicht vorenthalten wollten, folgten ihm daraufhin die beiden Tischplatten und die Kisten mit
den Trophäen aus . . .

Im Gegensatz zu manch anderen Rennfahrern verstand Stuck allerhand von der Technik. Das machte ihn Porsche sehr sympathisch. Beim
Glockner-Rennen gewann er nicht nur durch seine überragende Fahrkunst, sondern auch durch einen technischen Kniff den ersten Preis.

Als die schweren Renner loszogen, ließen sie schnurgerade Gummi-
striche auf der Fahrbahn. Die Motoren waren zu stark und die Räder
drehten durch, der Pneu wurde flüssig und rieb sich ab.

Beim Porsche-Wagen jedoch waren keine schwarzen Striche auf der
Straße. Nicht etwa, daß Stuck gefühlvoller mit dem Gaspedal um-
gegangen wäre. Er hatte in aller Heimlichkeit niedrigere Kolben in den
Motor einbauen lassen. Anstatt 400 PS leistete die Maschine nur
240 PS. Und das genügte für die steile, schwierige Bergstrecke. Anders
hätte sich der Wagen nicht ausfahren lassen.

Wiederum die Mechaniker, die entscheidend zum Sieg beitrugen. Und
Stuck wußte, wie sehr er auf die Männer im Overall angewiesen war.
Zehn Prozent von seinen Preisen wurden den Mechanikern abgetreten.
Auch von den Bargeld-Prämien fiel für die Betreuer einiges ab.

Freilich war die Kurventechnik des „langen Hans" für die Reifen
mörderisch. So hatte beispielsweise Hermann Lang ein Rennen mit nur
einem Reifenwechsel gewonnen. Stuck fegte quer durch die Kurven, und
die Pneus hielten es natürlich nicht aus. Er mußte bei diesem Wettbewerb
sechzehnmal die Reifen wechseln und wurde mit dieser Methode mit nur
zwei Sekunden Abstand Zweiter.

Der Große Preis von Deutschland im Jahre 1934, am 15. Juli auf dem
Nürburgring, wurde eigentlich von Ferdinand Porsche gewonnen, und
wenn es nach Stuck gegangen wäre, hätte den Preis die Konkurrenz ein-
gesteckt. Stuck lag mit dem P-Wagen in ausgezeichneter Position, aber
schon nach wenigen Runden stieg das Thermometer bedenklich über die
rote Marke. Der Rennfahrer vermutete eine Panne und wollte anhalten.

Er fuhr langsam an den Boxen vorüber und deutete mit der Hand auf
den Motor, als wolle er damit sagen, daß der Kühler kocht. Doch Porsche
winkte ärgerlich ab und deutete „Weiterfahren!". Der Doktor hielt es
für ausgeschlossen, daß das Kühlsystem schon nach so kurzer Zeit defekt

sein könnte. Seiner Meinung nach dürfte sich das Thermometer aus seiner Verschraubung gelöst haben und die Temperatur am Motorgehäuse angezeigt haben.

Stuck fuhr weiter, und ihm war recht flau in den Knien. Das Thermometer zeigte noch immer diese höllische Temperatur an, und der Rennfahrer wartete nur darauf, bis sich der Motor in seine Bestandteile auflösen und in Trümmern wegfliegen würde.

Aber die Maschine hielt durch, und Stuck fuhr wie der Teufel. Er gewann den Großen Preis und hatte später Porsche viel abzubitten. Doch der Konstrukteur konnte seinen Schützling nur zu gut verstehen und revanchierte sich mit einem launigen Geschenk für das entgegengebrachte Vertrauen in diesen kritischen Minuten: ein in Holz eingerahmtes, vorsintflutliches Thermometer mit der Aufschrift:

> *„Es zeigt nicht über sechzig Grad,*
> *auch wenn es noch so heiß,*
> *und kocht der Meister nicht privat,*
> *kocht nichts beim Großen Preis!"*

Schon drei Jahre nach diesem denkwürdigen „Thermometer-Sieg" trat Stuck mit seinem Lieblingsprojekt an Porsche heran: dem absoluten Weltrekord. Das Kraftfahrzeug-Laboratorium in Zuffenhausen mußte herhalten, denn Auto-Union schien für dieses technische Wagnis nicht viel übrig zu haben. Gegen Stuck wurde intrigiert, manche Männer der Partei erblickten in der Verbindung mit Paula von Resniczek eine Mesalliance. Außerdem war der Vertrag, der Stuck an die Auto-Union als Spitzenfahrer band, nicht erneuert worden. Und Stuck, der bereits etliche Motorboot-Rekorde in der Tasche hatte, wollte nicht nur auf dem Wasser, sondern auch auf dem Lande der Schnellste sein.

Von diesem Weltrekord-Projekt wußte die Öffentlichkeit kaum etwas: die Besprechungen wurden streng geheim gehalten. Es stand schon von vornherein fest, daß nur eine altrenommierte Autofabrik dieses vielpferdige, geflügelte Geschoß auf seine sechs Räder stellen könnte. Und da Daimler-Benz 1937 einen dreijährigen Beratungsvertrag mit Ferdinand Porsche geschlossen hatte, ging die erste Arbeitsbesprechung in Stuttgart-Untertürkheim in Szene. Das war am 23. Juli, und Porsche hatte es nicht einfach, denn er mußte auch Mercedes-Konstrukteur Max

Wagner überspielen, der auf diesem Gebiet keineswegs unerfahren war.

Unter dem Terminus T-80 figurierte dieses Weltrekord-Projekt, und der Entwurf des alten Porsche hatte auch etwas Bestechendes für sich: einen stromlinienförmigen Renner, einen geduckten Silberpfeil, auf sechs hohen, schmalen Speichenrädern, einen Giganten mit Tragflächenstummeln, die, negativ fixiert, sein „Davonfliegen" verhindern sollten.

Das Motorenproblem hatte Stuck auf souveräne Weise gelöst: er besuchte seinen alten Freund Ernst Udet im Reichsluftfahrtministerium, und der zum Generalluftfahrzeugmeister avancierte Doppeldecker-Akrobat ermöglichte mit einem Federstrich, was selbst fünf antichambrierende Konzernherren nicht fertiggebracht hätten.

Als nämlich der Rennfahrer in begeisterten Worten dem Pour-le-Mérite-Flieger Udet vom Projekt T-80 erzählte und klipp und klar erklärte, daß das ganze Vorhaben mit einem guten Flugmotor stehe oder falle, erklärte der Generalluftfahrzeugmeister spontan: „Die Sache geht klar. Du bekommst von mir zwei Flugmotoren. Ich zweige für deinen Weltrekordversuch zwei DB-602 ab. Die Triebwerke stehen dir bei Daimler-Benz zur Verfügung!"

Der DB-602 war damals ein Wunder-Triebwerk: ein Zwölfzylinder-Einspritzmotor mit einer 105-Grad-Glykol-Heißkühlung, mit einem aerodynamisch günstigen Querschnitt — die Maschine wurde ja in Jagdflugzeuge und schnelle Bomber eingebaut —, mit einer Leistung von 2000 PS. Porsche hatte bald herausgefunden, daß dieses Triebwerk bei Probeläufen auf 2500 Pferdestärken zu bringen war und daß diese Leistung durch einige Kniffe, wie etwa durch Verwendung hochwertiger Treibstoffe, sogar kurzfristig auf 3500 PS gesteigert werden konnte.

Mußten die Weltrekordler auf dem Salzsee in ihre Wagen noch zwei Flugzeugmotoren einbauen, um auf die gewünschte Leistung zu kommen, so machte es der DB-602 im Alleingang. Durch sein geringes Gewicht von 2800 Kilogramm konnte auch das Fahrgestell ohne große Schwierigkeiten konzipiert werden. In den USA brachten die überschweren, klobigen Renner bis zu sechs Tonnen mit auf die Waage. Das komplizierte vor allem die Reifenprobleme: welcher Pneu hält schon bei diesem Höllentempo eine solche Folter-Rekordfahrt durch?

Obwohl der DB-602 im Jahre 1937 streng geheim und daher auch für Millionen Reichsmark nicht zu kaufen war, bekam Porsche seine beiden Triebwerke. Und Stuck, der sich aber schon gar nichts schenken ließ und keinem verpflichtet sein wollte, zeichnete für das Projekt T-80 eine Einlage: hunderttausend Reichsmark. An den horrenden Entwicklungskosten gemessen, war das freilich nur ein Tropfen auf den heißen Stein. Aber Stuck hatte damit die Garantie erkauft, daß nur er mit dem Porsche-Daimler-Weltrekordwagen fahren dürfe.

Es war ein eigenartiges Fahrzeug, das da unter strengster Geheimhaltung in Untertürkheim gebaut wurde. Die aerodynamischen Berechnungen stammten vom Kärntner Ingenieur Mickl. Er hatte eine Karosserie entworfen, wie sie es auf der ganzen Welt nicht gab und auch in unseren Jahren nicht mehr geben sollte: ein breiter, silberschimmernder

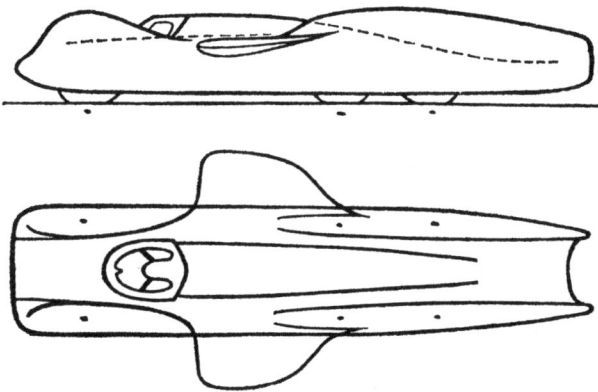

Rochen, achteinhalb Meter lang. Mit den Tragflächenstummeln, die ihn mit eiserner Kraft auf die Fahrbahn drückten, war der Rennwagen 3,20 Meter breit. Die Höhe betrug 127 Zentimeter. Die Duralbleche seiner windschlüpfrigen Verkleidung waren fast papierdünn: 0,3 Millimeter.

Der 80-Liter-Treibstofftank war hinter der letzten Achse auf dem Rahmen verschraubt und verkleidet. Der Fahrer hockte auf dem Ölbehälter. Auf der Kurbelwelle saß etwas ganz Eigenartiges: eine Mehrscheiben-Stahllamellen-Kupplung, die im Öldunst lief. Sie mußte das Drehmoment des Flugmotors stufenlos auf die Räder übertragen.

Mit anderen Worten: für das Projekt T-80 war kein Getriebe vorgesehen. Der Wagen sollte praktisch nur im ersten Gang fahren. Dabei durften die Räder aber keinesfalls durchdrehen. Das hätte für die heiklen, dünnen Pneus verheerende Folgen gehabt.

Da es aber auf der Welt keinen Rennfahrer gibt, der mit seinem gefühlvollen Gasfuß das Pedal derartig weich und langsam durchdrücken kann, löste Porsche dieses Problem mit einer wahrhaft genialen Gedankenkonstruktion. Die vier Antriebs-Hinterräder wurden durch einen sinnreichen Mechanismus mit den Vorderrädern verbunden. Sollten sich die Hinterräder ein wenig durchdrehen — fünf Touren Differenz waren der Grenzwert — und mit den Umdrehungen der Vorderräder nicht harmonieren, dann schaltete sich der Fliehkraftregler ein: er drosselte die Treibstoffzufuhr so lange, bis die Umdrehungen der vier Antriebs-Hinterräder mit den Umdrehungen der Vorderräder wieder im Einklang standen.

War schon der aerodynamische Trick bestechend — Diplom-Ingenieur Mickl hatte sich die beiden negativ angewinkelten Tragflächenstummel, die mit dem Gewicht der Strömungsluft den Wagen niederdrückten und im Zaum hielten, patentieren lassen —, mußten bezüglich der Reifen besonders heikle Probleme bewältigt werden. Ferdinand Porsche hatte mit Continental Verbindung aufgenommen. Dort entwickelte man Spezialreifen, die einen Stundendurchschnitt von siebenhundert Kilometer aushalten sollten. Diese Reifen bekamen eine Gummiauflage von nur einem Millimeter Stärke. Und dieser Millimeter mußte einen Weltrekordversuch unbedingt aushalten.

Welche Fliehkräfte bei so einer Höllenfahrt da mitspielen, zeigt nur ein Detail: der Reifen war vor dem Versuch 1,17 Meter hoch. Während der Fahrt, bei dieser irrsinnigen Rotation, bei einem Stundendurchschnitt von 650 Kilometer, müßte dieser Reifen durch die unvorstellbaren Zentrifugalkräfte um sieben Zentimeter größer werden. Bei diesem Tempo hätte dann der Reifendurchmesser 1,24 Meter betragen.

Dadurch erzielte man aber einen erwünschten Effekt. Die Auflagefläche des Pneus mußte ja viel kleiner werden. Der Porsche-Wagen wäre praktisch auf des Messers Schneide gefahren.

Die Lenkung erlaubte nur einen Einschlag von neun Grad. Das genügte. Man hätte damit Seitenwindböen abfangen können und dadurch ein seitliches Vertragen des Wagens vermieden. Die vordere Spur war 1,30 Meter breit, also etwas mehr als der Volkswagen. Die erste Hinterachse wurde für eine Breite von 1,32 Meter ausgelegt, die zweite war nur 1,18 Meter breit. Die Karosserie ließ sich durch acht Schnell-verschlüsse innerhalb weniger Sekunden vom Wagen lösen. Ein beson-ders wichtiger Umstand für Reifenwechsel und Tanken.

Ferdinand Porsche wollte mit seinem Projekt T-80 ursprünglich auf dem Großen Salzsee in den Vereinigten Staaten an die Öffentlichkeit treten. Daraus wurde aber nichts. Technische Interessen mußten sich nationalen Bestrebungen unterordnen. Einige Herren in der Reichskanzlei und vor allem der NSKK-Korpsführer Hühnlein sahen es nicht gerne daß ein deutscher Weltrekord ausgerechnet in Übersee gefahren werden sollte. Porsche widersprach und argumentierte energisch für die Vorteile einer Rekordfahrt auf dem Salzsee. Die Luft wäre auf dem höher gele-genen Salzsee viel dünner, es gebe dort weniger Widerstand und vor allem kein Hindernis. Eine spiegelblanke Fläche ohne Baum und Strauch, ohne Kilometerstein und Brückenpfeiler. Sollte der Weltrekordwagen seitlich vertragen werden und vom Kurs abkommen — er hätte einen kilometerlangen Auslauf nach allen Seiten.

Die leidenschaftlichen Ausführungen des Doktors konnten aber den Entschluß nicht ändern: „Wenn wir schon keinen Salzsee haben, dann werden wir eben eine neue Rekord-Autobahn bauen!" beschwichtigte Hühnlein, und tatsächlich wurde zwischen Dessau und Halle ein neues Autobahnteilstück in Angriff genommen: zehn Kilometer lang, schnur-gerade, und die Brücken wurden ohne Stützpfeiler, in einem Bogen, über beide Fahrbahnen geschlagen.

Es gab auch keinen grünen Mittelstreifen. Die Fahrbahnen wurden betoniert, der Mittelstreifen asphaltiert. Der in das enge Cockpit ge-pferchte Stuck sollte wenigstens einen schwarzen, schnurgeraden Leit-faden haben, damit er bei dieser Rekordfahrt den Kurs halten könne.

Die achtzehn Meter breite Autobahn zwischen Dessau und Halle war aber keineswegs ideal. Dem Konstrukteur Porsche blieb keine Ausweich-möglichkeit. Er hatte den Herren mit dem Rechenschieber das Fahr-diagramm vorexerziert: bei einem Durchschnitt von 600 Stundenkilo-meter über eine Meßstrecke von tausend Meter brauchte der Wagen 5790 Meter Anlauf, dann kam der Meßkilometer, und mindestens 2250 Meter Auslauf waren notwendig, wenn die vier hydraulischen Bremsbacken in jedem der sechs Räder nicht nur die Pneus, sondern auch den Fahrer ins Jenseits schicken sollten.

Wollte man auch den Rekord über eine Meile mit fliegendem Start brechen, dann würden mindestens 9650 Meter doppelt ausgebaute Autobahn zur Verfügung stehen müssen. Und Porsche wurde ganz flau bei diesem Gedanken, denn die Rekordstrecke bei Dessau beschrieb schon nach zehn Kilometern wegen eines Braunkohlenflözes einen ziemlich scharfen Knick.

Mit Wehmut dachte Porsche an den Salzsee mit seinen einundzwanzig Kilometern Länge. Doch er wurde bald der Lösung dieser Probleme enthoben. Nach einigen Probefahrten mit dem Weltrekordwagen brach der zweite Weltkrieg aus, und der Konstrukteur mußte sich nun ganz anderen Projekten widmen. Der Weltrekordversuch war nicht kriegswichtig und wurde einfach ad acta gelegt.

Aber schon etliche Monate zuvor, Anfang 1939, war es um das Projekt T-80 still geworden. Der feinfühlige Stuck, der über die Vorgänge hinter den Kulissen durch seine zahlreichen Querverbindungen sehr gut Bescheid wußte, erfuhr bald, daß Korpsführer Hühnlein einen anderen Fahrer mit dem Daimler-Porsche-Wagen starten lassen wollte. Als er zur Eröffnung der Großen Automobil-Ausstellung mit seinen Rennfahrer-Kameraden vor der Reichskanzlei auffuhr, um Hitler gewissermaßen im Konvoi einzuholen, wurde er wie üblich vom Reichskanzler durch Handschlag begrüßt. Hitler sprach einige belanglose Worte und wollte dann den nächsten Rennfahrer begrüßen.

Doch Stuck nützte die Gelegenheit und ließ die Hand Hitlers nicht los. Er hinderte ihn am Weitergehen: „Ich muß Ihnen etwas Wichtiges mitteilen", stieß er erregt hervor. „Ich habe keine andere Möglichkeit, denn man läßt mich nicht zu Ihnen vorkommen. Korpsführer Hühnlein hat die Absicht, einen anderen Fahrer mit dem Weltrekordwagen starten zu lassen. Das ist aber meine Idee. Ich lasse mir den Weltrekord nicht stehlen!"

Korpsführer Hühnlein und die Herren seines Stabes, die unmittelbar hinter Hitler standen, hatten diese Beschuldigungen gehört. Hühnlein war außer sich vor Zorn und drohte mit der Faust, was Hitler natürlich nicht sehen konnte. Aber er steckte bald zurück, als der Reichskanzler mit seiner rauhen Stimme sagte: „Keine Rede. Sie fahren und kein anderer!" Dann drehte er sich brüsk um und erklärte dem verdutzten NSKK-Chef: „Sie haben mich wohl verstanden. Ein anderer Fahrer kommt nicht in Frage. Setzen Sie sich mit dem Stuck in Verbindung!"

Aber auch dieses Intermezzo im Intrigen-Dickicht konnte dem

Daimler-Porsche-Wagen nicht mehr zum Start verhelfen. Ein halbes Jahr später marschierten die deutschen Divisionen in Polen ein, und es standen strategische Erzeugnisse auf dem Produktionsplan. Für das Projekt T-80 hatte man weder Zeit noch Geld. Der Weltrekordwagen, den Porsche mit der Hilfe des Fliegerhelden Udet geboren hatte, war von der Politik besiegt worden.

MÜCKEN KONTRA KDF-STADT

Im Jahre 1938, bei der Eröffnung der Deutschen Automobil-Ausstellung in Berlin, gab Hitler in einer großangelegten Rede weitere Einzelheiten über das Volkswagen-Projekt bekannt: „Es wurden jetzt vier Jahre verwendet, um mit fortgesetzter Verbesserung allmählich einen Volkswagen-Typ zu entwickeln, der unserer Überzeugung nach nicht nur in der Preislage den gewünschten Bedingungen entspricht, sondern der vor allem auch in der Leichtigkeit seiner Konstruktion die Möglichkeit bietet, mit einem Minimum an Arbeitskraft ein Maximum an Wirkung zu erzielen!"

Die Deutsche Arbeitsfront mit ihrem Organisationsleiter Dr. Robert Ley hatte sich schon aus Propagandagründen sehr für den Volkswagen engagiert. Der engste Mitarbeiter des Arbeitsfront-Chefs, Dr. Bodo von Lafferentz, mußte nach einem geeigneten Terrain für die neue Volkswagen-Fabrik suchen. Mit dem Flugzeug wurde Nord- und Mitteldeutschland abgeflogen, und schließlich fand Lafferentz auch das gesuchte Areal: am Ufer des Mittellandkanals, in der Nähe der Stadt Fallersleben.

Einen anderen Platz hatte man nicht gefunden. Ideal jedenfalls schien Fallersleben nicht zu sein. Kohle und Stahl mußten über beträchtliche Entfernungen nach Niedersachsen transportiert werden. Aber je weiter man nach Westen sondierte, desto ungünstiger wurden die Voraussetzungen. Es sollte ja nicht nur ein Industriekoloß aus dem Boden gestampft werden — auch für die Arbeiter war ein großer Siedlungsraum notwendig.

Es war nicht einfach, diese riesige Fläche zu bekommen. Die Ländereien, auf denen das Volkswagenwerk und die KDF-Stadt erstehen sollten, gehörten hauptsächlich dem Grafen von der Schulenburg. Und der Gutsherr wollte keine Reichsmark für seinen Grund und Boden haben. Als der Graf von dem Volkswagen-Projekt hörte, alarmierte er sofort den Reichsminister für Raumordnung und teilte ihm seine Sorgen mit. Den Minister Kerrl kannte von der Schulenburg sehr gut; er stammte ebenfalls aus Niedersachsen.

Der Minister war indigniert, denn er wußte von nichts; die Deutsche Arbeitsfront hatte ihn einfach übergangen und ihn nicht einmal um seine Meinung befragt. Jede Intervention wurde von vornherein abgebogen. Kerrl bekam zur Antwort: „Das ist ein Wunsch des Führers. Alles ist bereits entschieden!"

Die Gutsbesitzer ließen sich aber nicht ausmanövrieren. Hieß es doch zuerst, daß insgesamt nur 5000 Morgen Grund benötigt würden, so sah es jetzt schon ganz anders aus: 15.000 Morgen wurden für den Bau des Volkswagenwerkes benötigt. Der Graf von der Schulenburg mußte 7500 Morgen Grundbesitz abtreten, ein anderer Landedelmann, ein Herr von der Wense, wurde gezwungen, 2500 Morgen abzutreten. Weitere achtundzwanzig Landwirte und Erbhofbauern mußten ihre Felder verkaufen.

Ungeachtet der allerhöchsten Anordnung ließ sich die Opposition, die von einem Volkswagenwerk nichts wissen wollte, keineswegs einschüchtern. Sitzungen und Besichtigungen dauerten bis zum Jänner 1938. Selbst Interventionen in der Reichskanzlei hatten kein Ergebnis . . .

Die Grundbesitzer wurden aber auch von den wichtigsten Behörden unterstützt. Das Reichsverkehrsministerium schaltete sich ein und meldete seine Bedenken an. Es ging um die doppelgleisige Eisenbahnstrecke Berlin—Köln, die ohnehin stark genug ausgelastet war. Durch den Neubau des Volkswagenwerkes glaubten die Verkehrsexperten, daß es zu Blockierungen und Stauungen kommen werde.

Der Generalstab war mit dem Fabriksprojekt ebenfalls nicht einverstanden. Besonders der Taktiker der Luftwaffe fand so manches Haar in der Suppe: „Das ist ein ideales Luftziel und kann auch bei schlechtem Wetter erkannt werden!" monierte der Stabsoffizier. „Das Werk ist nicht zu übersehen. Der Mittellandkanal, die Eisenbahnstrecke, die Straße und vor allen Dingen die Stadt. Eine Bombe, die das Werk nicht trifft, findet unter allen Umständen ihr lohnendes Ziel!"

Sogar die Verwaltung der Reichsforste meldete ihre Bedenken an. Im Besitz des Grafen von der Schulenburg gäbe es achtzig- und hundertjährige Eichen. Um diese Bestände sei es jammerschade. Man müsse daher nicht unbedingt das Werk am Mittellandkanal erbauen . . .

Der Landedelmann selbst weilte oft in Berlin und ließ seine Querverbindungen spielen. Da alle seine Argumente ungehört blieben, spielte er seinen letzten Trumpf aus. Seine Ländereien seien von Mücken aller

Art verseucht. Dort könne man nicht leben, von einer Industriegründung überhaupt nicht zu sprechen. Die hinterlistigen Mücken im Allertal machen den Menschen das Leben zur Hölle.

Also wurde ein Mückenspezialist in Marsch gesetzt, und er dürfte die Tage, die er am Schulenburgschen Klieversberg verbrachte, wohl kaum in seinem Leben vergessen haben. Mit einer Botanisiertrommel bewaffnet, streifte der Mückenfänger durch die Landschaft, und nicht weniger als siebzig verschiedene Arten konnte er in seinen Gläsern konservieren.

Auch für die KDF-Stadt nahmen die Pläne konkrete Formen an. Der Stadtplaner Dipl.-Ing. Peter Koller, ein gebürtiger Steirer, hatte schon wertvolle Vorarbeit geleistet. Dieser vitale, damals erst dreißig Jahre alte Architekt war schon in jungen Jahren nach Deutschland gegangen, um Städteplanung zu studieren. Hitlers Lieblingsbaumeister Albert Speer — er sollte später zum Reichsminister für Bewaffnung und Munition avancieren — hatte Koller noch in Berlin kennengelernt.

Speer erinnerte sich nun an seinen früheren Kollegen und spürte ihn bei einem Stadtplaner in Augsburg auf. Koller hatte nämlich der Reichshauptstadt den Rücken gekehrt, weil er dort nicht die zweite Geige spielen wollte. Albert Speer war in Berlin tonangebend und wurde für alle wichtigen Bauten herangezogen.

Generalbauinspektor Speer machte nun Koller das Angebot: „Wollen Sie eine neue, moderne Stadt bauen? Sie hätten volle Handlungsfreiheit!" Koller sagte sofort zu und begann mit den Arbeiten für die neuen Industriesiedlungen.

„Eine Stadt kann man nur dort hinbauen, wo noch keine andere ist und keine andere ihr das Stadt-Sein beziehungsweise das Stadt-Werden streitig macht. Eine Stadt unterscheidet sich von einem Wohnplatz (Siedlung, Kolonie, Industrieort) durch ihre städtische Funktion. Eine Stadt lebt zu einem wesentlichen Teil von Leistungen für das Hinterland, sei es im Handel, Handwerk, Gewerbe, Kultur oder Verwaltung. Nur wo noch Hinterland wartet, kann eine neugegründete Stadt Wurzel schlagen. Ein Blick auf die Landkarte erleichtert die Vorstellung. Das dicht besiedelte Gebiet Mitteldeutschlands liegt in unserem Rücken, vor uns dehnt sich eine ganz dünn besiedelte Zone, in der größere Städte fehlen. Fast ohne Übergang grenzen diese beiden Zonen unvermittelt aneinander ... Die Voraussetzung einer jeden Besiedlung ist der Boden. Der gute Boden liegt hinter uns in geschlossenen Vorkommen. Vor uns kommt selbst mittlerer Boden nur in Inseln vor. So liegen wir an einem Angelpunkt von Grenzverläufen. Die natürlichen Voraussetzungen hierfür und die geschichtlichen Folgen im Laufe der Zeit, beides in seinem Zusammenwirken, erklärt uns erst den heute vorliegenden Mangel an Siedlungen und Städten. Dieser Zustand ist wieder die Voraussetzung für eine echte Stadtgründung als binnenkolonisatorische Tat!"

„Eine Hauptbedingung war gute Verkehrslage an Bahn, Wasser, Straße und Autobahn, ohne daß man gleichzeitig die schon überlasteten Knotenpunkte noch zusätzlich belastet hätte. Eine Grundforderung der Raumordnung ist es, mit solchen Gründungen Ballungsgebiete zu vermeiden. Die sonst förderliche Nachbargroßstadt darf nicht so nah sein, daß der Handelsumsatz abgesaugt wird!"

Freilich rechnete Koller mit fixen Größen, die erst viel später, und zwar erst Jahre nach dem zweiten Weltkrieg, verwirklicht werden konnten. Er setzte auf die Autobahn, mit einer fertigen Nord-Süd-Achse durch den Wolfsburger Raum. Aber nach dem Krieg reichte die Autobahn nur bis Northeim, und der Autofahrer mußte sich auf der überlasteten, kurvenreichen Bundesstraße 3 nach Hamburg abquälen.

Aber aus der Mustermetropole wurde nichts: die KDF-Stadt blieb ein Torso. Die politische Lage spitzte sich immer schärfer zu. Im Juli 1938 zog Hitler die Bauarbeiter ab — sie mußten mit den Schanz- und Betonarbeiten für den Westwall beginnen. Zement und Stahl wurden rationiert. Als einziges Objekt wurde ein Ledigenheim schlüsselfertig übergeben. Erst nach 1941 war ein winziges Zipfelchen der Kollerschen KDF-Musterstadt fertig. Erst 2385 Wohnungen waren bezogen, als Hitler in der Reichskanzlei mit einem Federstrich das Projekt ausradierte: die Neugestaltung der deutschen Städte erschien nicht mehr kriegswichtig. Das Personal mußte der Wehrmacht und der Technischen Nothilfe unterstellt werden.

FERDINAND UND HENRY

Am Himmelfahrtstag des Jahres 1938 legte Hitler den Grundstein für das neue Volkswagenwerk. „Der Wagen soll den Namen der Organisation tragen, die sich am meisten bemüht, die breitesten Massen unseres Volkes mit Freude und Kraft zu erfüllen. Er soll KDF-Wagen heißen. Ich vollziehe die Grundsteinlegung im Namen des Deutschen Volkes. Das Werk soll entstehen aus der Kraft des ganzen Deutschen Volkes, und es soll dienen der Freude des Deutschen Volkes!"

Vor dieser Rede hatte Ley-Adjutant Dr. Bodo von Lafferentz einen Rechenschaftsbericht abgelegt. Er verkündete, daß der Porsche-Wagen ein Preiswunder sei, denn er sei für 990 Mark ab Werk lieferbar. Um diesen Preis auch halten zu können, solle die Deutsche Arbeitsfront die Auslieferung und Verteilung der Wagen übernehmen. Solcherart könnten die Händlerprovisionen eingespart werden.

Wohl kaum einer, der den Reden an den Lautsprechern folgte, ahnte zu diesem Zeitpunkt, daß in den nächsten Jahren keine KDF-Autos für das Volk, sondern geländegängige Kübelwagen für den Krieg in Fallersleben gebaut werden sollten. Auch Porsche nicht. Neben ihm auf dem Podium stand sein langjähriger Freund und Hausarchitekt, der Schwabe Eugen Grünenwald: er hatte den Koloß von Fallersleben projektiert und zeichnete für den Gesamtausbau verantwortlich.

Dieser begabte Baumeister war schon in früheren Jahren zu Porsche gestoßen, und die beiden Männer hatten einen Großteil der Wegstrecke ihres Lebens gemeinsam zurückgelegt.

Als blutjunger Architekt hatte Grünenwald in Wiener Neustadt die Lokomotivfabrik gebaut. Er war damals viel in Europa unterwegs. In Budapest konzipierte er eine große Baumwollspinnerei, kam dann wieder nach Wiener Neustadt zurück, um andere Projekte zu verwirklichen.

Schon im Jahre 1912, als die Landwehr-Trains ihre ersten Probefahrten unternahmen, kam Porsche eines Tages in die Lokomotivfabrik. Die Anlage gefiel ihm: alles war großzügig, modern und bis ins Detail durchdacht. Die Monteure arbeiteten in großen, lichtdurchfluteten Hallen, der Materialfluß war zügig und einfach; vor allem konnte in dieser Fabrik auch viel billiger und rationeller produziert werden.

Der Technische Direktor von Daimler wurde mit dem Architekten bekannt, er kam oft zu Besuch, und es gab zwischen den beiden Männern stundenlange Fachsimpeleien. Das Ende einer solchen Diskussion glich manchmal einer Kabaretteinlage: der übermüdete Ferdinand Porsche wurde immer schweigsamer und legte dann den Kopf auf die Tischplatte. Grünenwald wartete noch eine Weile, und als er dann glaubte, daß der Gastgeber schon tief schlafe, stand er auf und wollte auf Zehenspitzen das Zimmer verlassen.

Doch Porsche war nur für einige Sekunden eingenickt und sofort wieder hellwach: „Bleiben S' da, Herr Grünenwald", meinte er tadelnd. „Wir sind noch lange nicht fertig. Mir ist ein Gedanke gekommen. Ich glaube, wir könnten..."

Im Jahre 1913 ging Grünenwald nach Steyr und baute das Werk um. Erstmals verwendete er Eisenbeton. Die neidische Konkurrenz ließ kein gutes Haar an dem Bau. Doch Grünenwald behielt recht: die Konstruktion bewährte sich. Obwohl diese Betontechnik noch in den Kinderschuhen steckte, war der Fabriksbau seiner Zeit weit voraus.

Als der erste Weltkrieg losbrach, war der Schwabe Eugen Grünenwald einer der ersten, die sich freiwillig an die Front meldeten. Bei einer schweren Abwehrschlacht wurde er verwundet, und an einem eiskalten Februartag des Jahres 1917 kam er wieder nach Wiener Neustadt zu Porsche.

Grünenwald wurde immer mehr zum Vertrauten des Generaldirektors, und in heiklen Situationen fragte der Doktor den Kollegen und Freund von der Baufakultät sehr oft um seine Meinung. Da kam es manchmal zu Streitgesprächen, die stundenlang währten. Der Architekt, ein profunder Menschenkenner, hatte schon viel früher als Porsche die Entwicklung in Wiener Neustadt richtig beurteilt. Er wußte genau, daß die Geldgeber von Austro-Daimler den experimentierenden Direktor, der immer alles verbessern und verfeinern wollte, in eine Abschußposition manövriert hatten.

Doch der Architekt — er heiratete später die Gouvernante der beiden Porsche-Kinder Luise und Ferry — drang mit seinen Argumenten nicht durch: „Grünenwald, Sie sehen ja weiße Mäuse! Das bilden Sie sich nur ein. Wer sollt' mir schon was antun wollen!" winkte Porsche immer ab.

Als die Herren vom Aufsichtsrat den Generaldirektor dann tatsächlich ausgebootet hatten, saß Porsche mit Grünenwald die ganze Nacht beisammen. Und der Techniker, der sich nochmals seinen Zorn von der Seele reden konnte, schloß das Gespräch: „Jetzt ist's passiert! Da sind s', die weißen Mäus', die Sie schon immer gesehen haben!"

Wenn sich ein Generaldirektor verändern will, dann ist das nicht so einfach wie etwa bei einem Arbeiter oder Angestellten. Ein Generaldirektor darf sich nicht bewerben, da muß diplomatisch vorgefühlt werden. Die Konkurrenz ist ja auf dem laufenden. Keineswegs aus Interesse am Klatsch, sondern lediglich aus dem Grund der puren Selbsterhaltung. Sie ist ja bestrebt, einen großen Könner an sich zu binden, und andererseits will sie auch wissen, was der Mann bei der anderen Firma zu tun gedenkt.

So war es auch beim Krach in Wiener Neustadt. Und da Grünenwald genau wußte, daß die Herren von der Bodenkredit-Bank Porsche regelrecht nachspionieren ließen, um zu erfahren, mit wem er nun Kontakt aufnehmen werde, faßte er einen Plan. Er wollte damit die Geldleute irreführen.

Den Finanziers war es nicht entgangen, daß sich sehr viele Persönlichkeiten für Porsche interessierten. Da war einmal das Projekt einer Automobilfabrik, für die Porsche als Chef vorgesehen war, und die notwendigen beachtlichen Geldinjektionen sollten damals von der Gemeinde Wien kommen. Auch Landwirtschaftsminister Schumy wollte Porsche fix an Österreich binden, und es hatten schon einige positive Kontaktgespräche stattgefunden. Und vor allem Tatra in Nesselsdorf in der Tschechoslowakei wollte den Doktor haben. Grünenwald als gebürtiger Schwabe wiederum hatte Fäden nach Stuttgart-Untertürkheim zu Daimler gesponnen. Das waren aber alles informative Gespräche und vorsichtige Fühlungnahmen, konkret war noch nicht abgeschlossen worden.

Der Coup konnte also starten. Um vier Uhr früh ließ sich Porsche wecken, Koffer wurden gepackt und im Wagen verstaut. Und ziemlich geräuschvoll fuhr Goldinger, der Chauffeur, mit dem Wagen vor. Ein Abschied, als gelte es, Wochen wegzubleiben, und dann rollte der Austro-Daimler aus dem Fabrikhof über die Triester Straße nach Wien.

Trotz der frühen Morgenstunde folgte aber ein anderer Wagen. Goldinger machte keine Anstalten, als wollte er ausreißen. Gemächlich bummelte der Wagen durch Wien und hielt vor dem Nordbahnhof. Die Koffer wurden ausgeladen, und Grünenwald mobilisierte einen Gepäcksträger. Der Spitzel war natürlich auch in der Halle, und als er hörte, daß die beiden Herren mit dem Neun-Uhr-Expreß in die Tschechoslowakei fahren wollten, setzte er sich ab. Bei seinen Auftraggebern angekommen, meldete er prompt: „Porsche ist zu Tatra unterwegs. Er dürfte in Nesselsdorf eine leitende Funktion übernehmen!"

Unterdessen waren Porsche und Grünenwald schon längst unterwegs. Aber nicht nach Nesselsdorf, sondern nach Stuttgart. Mit dem Taxi hatten sich die beiden vom Nordbahnhof zum Westbahnhof bringen lassen, und mit dem Mittagszug waren sie dann abgefahren.

Auch in einem anderen Lebensabschnitt des Konstrukteurs spielte der Architekt eine wichtige Rolle. Das Allround-Genie Porsche hatte sich von einem überschweren Motorboot, dem „Argonaut", einen großen Erfolg versprochen. Doch dieses schwere, vierzehn Meter lange Boot, das mit dem Austro-Daimler-Flugmotor für die damalige Zeit phantastische Geschwindigkeiten erreichte, blieb ein Einzelstück. In der Nachkriegszeit, in den Tagen der Geldentwertung, da man für Millionen nicht einmal einen Laib Brot bekam, war der Absatz für so ein Luxusschiff nicht gegeben.

In Hard am Bodensee war der „Argonaut" vom Stapel gelassen worden. Porsche hatte mit dem Boot Probefahrten unternommen, und selbst auf der Donau knatterte dieser Kajütenkreuzer stromauf. Die Fahrt führte bis Dürnstein, und dort gab es einen Motorenbrand...

Wenn sich der Doktor etwas in den Kopf gesetzt hatte, dann mußte es unter allen Umständen zu Ende geführt werden. So war es auch bei diesem Motorboot. Auf dem Bodensee, bei einem heftigen Sturm, wurde der „Argonaut" nochmals getestet. Das Wetter wurde aber noch schlechter. Das Motorboot schlingerte, stampfte, nahm Wasser — tuckerte aber brav weiter.

Der Sturm steigerte sich zum Orkan. Ein Segler, der dem Ufer zustrebte, kenterte vor den Augen der Motorbootbesatzung. Der Mann ertrank in dem aufgepeitschten See. Nun wollte auch Porsche umdrehen, doch als bei diesem geplanten Wendemanöver die Wellen von der Seite gegen die Bordwand krachten, legte sich der „Argonaut" gefährlich auf die Seite. Die schnittige Mahagoni-Jacht mit den schweren Messingbeschlägen drohte zu kentern.

Grünenwald sah schon seine letzte Stunde kommen. Ihm war alles gleichgültig, sein Leben schien keinen Pfifferling wert. Da setzte Porsche alles auf eine Karte, riß mit aller Kraft das Ruder herum, und tatsächlich, ohne zu kentern, wendete das Motorboot. Ausgepumpt und zu Tode erschöpft gingen die „Seefahrer" am Bootssteg in Hard längsseits.

Porsche war schon einige Zeit bei Daimler in Untertürkheim, als der Depeschenbote bei Grünenwald klingelte. Das Telegramm war kurz, und Porsche bat seinen Freund, er möge doch das Motorboot zum Plattensee bringen. Eine abenteuerliche Reise begann: der „Argonaut" wurde auf zwei Waggons verladen und fuhr quer durch Österreich zur Pußta. Doch auch dort war das Boot nicht anzubringen. Schließlich interessierte sich ein österreichischer Erzherzog, und nach einem Briefwechsel mit Porsche schien auch der Preis perfekt.

Als Verhandlungspartner fungierte aber des Erzherzogs Hofmeister. Die Zeiten waren schlecht, und der Majordomus wollte daran auch etwas verdienen. Porsche winkte aber ab; das Feilschen war ihm zuwider. Er ließ sich nicht darauf ein, obwohl er das Geld dringend gebraucht hätte. Wiederum wurde der „Argonaut" verfrachtet und ratterte auf dem Schienenweg nach Westen. Das Luxusboot gondelt nach Berlin und wurde in Havel zu Wasser gelassen. Endlich fand sich dort ein Käufer...

Die ersten Wochen während seiner Tätigkeit bei Daimler in Stuttgart wohnte Porsche in einem Bungalow, wollte aber in eine Villa einziehen, und diese sollte auch auf einem besonders schönen Platz stehen. Stundenlang waren Grünenwald und Porsche unterwegs, und bald hatten die beiden ein wunderschönes Plätzchen gefunden. Das Areal gehörte aber der Stadtgemeinde Stuttgart, und der Magistrat wollte die Fläche nicht hergeben. „Das bleibt ein Aussichtsplatz!" entschieden die Stadtväter, und auch zwei Cousins des Architekten, die in höchsten Stellungen saßen, konnten die Stadtverwaltung nicht umstimmen.

Erst nach der siegreichen Targa-Florio schmolz das Eis der Stadt-Honoratioren. Nach dem begeisterten Empfang, der dem frischgebackenen Mercedes-Direktor in der schwäbischen Metropole bereitet wurde, gab die Stadtverwaltung den Bauplatz frei. In enger Zusammenarbeit mit seinem Lehrer und Freund Professor Bonatz baute Grünenwald die große Villa am Feuerbacher Weg. Und die Garage, in der vier große Tourenwagen Platz fanden, sollte zur Geburtsstätte des Volkswagens werden.

Im Jahre 1929, als Porsche bei Daimler-Benz ausschied, war Grünenwald in Budapest, wo er große Fabriken baute. Zufällig kam ihm eine Wirtschaftszeitung in die Hände, und erstaunt las Grünenwald einen kleinen Artikel. Darin wurde in knappen Worten berichtet, daß Direktor Dr. Porsche mit Mercedes seinen Kontrakt gelöst habe. Zu diesem Zeitpunkt amtierte der Doktor aber noch in seinem Büro in Untertürkheim. Eine typische Zweckmeldung, wie es sie schon immer gab und auch in Zukunft geben wird . . .

In Steyr war es wiederum Grünenwald, der für seinen ruhelosen Freund eine neue Villa baute. Dann wurden die Bindungen zwischen den beiden Männern wieder loser; Porsche war mit seinen zahllosen Projekten beschäftigt, und Grünenwald avancierte zu einem der bekanntesten Industriearchitekten im deutschsprachigen Raum. Er baute für den berühmten Flugzeugkonstrukteur Ernst Heinkel ein hypermodernes Werk in Marienehe, und auch die Bomber-Fabrik in Oranienburg stammte von seinem Zeichenbrett. Im Jahre 1937 nahm dann Porsche mit Heinkel Kontakt auf, um seinen alten Haus-Architekten wieder an sich zu binden. Die Antwort des Flugzeugkonstrukteurs: „Zuerst muß er aber bei mir fertigbauen!" Grünenwald und Porsche vereinbarten in Berlin ein Rendezvous, und mit den Damen ging man ins Theater. „Maske in Blau" stand damals auf dem Programm. Dann ging's in die Pilsner Bierstube zu Bartz, Porsche schlürfte wie üblich vor der Suppe seinen Kognak und weihte dann seinen Freund in das Volkswagen-Projekt ein.

Als Grünenwald hörte, mit welchem Aufwand dieses riesige Werk in Fallersleben gebaut werden sollte, war er gleich Feuer und Flamme. Hatte doch der Doktor bei seinen beiden Besuchen in den Vereinigten Staaten fünfzehn ausgezeichnete deutsche Fachleute mitgebracht. Architekt Eugen Grünenwald, der in Alland am Ausgang des Helenentals hochbetagt noch heute mit seinen Projekten beschäftigt ist, erinnert sich genau: „Der Doktor Porsche war mit dem alten Ford sehr gut. Die beiden waren sogar befreundet. Porsche zählte zu den wenigen, die ungehindert zu allen Abteilungen Zutritt hatten. Stundenlang saß er mit Ford zusammen und sprach über den Volkswagen. Und der Milliardär stimmte sogar zu, als Porsche ihm die besten Leute wegengagierte!"

Dieses „Wegengagieren" war kein Abwerben im eigentlichen Sinne. Es hatte ganz natürliche Gründe. Als nämlich Porsche durch die Abteilungen der riesigen Ford-Werke in Detroit marschierte, kam er mit etlichen deutschen Technikern, die wegen der aussichtslosen wirtschaftlichen Lage im Jahre 1925 ihre Heimat verlassen hatten, ins Gespräch. Als die heimwehgeplagten Techniker dann hörten, daß der berühmte Dr. Porsche einen Volkswagen in gigantischen Stückzahlen zu produzieren beabsichtigte, da wollten sie gleich mitkommen.

Der Autokönig wußte natürlich genau, daß man Menschen, die sich in einem fremden Land nicht wohl fühlen, auch mit überdurchschnittlich hohen Dollargehältern nicht halten konnte. Er gab die Spezialisten frei. Beim Abschied meinte der alte Ford ein bißchen wehmütig zu Porsche: „Einer tut mir besonders weh. Der Kesselfachmann Kunze. So eine Kapazität finden Sie auf der ganzen Welt nicht mehr!"

Am 26. Mai 1938, an diesem heißen Himmelfahrtstag, stand nun Grünenwald neben seinem Freund Ferdinand Porsche und lauschte den ermüdenden Reden, die da gehalten wurden. Der für Wolfsburg zuständige Landrat Dr. Glehn schwärmte: „Hier soll in der vollendeten Weise die hohe Ethik der Arbeit als der Urquell alles lebensbejahenden Gefühls ihren überzeugenden Ausdruck finden!"

Und der Redakteur des „Hannoverschen Anzeigers", der auf der ersten Seite des Blattes über die Grundsteinlegung berichtete, entpuppte sich als Dichter: „Eine kleine Welt wird erschaffen. In die Ruhe dieses klaren niedersächsischen Landschaftsbildes griff die Faust eines Zyklopen. Aber es ist ein moderner Zyklop, und so kennt er auch den Begriff von der Schönheit der Arbeit... Man sieht vom Festplatz aus über den Kanal hinweg, die sanft geschwungenen, waldreichen Höhen. Dort hinein wird des Deutschen Reiches modernste und schönste Arbeiterstadt gebettet werden... Glückliche Menschen, die hier ihre Heimat finden werden!"

Als die Prominenz abgefahren war, begann man mit dem Bau. Arbeiterbrigaden stampften das Werk aus dem Boden. Aber was für ein Werk! Früher war es anders: da wurde ein neuer Autotyp produziert, und dieses Auto mußte sich eben nach dem Werk und seinen Fertigungsanlagen richten. Beim Koloß von Fallersleben wurde erstmals diese Regel umgestoßen: man baute für einen bereits konstruierten Wagen eine Fabrik. Und das Werk mußte sich danach richten, seine Produktionsanlagen, der Materialfluß, die Montageeinrichtungen und die Materialdepots, alles wurde für dieses Auto konzipiert und ausgelegt.

Porsche und sein Architekt waren vom Gelände nicht begeistert: saure, sumpfige Wiesen und ein hoher Grundwasserspiegel. Es mußte Spezialzement verwendet werden, sonst hätten die Betonpfeiler Schaden genommen. Entlang der Landstraße von Fallersleben nach Hesslingen entstanden Barackenstädte. Italienische Bauarbeiter kamen nach Deutschland. Hochbauingenieure wurden abgezogen, und die wichtigsten deutschen Industrien mußten ihre besten Arbeitskräfte dem Volkswagenwerk zur Verfügung stellen.

Im Jahre 1940 konnte die Produktion aufgenommen werden. Aber erst zwei Jahre später war das Werk fertig. Das deutsche Volk klebte Sparmarken im Gegenwert von 300.000 Volkswagen. Aus dem Mittelstandsauto des Doktors wurde aber noch immer nichts: das Heereswaffenamt meldete seine Forderungen an, und die Techniker aus Zuffenhausen hatten den VW-Kübel zu bauen. Den besterprobten und preisgünstigsten Wagen der Welt — denn er mußte die Zerreißprobe des Krieges über sich ergehen lassen.

Daß dieses Wunderauto, jener nun schon legendär gewordene „Käfer", in der Nachkriegszeit einen solchen phantastischen Start haben sollte, ist vor allem einem Wirtschaftskapitän und Organisator größten Kalibers zu danken: Professor Dr. Heinz Nordhoff kurbelte die Produktion im größten Stil erst so richtig an. Er hatte das Wesen des Volkswagens erkannt, die Porsche-Idee richtig bewertet und die technischen Möglichkeiten der Großserienproduktion bis zur letzten Dezimalstelle ausgeschöpft. Wäre ein anderer Mann im Befehlsstellwerk zu Wolfsburg gesessen, dann hätte vielleicht dieser Wagen, den der Spenglersohn aus Maffersdorf ursprünglich zum Preis von 990 Reichsmark konstruierte, gar nicht so einen gewaltigen internationalen Durchbruch erfahren.

Nur eine gigantische Zahl kann über dieses Verdienst Aufschluß geben: bis Ende Februar 1966 wurden nicht weniger als 10,8 Millionen Volkswagen aller Typen — hauptsächlich natürlich „Käfer" — bei einer Tagesproduktion von etwa 7000 Stück erzeugt.

KÜBEL UND SCHWIMMER

Waren die drei ersten Prototypen und die sechzig Wagen der beiden
Vorserien einer überaus harten, methodischen Prüfung unterzogen worden — bis zum Jahre 1945 sollte der Volkswagen eine Belastungsprobe
durchmachen wie kaum zuvor ein anderes Vehikel in der Automobilgeschichte. Und so unpopulär es auch klingen mag: der Krieg bietet die
beste Gelegenheit, einen Wagen bezüglich Leistung, Dauerhaftigkeit und
Qualität zu prüfen.

Für militärische Zwecke wurden vom Volkswagen etliche Varianten
gebaut. Es waren die besten Kriegsautos, die es damals auf der Welt
gab. Der luftgekühlte Porsche-Motor bewährte sich mit einem zusätzlichen Öl-Luft-Filter in den afrikanischen Wüsten; wo andere Kraftfahrzeuge hoffnungslos im Sand festsaßen und erst mühsam ausgeschau-
felt werden mußten, hoben vier Soldaten den leichten Kübel zur Seite
und fuhren weiter.

In den russischen Winterschlachten retteten die Porsche-Kübel so manchem Landser das Leben. Wo die schweren, teuren Geländewagen nicht
mehr ansprangen, weil der Kühler eingefroren war, schnurrte der
Porsche-Motor munter drauf los, wenn sich der Anlasser einige Male
gedreht hatte. Alles an dem Wagen war leicht, einfach und überlegt. Er
war nicht umzubringen.

Schon im Jahre 1939 hatten die Offiziere des Heereswaffenamtes bei
Porsche angeklopft: aus dem VW sollte ein Kübel entwickelt werden.
Um ein Militärfahrzeug zu konstruieren, brauchte man aber die Leistungsdaten der anderen beim Heer verwendeten Geländefahrzeuge. Da
die Zeit drängte und Porsche nicht erst beim Heereswaffenamt die Kon-
struktionsunterlagen der anderen Wagen einholen wollte, beschloß er,
diese Nachrichten „auf dem kurzen Weg" sich selbst zu beschaffen.

Einer seiner Ingenieure hatte einen glänzenden Einfall: er rief in der
Kaserne an, ließ sich mit dem Kommandeur einer motorisierten Einheit
verbinden, stellte sich als Mitglied des Porsche-Konstruktionsbüros vor
und bat, man möge doch die Geländewagen im Kasernenhof auffahren
lassen.

Der Offizier tat wie ihm geheißen, obwohl der Techniker ihm gar nichts zu befehlen hatte. Die Wagen wurden aufgestellt, und der Ingenieur inspizierte Fahrzeug um Fahrzeug. Er studierte die Beladepläne, und dabei kamen haarsträubende Dinge zu Tag: die Pläne waren von einem kurzsichtigen Tüftler ausgearbeitet worden, denn der eine Wagen eignete sich nur für den Transport von Nachrichtenmaterial, der zweite wiederum nur für Pioniergeräte und im dritten durften „laut Vorschrift" nur Kabelrollen transportiert werden. Und die Schirrmeister achteten wie die Teufel, daß alles seine preußische Ordnung hatte.

Nun wußte man aber bei Porsche, daß so ein Geländewagen in der Praxis viel mehr als vorgesehen mitschleppen mußte. Den Ingenieuren bereitete es daher keine großen Schwierigkeiten, den VW auf einen Kübelwagen umzumodeln. Vor allem mußte einmal der Bodenabstand verbessert werden. Man wollte dieses Problem durch Montage größerer Räder lösen, kam aber davon wieder ab. Der Kübel bekam eine andere Vorderachse, der Karosseriefachmann Kommenda konstruierte den billigen, unkomplizierten Pontonaufbau, und rechtzeitig für das große Probefahren in St. Johann in Tirol war der Kübel auch fertig.

Der Motor wurde von 1 auf 1,13 Liter aufgebohrt und die mit 22 PS konzipierte Maschinenleistung spielend auf 25 PS gebracht. Damit war auch der Zugleistungswert erbracht, den das Heereswaffenamt forderte. Der Wagen entsprach allen gewünschten Bedingungen.

Die Probefahrten mit dem VW-Kübel waren überaus beschwerlich und gestalteten sich mitunter zu regelrechten technischen Abenteuern. Da gab es Staubversuche: vor dem Wagen fuhr ein Beute-Jeep und schleppte eine Vorrichtung, die eine gigantische Wolke erzeugte. Und in diesem dichten Schmutzvorhang mußte der Kübelwagen dicht aufgeschlossen fahren und immer drinnen bleiben.

Mit dem Amphibienwagen wurde sogar auch das Kitzbüheler Horn bezwungen. Es gab nicht einmal Karrenwege, die Fahrt ging über sumpfige Wiesen, mit Geröll überlagerte Kuppen und steile Halden hinan. Auf der Rückfahrt wurde das Auto auf seine Vollgasfestigkeit geprüft: im ersten Gang, mit überdrehtem Motor, jagte der Fahrer sein Vehikel zu Tal. Es hörte sich an, als ob jeden Augenblick der Motor in Stücke fliegen würde.

Bei Vergleichsfahrten mit Wagen der Konkurrenz schnitt der billige, einfach konstruierte Porsche-Kübel ausgezeichnet ab. Es war auch ein sündteures, technisch kompliziertes allradgetriebenes Geländefahrzeug mit im Rennen, das aber im Morast nicht weiterkam. Im Tiefschnee erfüllte dieser Wagen auch nicht die Erwartungen. Der Porsche-Kübel hingegen war zuverlässig. Sogar bei minus 30 Grad, dank seiner Luftkühlung, schnurrte nach der zweiten Startdrehung der Motor los. Und fraß sich der Blechkasten im Schnee fest, dann wurde er einfach von vier Mann herausgehoben.

In den Jahren 1940 bis 1945 wurden nicht weniger als 55.000 Porsche-Kübel erzeugt. Von dieser Type wurden wieder etliche Varianten abgeleitet. Damit der Wagen in den grundlosen ukrainischen Schlammwüsten nicht hängen bleibe, bauten die Ingenieure aus Zuffenhausen den Kübel zu einer kleinen Zugmaschine um. Ohne allzu große Änderungen entstand der Typ 155: der VW-Kübel bekam zwei eiserne Antriebsräder und acht kleine Laufräder, zwei kleine Panzerketten, so daß er sogar im ersten Gang eine Panzerabwehrkanone quer durch das aufgeweichte Gelände schleppen konnte.

Der auf 1131 Zentimeter Hubraum vergrößerte Boxermotor wurde aber auch noch in einen anderen Porsche-Kübel eingebaut: in den Schwimmwagen. Dieser Schwimmer war das Paradestück der Panzerdivisionen. Dicke Spezialreifen ermöglichten es dem Fahrer, auch im Morast weiterzukommen. Drehten sich die Hinterräder durch, schaltete sich die automatische Differentialsperre ein, und mit seinem Allradantrieb sägte sich der Schwimmer nach vorne.

Die pontonförmige Karosserie bot vier Soldaten samt Waffen, Munition, zwei Reservekanistern und Verpflegung Platz. Der Auspuff am Heck war hochgezogen. Mit einem Handgriff konnte die Schiffsschraube heruntergeklappt werden, und sie rastete in der Antriebswelle ein. Selbst im Jahre 1945, als die Karosserie durch Beulen und Einschläge schon längst nicht mehr dicht war und aus allen Nähten platzte, hielt sich so ein ausgeleierter Schwimmer auf der Wasseroberfläche.

Bei einem Test für den Amphibienwagen — in einem Stausee bei Stuttgart mußten die „Schwimmer" auch zeigen, was sie im anderen Element konnten — kam es zu einem kuriosen Zwischenfall: mit Vollgas jagte der Wagen über die Böschung und klatschte wie ein Frosch in die Fluten. Doch versehentlich war der Motordeckel offengelassen worden. Es machte „gluck — gluck — gluck!", und langsam, gleichsam auf ebenem Kiel, sank der Amphibienwagen in die Tiefe. Der Fahrer erreichte schwimmend das Ufer, und er konnte von dort aus sogar das rote Kontrollämpchen der Zündung auf dem Armaturenbrett sehen.

Die Feuerwehr holte den Wagen mit einer Seilwinde an Land. Er wurde dann einfach zur Seite gekippt und wie ein Bottich ausgeleert. Einige kleine Handgriffe am Vergaser, und eine Stunde später war der „Schwimmer" wieder flott.

Im Sommer 1944 wurde in Rastenburg der Typ 82 vorgeführt: ein Kübelwagen, der ein 3,7-Zentimeter-PAK-Geschütz schleppen konnte. Um drei Uhr morgens war Porsche-Neffe Ingenieur Herbert Kaes mit dem Wagen in Stuttgart losgefahren, und pünktlich am Nachmittag traf der Testwagen an seinem Bestimmungsort ein. Als Kaes durch Pommern fuhr, wurde das Heulen der Wölfe gehört...

Der Kübelwagen entpuppte sich während des Krieges zum Universalfahrzeug: in Rechlin, der großen Luftfahrt-Versuchsanstalt, schleppte er sogar den ersten Düsenjäger. Man wollte das aerodynamische Verhalten der neuen Maschine erfahren, und deshalb mußte der Prototyp auch einige Male in voller Fahrt über die Startbahn gezogen werden. Es gab wohl stärkere Fahrzeuge, aber die Versuchsingenieure der Luftwaffe mußten Benzin sparen. Der Kübel war billig im Betrieb, leistungsfähig und vor allem robust.

So wurde er indirekt zu einem der Geburtshelfer des Düsenzeitalters.

Ingenieur Kaes hat heute noch in seiner Bibliothek einen dicken Band abgelegt, der Seltenheitswert besitzt: die Erprobungsprotokolle der VW-Prototypen und ihrer zahlreichen Varianten. Über alles wurde da ganz genau Buch geführt. Mit geradezu tüftlerischer Genauigkeit ist in diesen Aufzeichnungen nicht nur Benzin- und Ölverbrauch festgehalten, sondern es ist daraus ersichtlich, wo und durch wen der Wagen gefahren wurde, welche Reparaturen notwendig waren; jeder Schnaufer des Motors ist für die interessierte Nachwelt festgehalten. So hat Kaes beispielsweise sehr lange den Versuchswagen Nummer 15 mit dem Kennzeichen III-A-37015 gefahren. Übrigens mußten die Fahrzeuge nach Abschluß des Testprogramms abgewrackt werden. Die Statuten hatten die Maßnahme vorgesehen.

Das Demolieren der Vorserienfahrzeuge war eine sehr traurige Angelegenheit. Mit Vorschlaghämmern und Äxten wurden die Karosserien zertrümmert, und einige Tester versuchten, die Wagen auf steilen Feldwegen „standesgemäß" zuschanden zu fahren, was aber nicht immer gelang. Porsche-Neffe Herbert Kaes trennte sich besonders schwer von seinem VW-30 Versuchswagen. Der Veteran hatte immerhin 140.000 Kilometer auf dem Buckel und das hauptsächlich nur auf schlechtesten Straßen.

Über 17.000 Amphibienfahrzeuge wurden gebaut. Und selbst heute noch kann man diese Kriegsveteranen bewundern, wenn sie mit Vollgas über einen Alpensee tuckern. So manche Bauern hatten in den letzten Kriegstagen den Schwimmer in ihren Scheunen versteckt und erst nach einigen Jahren wieder flottgemacht. Ein Arzt aus Wiener Neustadt startet damit heute noch zu Amphibien-Bewerben.

Ein zeitbedingtes Kuriosum war der Volkswagen aus dem Jahre 1944: ein Holzgas-Zwitter. Damals war in Deutschland Benzin rar, die alliierten Bomberflotten zertrümmerten Raffinerien und Hydrierwerke. Holz gab es aber genügend. In den vorderen Kofferraum setzten die Porsche-Ingenieure einen Holzgaskessel, das Dach diente gewissermaßen als Transportbühne für die Säcke mit den Holzscheiten. Es wurden allerdings nur sehr wenige Holzgas-Wagen gebaut. Manche fuhren bis Anfang der fünfziger Jahre.

Im Februar 1945 beschäftigten sich die Konstrukteure mit einem Lieferwagen. Es gab nur wenig Rohmaterial, es mangelte an Fertigungseinrichtungen. Kurzerhand sägte man die VW-Karosserie unter dem Heckfenster bis zum Türpfosten ab und montierte einen Latten-Aufbau. Die Deutsche Reichspost setzte diesen Wagen für Paketzustellung ein.

Alle diese Fahrzeuge hatten den aufgebohrten 1131-Kubikzentimeter-Motor. Er bewährte sich phantastisch. In Rommels Wüste wurde er nicht zu heiß, in der Halbarktis Nordnorwegens und in den russischen Winterschlachten nicht zu kalt. Wo die schweren Beiwagenmaschinen nicht mehr weiterkamen und die Räder der schweren Kübel im grundlosen Morast der Mittelfront und im pulverisierten Boden ausgedörrter Sonnenblumenfelder ohne zu greifen durchdrehten, fraß sich der leichte Porsche-Kübel vorwärts.

Der Volkswagen hatte schon im zweiten Weltkrieg seine Feuerprobe bestanden, in einer Dauerprüfung, in die man ihn hatte gar nicht schicken wollen.

154

DER PORSCHE-TIGER

Der Wagen, den Ferdinand Porsche für den kleinen Mann aus dem Volke hatte konstruieren wollen, wurde nun in Fallersleben erzeugt. Aber kein einziger KDF-Sparer hatte bisher seine Motorenkraft unter dem Gashebel verspürt, sondern die genagelten Knobelbecher gehetzter und erschöpfter Frontsoldaten traten in die Pedale. Aus dem im Ulrichsbau in der Stuttgarter Kronenstraße entwickelten Volkswagen, der seinen Besitzern Freude und Entspannung bringen sollte, war ein plump aussehendes Kriegsfahrzeug geworden.

Dabei wollte Porsche schon früher einen noch schnelleren Wagen bauen. Gewissermaßen den Sport-VW: ein Auto mit den wesentlichen Konstruktionsmerkmalen des KDF-Wagens, aber mit einer eleganten, windschlüpfrigen Karosserie. Die Deutsche Arbeitsfront war von diesem Projekt nicht begeistert, und mehrere Vorstöße des Professors waren vergeblich. „Ein Sportwagen ist kein Wagen fürs Volk!" lautete die Antwort, und man bedeutete dem Erfinder, er möge sich doch solche Gedanken aus dem Kopf schlagen.

So entschloß sich der Konstrukteur, auf eigene Faust eine Sport-Version zu bauen. Der Wagen bekam einen 1,5-Liter-Motor, und auf das VW-Chassis wurde eine einsitzige Karosserie geschraubt. Mit seiner 46-PS-Maschine erreichte dieser Flitzer immerhin eine Spitze von 140 Stundenkilometer!

Im Frühjahr 1939 kam dann die Deutsche Arbeitsfront auf den Geschmack. Für September war nämlich eine Sternfahrt Berlin-Rom ausgeschrieben worden, und etliche Firmen wollten diesen Bewerb mit neuen Wagen beschicken. Die drei Sport-VW-Prototypen — von den Technikern „Berlin-Wagen" genannt — sollten nun starten und auch im Ausland für das KDF-Auto die Propagandatrommel rühren.

Doch aus dem Projekt wurde nichts; der Krieg kam dazwischen. Die drei „Berlin-Wagen" erlebten ein wechselvolles Schicksal. Das erste Fahrzeug stand in einer Stuttgarter Garage, wurde zerbombt und verschwand auf Nimmerwiedersehen. Der zweite VW-Sportwagen wurde von

Ferdinand Porsche nach Zell am See geschickt und im Schütt-Gut einquartiert. Nach dem Einmarsch der Alliierten stöberten es dort die Amerikaner auf und entdeckten bald seine Qualitäten.

Da es sehr heiß war, sägten die Soldaten einfach das Dach ab und fuhren kreuz und quer in der Gegend herum. Auf den Gedanken, doch einmal den Ölstand zu prüfen, darauf kam keiner. Man kurvte so lange mit dem „Berlin-Wagen", bis es einen Kolbenfresser gab. Dann wurde das Auto ausgeschlachtet.

Der dritte „Berlin-Wagen" überlebte den Krieg, und ein Innsbrucker Automobilsportler, der einarmige Otto Mathé, hegte dieses technische Juwel in mustergültiger Weise. In der Nachkriegszeit fuhr er mit dem Sport-VW einige Rekorde und übergab dann den Wagen der Firma in Stuttgart. So kommt es, daß man noch heutzutage den „Berlin-Wagen" im Porsche-Museum in Zuffenhausen bewundern kann.

Der Traum vom Volkswagen hatte sich also zerschlagen. Der Kübelwagen wurde erzeugt, und das neue Werk in Fallersleben war zur Rüstungsfabrik ersten Ranges geworden. Teile für den zweimotorigen Bomber JU-88 entstanden in Fallersleben, hochbrisante Minen wanderten über die Förderbänder, wichtige Elemente für Panzer wurden von den mächtigen Maschinen bearbeitet, und allerlei Kriegsgerät verließ den riesigen Gebäudekomplex.

Polen war in achtzehn Tagen überrollt worden, und in einem einzigartigen, sechs Wochen lang währenden Blitzkrieg hatten die deutschen Panzerdivisionen das französische Heer besiegt. Porsche war damals viel unterwegs. Er überwachte in Fallersleben die Kübelwagenproduktion, war bei den Probefahrten mit dem Schwimmwagen dabei und verbrachte die meisten Nächte im Schlafwagen, da er von einer Sitzung zur anderen fahren mußte und keine Zeit verlieren durfte.

In der dritten Maiwoche 1941 rief die Adjutantur Hitlers bei Porsche an und ersuchte, der Doktor möge sich den 26. Mai für einen wichtigen Termin freihalten. Für diesen Tag sei eine Besprechung auf dem Berghof bei Berchtesgaden angesetzt.

Außer Porsche wurden auch einige andere Herren zu dieser Besprechung befohlen: Reichsminister Dr. Todt, dem das gesamte Waffen- und Rüstungswesen unterstand, Oberst Phillips und Oberstleutnant von Wildke vom Heereswaffenamt, Oberbaurat Kniekampf von der Rüstung und Reichsamtsleiter Saur vom Ministerium für Bewaffnung und Munition. Auch Direktor Hacker von Steyr-Daimler-Puch war zu dieser Besprechung zitiert worden*).

Bei dieser Sitzung wurden grundsätzliche Bewaffnungsfragen erörtert. Unter anderem forderte die Panzertruppe einen neuen Kampfwagen, der gewissermaßen als „Spitze" in den schnellen Verbänden fungieren sollte. Ein Kettenfahrzeug mit viel stärkerer Panzerung, einer Höchstgeschwindigkeit von mindestens vierzig Stundenkilometer und einer Kanone mit erhöhter Durchschlagsleistung.

Mit diesen neuen Kampfwagen sollten die Panzerdivisionen verstärkt werden. Jede Division sollte anfangs nur wenige solche Fahrzeuge bekommen. Dies würde aber genügen, die Überlegenheit der deutschen Panzerwaffe gegenüber den britischen und französischen Modellen zu gewährleisten. Die russische Panzerwaffe aber war von allem Anfang an von den deutschen Strategen unterschätzt worden — als der T-34 erstmals in das Frontgeschehen eingriff, hielt ihn das Oberkommando der Wehrmacht für ein den deutschen Typen weitaus unterlegenes Fahrzeug ...

Auch der sowjetische Geheimdienst war vom Deutschen Generalstab unterbewertet worden: die Russen wußten nämlich ganz genau, was in den Rüstungsfabriken im Reich erzeugt wurde. Ein kleines Detail mag das ein wenig näher beleuchten: als wenige Wochen nach dem Abschluß des Nichtangriffspaktes zwischen Ribbentrop und Molotow eine sowjetische Militärdelegation deutsche Truppeneinheiten besichtigte, wollten die Russen immer wieder „den letzten deutschen Panzer-Typ" sehen. Doch der Panzer IV, wie er damals genannt wurde, konnte ihnen nicht gezeigt werden. Er existierte nur in vagen Umrissen auf dem Zeichenbrett. Schließlich wurden die russischen Offiziere ärgerlich und sprachen bei der deutschen Begleitung vor: „Man hat versprochen, uns alles zu zeigen. Sie verheimlichen uns den größten deutschen Panzer. Warum wird er nicht gezeigt?"

Der Generaloberst, der sich das von den russischen Stabsoffizieren sagen lassen mußte, war verdattert. Vom Typ IV wußte selbst er noch nichts!

Bei dieser Sitzung auf dem Obersalzberg wurde ausführlich über das

---

*) Siehe Anhang: „Geheime Kommandosache" vom 26. Mai 1941. Besprechung auf dem Berghof.

Panzerproblem diskutiert. Hitler erläuterte in längeren Ausführungen die Gründe, die zu einer Steigerung in Panzerstärken und Durchschlagsleistungen der Kampfwagen-Kanonen zwangen. Er wies auf die Bestrebungen der Engländer hin, die ihren bei Dünkirchen unterlegenen Mark II verstärken ließen, weil er mit seiner Vier-Zentimeter-Kanone gegen die deutschen Panzer nichts ausrichten konnte.

Es war eine hitzige Sitzung, bei der auch die Munitionslage diskutiert wurde. Für qualitativ hochwertige, panzerbrechende Granaten war unbedingt Wolframstahl erforderlich. Für eine einzige Panzergranate vom Typ 40 war aber etwa ein Kilogramm Wolfram notwendig. Reichsminister Dr. Todt erhob sofort Einspruch. In ganz Deutschland gebe es nur 700 Tonnen Wolfram, und von dieser Menge stünden dem Ministerium für Bewaffnung und Munition nur 260 Tonnen zur Verfügung. Es mußten daher neue Werkstoffe in Betracht gezogen werden.

Das Heereswaffenamt hatte schon einige Zeit zuvor die Baubedingungen für diese neuen Panzer ausgeschrieben. Henschel in Kassel sollte das Fahrgestell entwickeln und Krupp in Essen den Turm konstruieren. Ein riesiges Fahrzeug wurde konzipiert: Frontpanzerung 100 Millimeter, Seitenpanzerung 60 Millimeter, Höchstgeschwindigkeit vierzig Stundenkilometer, die Panzerdurchschlagskraft der Kanone mußte bei einem Mittelwert von 1400 Meter Entfernung von 100 Millimeter auf 140 Millimeter hinaufgesetzt werden. Die Panzerung des Turmes war mit 80 Millimeter ausgelegt. Mit der Kanone 0725 brachte es der Koloß immerhin auf vierzig Tonnen Gewicht.

Doch das „Panzerprogramm 41", das in Gegenwart von Porsche auf dem Obersalzberg festgelegt wurde, lehnte den Turm mit der konischen 0725-Kanone ab. Die Fahrgestelle wurden daher zu Bergepanzern und Abschleppwagen umgerüstet.

Die unzulänglichen Panzerdurchschlagsleistungen der bisher verwendeten Kanonen führten zur Forderung nach neuen Waffen. Mittlerweile hatte sich in Frankreich und Afrika die 8,8-Flak sehr gut im Nahkampf bewährt. Eine motorisierte Einheit schoß mit einem einzigen solchen Flakgeschütz in Griechenland auf 6000 Meter Entfernung innerhalb weniger Minuten drei schwere Panzer ab.

Ursprünglich wollte man schon im Jahre 1941 die 8,8-Flak serienmäßig in Panzer einbauen. Doch das stieß auf überaus große technische Schwierigkeiten. Die 8,8-Zentimeter-KwK (Kampfwagenkanone) machte einen Turmdrehkranz von 1850 Millimeter notwendig. Die Kanone vom Typ 0725 hingegen benötigte einen wesentlich kleineren Drehkranz von 1650 Millimeter Durchmesser.

Enorme Gewichte kamen da ins Spiel. Allein bei einer Frontpanzerung von 80 Millimeter und einer Seitenpanzerung von 60 Millimeter würde dann der Turm mit der 8,8-KwK um 2200 Kilogramm mehr wiegen. Deshalb bekam Krupp im Juli 1941 den Auftrag, aus der 8,8-Zentimeter-Flak eine Panzerkanone zu entwickeln, die nicht schwerer als 1310 Kilogramm sein dürfte. Das Rohr allein war fast fünf Meter lang!

Nächtelang saßen die Ingenieure an ihren Reißbrettern. Zwei neue Panzer-Typen nahmen Gestalt an: der VK-4501 von Porsche mit der 8,8-Zentimeter-KwK und der VK-3601 von Henschel mit der Kanone 0725. Da konische Rohre nicht mehr verwendet werden durften, mußte der von Dr. Porsche bei Krupp entwickelte Turm unter geringen Abänderungen auch von Henschel übernommen werden. Für andere Lösungen blieb keine Zeit*).

Diese Maßnahme erzwang bei Henschel jedoch einen Umbau des Fahrgestells. Abermals wurde der Panzer schwerer. Nun wog er schon an die fünfundvierzig Tonnen. Wegen des größeren Porsche-Turmes mußte der Großteil des Panzerkastens mit seitlichen Anbauten versehen werden. Doch der bewegliche Ketten- und Triebradschutz, der bei der Besprechung am 26. Mai 1941 gefordert worden war, funktionierte nicht einwandfrei. Die hydraulische Anlage, die diese Schürzen aus Panzerblech aus- und einfahren sollte, hatte ihre Tücken. Besonders bei schrägem, seitlichem Beschuß zeigte dieser Schutz keine besondere Festigkeit. Nach einer Vorführung am 20. April 1942 wurde beschlossen, den Ketten- und Triebradschutz nicht in Serie zu bauen.

Den Konstrukteuren blieb in diesen turbulenten Tagen keine Zeit, ihre Panzer zu entwickeln. Schon nach dem Rußlandfeldzug mußten die Porsche- und Henschel-Kampfwagen ohne vorherige Erprobung in Serie aufgelegt werden. Die starke Bewaffnung, der große Turm und die zusätzlichen Aufbauten hatten eine Verstärkung des Fahrwerkes notwendig gemacht. Zusätzliche Laufräder mußten eingebaut werden. Nun wog der Koloß schon an die 55 Tonnen. Auch die Panzerketten wurden

---

*) Siehe Anhang: Über die Konfusion im Heereswaffenamt gibt eine Richtigstellung des Majors von Below Bescheid. („Bericht des Majors von Below über die Besprechung auf dem Berghof.")

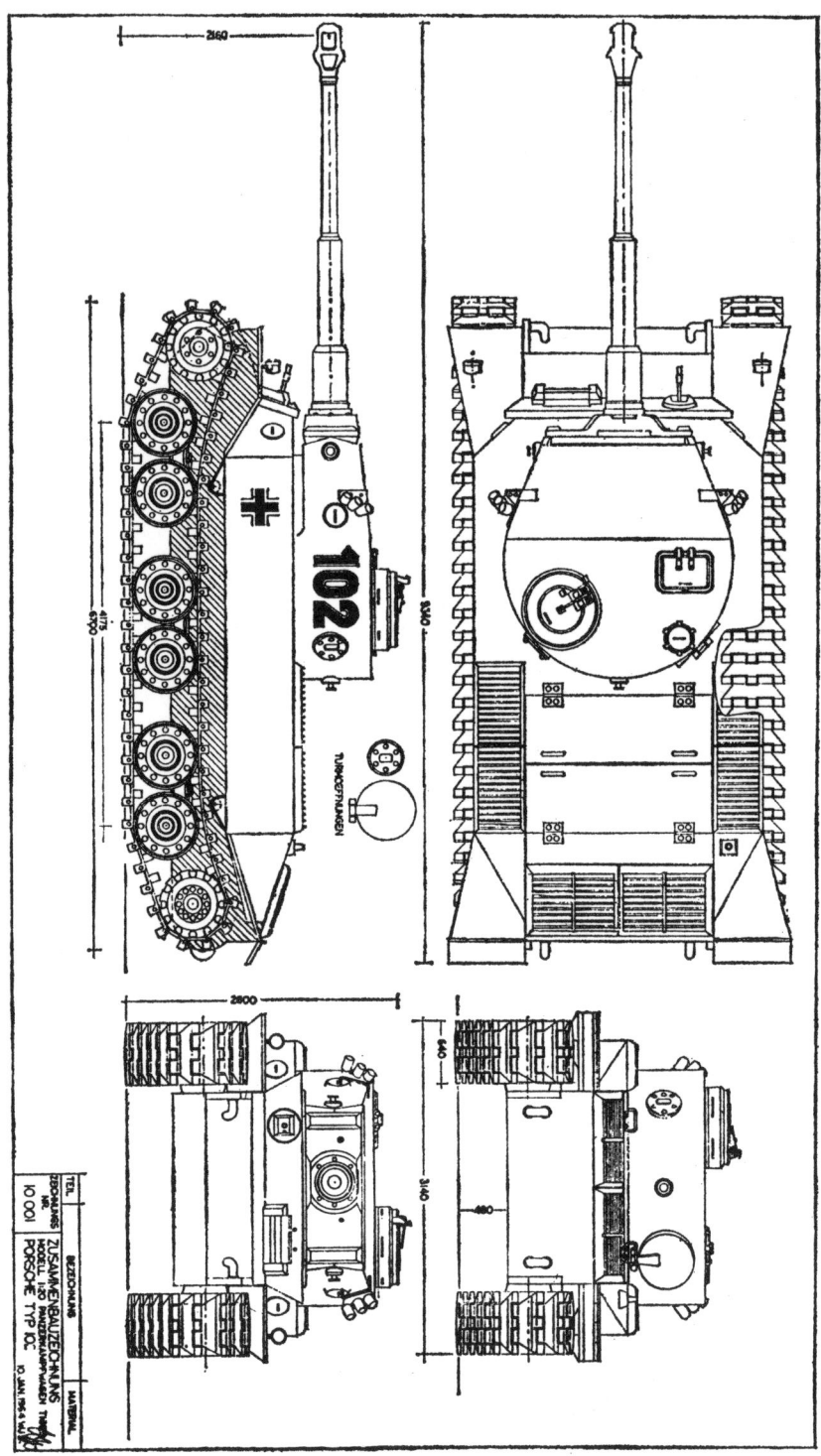

102

TURMDREHKRANZ

2160

4175

4640

5340

2600

640

3140

480

ZUSAMMENBAUZEICHNUNG
MODELL 1:20 PANZERKAMPFWAGEN TIGER
PORSCHE TYP 101

ZEICHNUNGS NR.
10 001

TEIL
BEZEICHNUNG
MATERIAL

10. JAN. 1944

AUS DEM AHNENPASS DES VOLKSWAGENS — Für NSU konstruierte Porsche
schon 1933 diesen 1,5-Liter-Wagen mit dem luftgekühlten Vier-Zylinder-Boxer-Motor
im Heck. Die Ähnlichkeit mit dem späteren Käferauto läßt sich nicht verleugnen.

FERRY PORSCHE ALS TESTFAHRER — 1935 kam Porsche junior mit seiner jungen Frau mit diesem Kabriolett nach Tübingen. Schon damals wurden die Versuchswagen einem harten Testprogramm unterzogen.

verbreitert. Hatte der Henschel-Kampfwagen in seiner ersten Ausführung noch eine Kettenbreite von 520 Millimeter, wurde er nun mit 725 Millimeter breiten Raupen ausgerüstet. Damit war aber das Eisenbahn-Verlademaß überschritten: der Panzer ragte weit über die Ladefläche der sechsachsigen Spezialwaggons heraus.

Dem Einfallsreichtum der Ingenieure waren keine Grenzen gesetzt. Für den Bahntransport wurden eigene Verladeketten aufgezogen, und auch die äußeren Laufrollen mußten abgeschraubt werden. Nur auf diese Weise konnte man den Henschel-Panzer transportieren. Ursprünglich wollte man links und rechts zwei Gleisketten nebeneinander aufziehen und die beiden äußeren Raupen beim Transport abnehmen. Von diesem komplizierten, aufwendigen Vorhaben wurde aber abgesehen.

Der Panzerkampfwagen mit dem Porsche-Turm wurde zuerst von einem Maybach-HL-21-Zwölfzylinder-Hochleistungsmotor angetrieben. Diese Maschine entwickelte 650 PS Leistung. Immerhin brachte es der Panzer auf eine Höchstgeschwindigkeit von 45 Stundenkilometer. Es gab acht Vorwärtsgänge ...

Dr. Porsche beschritt mit seinem VK-4501 technisches Neuland. Er dachte wohl an seine Landwehr-Trains und an seine überschweren C-Züge, die schon im ersten Weltkrieg den größten Mörser der Welt motorisierten. Ursprünglich wollte Porsche mit Dieselmotoren einen Generator betreiben und die Energie sollte zu Elektromotoren geleitet werden. Doch aus dem Porsche-Diesel für den überschweren Panzer wurde nichts. Dem Konstrukteur blieb keine Zeit, ein solches Triebwerk zu entwickeln.

Jeder beharrte auf seinem Standpunkt; es kam zu schweren Auseinandersetzungen zwischen Porsche und dem Heereswaffenamt. Besprechungen in Berlin und Zuffenhausen lösten einander ab. Oberst Fichtner erklärte, daß er mit dem Krupp-Turm nicht sehr glücklich wäre und für die kommende Entwicklung einen Turm brauche, der sowohl für das Henschel-Fahrzeug als auch für den Porsche-Panzerkampfwagen gleichermaßen geeignet sei. Krupp und der Rheinmetall-Konzern erhielten vom Heereswaffenamt den Auftrag, einen solchen Turm zu konstruieren.

Es war für den Automobilkonstrukteur und seine Ingenieure nicht einfach, innerhalb eines Jahres einen Panzer fertigzustellen, der besser, schneller und kampfstärker war als die Kettenfahrzeuge der Alliierten. Umfangreiche Literatur war dafür notwendig, Konstruktionszeichnungen mußten studiert werden, und vor allem war es die kritische Lage auf dem Materialsektor, die noch mitspielte. Ein Techniker aus Zuffenhausen, Oberingenieur Franz Xaver Reimspiess, wurde von Dr. Porsche in das neue Nibelungenwerk nach St. Valentin bei Steyr abkommandiert. Er hatte sich ja schon einmal mit einem Panzerfahrzeug befassen müssen.

Dieser immer fröhliche niederösterreichische Konstrukteur zählte zu den Stützen des Porsche-Büros. Ein Autodidakt der Technik, ein Selfmademan mit dem Rechenschieber. Schon in jungen Jahren stieß er zum Austro-Daimler-Generaldirektor und verdiente sich in Wiener Neustadt die ersten Sporen. Eigentlich durch einen Zufall war Reimspiess zu Daimler gekommen. Sein Vater mußte während des ersten Weltkriegs einrücken, der junge Reimspiess war gezwungen, nach Absolvierung der Hauptschule der Mutter zu helfen und hatte sich deshalb um eine Praktikantenstelle beworben.

Der junge Mann mußte Botengänge machen und Karteien führen. Diese eintönige Arbeit sagte aber dem Lehrling nicht zu. Er ließ sich als Laufbursche in das Konstruktionsbüro versetzen und zeichnete in seiner Freizeit Einzelteile für Stücklisten. Die Ingenieure lachten zuerst über den eifrigen Laufburschen und über sein Hobby. Als sie aber dann die Zeichnungen näher betrachteten, kamen sie aus dem Staunen nicht heraus. Der Fünfzehnjährige, ein begabter Zeichner, der sich auch als Karikaturist einen Namen hätte machen können, entwarf fehlerfrei die kompliziertesten Bestandteile und zeichnete auch richtig in der Perspektive.

Reimspiess wurde daraufhin als technischer Zeichner übernommen. Im Jänner 1918 rückte er ein, kam aber bald verwundet nach Wiener Neustadt zurück. Er arbeitete weiter im Konstruktionsbüro, war dann an der Entwicklung des Kabinenkreuzers „Argonaut" beteiligt und wurde im Jahre 1922 im Zuge der allgemeinen Einsparmaßnahmen — er war damals unverheiratet und hatte keine Kinder — gekündigt.

Während der Inflation eröffnete Reimspiess ein Reklame- und Zeichenbüro in Wiener Neustadt, ging aber später wieder zu Daimler. Als die Firma im Jahre 1934 mit Steyr und Puch fusioniert wurde, schied der Konstrukteur abermals aus. Er bekam zahlreiche Angebote, folgte einem Ruf von Karl Rabe, der ihn zu Porsche nach Stuttgart holte.

Ende der zwanziger Jahre aber war Reimspiess mit einer überaus delikaten Arbeit betraut worden: die Sicherheitsbehörden wollten einen Straßenpanzer, ein Acht-Rad-Fahrzeug, das mit Maschinengewehren bestückt werden sollte. Da es sich um einen Geheimauftrag handelte, wußten nicht einmal die Kollegen im Konstruktionsbüro über diesen Straßenpanzer Bescheid.

Langsam nahm dieser gegen den Einsatz von Demonstranten gedachte Acht-Rad-Wagen — der ADGZ — Gestalt an. Für die Detailausfertigung benötigte Reimspiess aber ein Maschinengewehr. Er rief beim Generalstab an und ersuchte, man möge ihm doch zu Studienzwecken ein MG schicken. Diesem Wunsch wurde auch prompt entsprochen, und zwei Tage später brachte der Postbote eine längliche, schwere Kiste, die an Reimspiess adressiert war.

Im Postbüro bei Austro-Daimler nahm man die Kiste in Empfang und der Verschlag wurde geöffnet. Die Arbeiter fielen aus allen Wolken, als sie das Maschinengewehr erblickten. In der Wareneingangsabteilung wurde sofort Alarm geschlagen. Ein ängstlicher Arbeiter, der sogleich einen Putschversuch vermutete, alarmierte den Betriebsrat. Reimspiess wurde geholt und mußte ein geradezu peinliches Verhör über sich ergehen lassen. Aber der Fall klärte sich bald auf. Die Arbeiter wurden zusammengetrommelt, und Reimspiess konnte beim besten Willen sein Geheimnis über den geplanten ADGZ nicht mehr länger bei sich behalten.

Seit dieser Episode waren aber mittlerweile zwei Jahrzehnte vergangen, und die Panzerentwicklung hatte einen ungeahnten Aufschwung erfahren. Zur Zeit des Hunderttausend-Mann-Heeres gab es im Deutschen Reich etwa zehn Panzer-Typen. Ihre Höchstgeschwindigkeit lag bei zwanzig Stundenkilometer, und Fahrten im Gelände wurden im Schneckentempo absolviert. Funkgeräte waren noch keine eingebaut, und auch die Kaliberstärken ließen so manchen Wunsch offen.

Der Panzer I mit einem britischen Fahrgestell — bei Carden Lloyd gebaut — wurde anfangs der dreißiger Jahre in Dienst gestellt. Er hatte nur einen kleinen Drehturm mit einem Maschinengewehr. 1934 folgte der Panzer II mit der Zwei-Zentimeter-Maschinenkanone. Der damalige Generalstabschef Beck, ein in Traditionen verwurzelter preußischer Offizier der alten Schule, zeigte für die moderne Technik kein Verständnis. Von Panzern wollte er nichts wissen. Er beabsichtigte, die schweren Kampfwagen als Hilfswaffe für die Infanterie einzusetzen. Von den Möglichkeiten einer offensiven, schlagkräftigen und vor allem einer selbständig operierenden Panzerdivision hielt er nicht viel.

Erst nach Überwindung großer Schwierigkeiten — der Panzerstahl war nicht zäh genug und splitterte beim ersten Einschlag wie Glas — wurden am 15. Oktober 1935 drei Panzerdivisionen aufgestellt. Die Artillerie- und Kavallerieoffiziere sahen es nicht gerne, daß ihnen die Panzer bei den Manövern den Rang abliefen.

Die jungen, vorausdenkenden Offiziere dieser neuen Waffengattung aber wurden nicht müde, für die Grenadiere Kettenfahrzeuge mit leichter Panzerung zu fordern. Die Wunschliste wurde weiter fortgesetzt, man brauchte gepanzerte Transporter für die Pioniertruppe, den Sanitäts- dienst, schnelle Selbstfahrlafetten für Artillerie-Abteilungen, für die Panzer-Abwehr und sogar Spezialfahrzeuge verschiedenster Bauart für bewaffnete Aufklärung und für die Nachrichten-Abteilungen.

Aber die Militärs der alten Schule ließen sich nicht so leicht von den Argumenten der Panzer-Leute überzeugen. Selbst im Spätherbst 1937 war man noch skeptisch. Nach dem großen Wehrmachtsmanöver vor Hitler, Mussolini, dem Marschall Badoglio, einer ungarischen Militär- mission und dem greisen britischen Feldmarschall Sir Cyrill Deverell äußerte sich der alte englische Haudegen zu einem italienischen Marschall- Kollegen: „Glauben Sie, daß die Panzer sich im Ernstfall auch so schnell bewegen wie im Manöver?"

Dieses Unterschätzen der Panzerwaffe wurde erst nach dem Polen- feldzug und nach dem Einmarsch in Frankreich revidiert. Die auf eine leistungsfähige Panzer-Produktion nicht eingestellte Industrie sollte nun Wunderdinge fertigbringen. Die Konstrukteure wurden vor unvorstell- bar schwierige Probleme gestellt: der Panzer sollte schnell sein, durfte keine hohen Aufbauten haben, der Kasten sollte nicht zu groß sein, die Kanone mußte untergebracht werden, dann mußte auch noch Platz für Munition, Ersatzteile, Treibstoff und für die fünf Mann Besatzung ein- kalkuliert werden.

Er sollte armdicke Panzerplatten haben, durfte aber nicht zu schwer werden. Vorne sollte er nicht zu breit sein, um kein leichtes Ziel zu bieten. Die riesigen Motoren mußten aber auch untergebracht werden. Die Triebwerke erzeugten Wärme, man brauchte Entlüfter und mit- unter sogar Kühlaggregate. Auf dem Reißbrett allein ließen sich diese Probleme nicht lösen. Holzmodelle wurden gebaut, um gleich in der Praxis die Raumverhältnisse zu studieren.

Im Nibelungenwerk bei St. Valentin — diese in ihrer Anlage keines- wegs ideale Waffenschmiede gehörte zum Steyr-Daimler-Puch-Konzern — wurden die ersten zwei Porsche-Tiger gebaut. Die Abmessungen dieses überschweren Panzers waren gigantisch: 57 Tonnen schwer, 6,7 Meter lang, 3,14 Meter breit und 2,8 Meter hoch. Das Ganze entsprach dem Gewicht von etwa 75 Volkswagen!

Die Spurbreite betrug 2,64 Meter, der riesige Tiger konnte gewissermaßen am Stand drehen, denn der Wendekreisdurchmesser überschritt nicht 2,15 Meter. Die Ketten waren 64 Zentimeter breit, und die Bodenfreiheit betrug fast einen halben Meter. Wanne und Turm hatten eine Zehn-Zentimeter-Panzerung, und selbst an den Flanken war der Wagenkasten mit acht Zentimeter starken Stahlplatten geschützt.

Zwei Porsche-Panzer-Motoren vom Typ 101 trieben das Ungetüm. Jeder leistete 320 PS, und zusammengekuppelt brachten sie es über das elektrische Getriebe immerhin auf 600 Pferde! Diese Konzeption wurde deshalb von Porsche gewählt, um im engen, verwinkelten Panzerkasten eine möglichst hohe Maschinenleistung unterzubringen. Die Kurbelwelle jedes der beiden Triebwerke war unmittelbar mit einem elektrischen Generator verbunden, in dem wiederum das Gebläse für die Motorkühlung eingebaut war.

Bei diesem Panzermotor handelte es sich um einen Benzin-Viertakter mit Magnetzündung. Die Zylinder waren in V-Form angeordnet, die hängenden Ventile wurden über Stößel betrieben. Der Kraftstoffverbrauch war sagenhaft: 270 Liter Benzin schluckte das Triebwerk in einer Stunde. Der Hubraum betrug 15.060 Kubikzentimeter. Die Zylinder waren aus Stahl, die Zylinderköpfe aus Leichtmetall. Motor und Generator zusammen wogen 1500 Kilogramm. Das Kühlgebläse allein brachte achtzig Kilogramm auf die Waage.

Die Lichtmaschine war gleichzeitig als Anlasser ausgebildet und wurde durch zwei 12-Volt-Batterien gespeist. Die beiden Motoren mußten nacheinander angelassen werden. Der über dem Generator liegende Haupttank faßte 580 Liter Benzin. Die Porsche-Triebwerke vom Typ 101 gingen aber nie in Serienfertigung, sie waren technisch noch lange nicht ausgereift und viel zu kompliziert.

Hitler verlangte noch dazu einen viel größeren Aktionsradius. Aber wo sollte der Professor die Reservetanks unterbringen? Allein zum Starten der Hauptmaschine war eine Anlasserleistung von 18 PS erforderlich. Heutzutage gibt es Kleinwagen, die mit achtzehn Pferden beachtliche Geschwindigkeiten erreichen...

Ferdinand Porsche waren schon zu Beginn der Tiger-Entwicklung Bedenken über die Anwendbarkeit eines mechanischen Getriebes gekommen. Daraufhin wurden elektrische und hydraulische Übertragungselemente in Erwägung gezogen. In aller Eile mußten bei der Firma Voith in Heidenheim fünfzig solche hydraulische Getriebe bestellt werden. Es wurde aber nur ein Exemplar gebaut.

Die Kette wurde vom letzten Rad angetrieben. Sie mußte auf 640 Millimeter verbreitert werden. Mit Hochdruck wurde an der Fertigstellung des Porsche-Tigers gearbeitet. Am 20. April 1942 sollte dann der 57-Tonner im Führerhauptquartier vorgestellt werden.

Obwohl in den letzten Wochen in nahezu pausenloser Arbeit der Porsche-Tiger montiert wurde, kam man nicht weiter. Doch der Vorführungstermin mußte unter allen Umständen eingehalten werden. Der noch nicht vollständig zusammengebaute Panzer wurde auf einen Tiefladewaggon verfrachtet, und noch während der Fahrt nach Ostpreußen waren die Monteure am Werk. Im Morgengrauen, als der Lastzug quer durch Mitteldeutschland dampfte, pinselten die Arbeiter den stählernen Koloß mit grauer Tarnfarbe an.

Der Porsche-Tiger war noch nicht erprobt; er war nicht einmal im Fabrikhof gefahren. Das ist ein Wagnis, auf das sich heute kein Konstrukteur mehr einlassen würde. Und als dann der Panzer vom sechsachsigen Tiefladewaggon über die Rampe rollte, kam es zu einer Panne: infolge einer undichten Brennstoffleitung brach Feuer aus. Die Flammen konnten jedoch bald gelöscht werden.

Die Reparatur stellte die Porsche-Ingenieure vor schier unlösbare Probleme: man hatte zwar alle nur erdenklichen Ersatzteile mitgenommen, aber ein Ersatzrohr für eine defekte Benzinleitung war nicht dabei. Konstrukteur Reimspiess war verzweifelt. Er hatte bis zur Vorführung nur noch wenige Stunden Zeit. Er versuchte, von einem Bahnwärterhaus aus mit dem Nibelungenwerk in St. Valentin zu telephonieren. Die Verbindung kam aber nicht zustande. Und als der Ingenieur wütend den Hörer auf die Gabel legen wollte, entdeckte er über dem Fenster eine Gardinenstange. Eine Stange aus Kupfer und innen hohl . . .

Dieses Vorhangstangerl wurde sofort abgenommen und mit einer Lötlampe zu einer improvisierten Treibstoffleitung umgebastelt. Innerhalb kürzester Zeit war der Panzer wieder flott und konnte an der Vorführung teilnehmen.

VOM „FERDINAND" ZUR „MAUS"

Die Vernunftehe, die Porsche mit dem Heereswaffenamt eingehen mußte, entwickelte sich keineswegs zur erstrebten harmonischen Arbeitsverbindung. Besonders in den letzten Jahren des Dritten Reiches artete das Arbeitsverhältnis zwischen Porsche und den Schreibtischstrategen des Rüstungsministeriums in einen zermürbenden Kleinkrieg aus. Eine Tatsache, die den alten Mann seelisch schwer belastete und in zunehmendem Maße auch verbitterte.

Ferdinand Porsche war über Vermittlung des Mercedes-Vorstandsdirektors Kissel zum Heereswaffenamt gekommen. Damals noch hatte der General der Artillerie Becker — er kannte den Autopionier noch aus dem ersten Weltkrieg und wußte auch über dessen militärische Konstruktionen sehr gut Bescheid — sehr viel zu reden. Becker war ein Fachmann, ein Militärtechniker ohne Vorurteile, ein einflußreicher Offizier, mit dem man reden konnte.

Doch Becker wurde bald abgelöst und das Ministerium für Bewaffnung und Munition geschaffen: der Chef hieß nun Fritz Todt. Der Mann, der die Reichsautobahnen gebaut und die seinen Namen tragende Organisation aufgestellt hatte, war kein bedingungsloser Ja-Sager. In hitzigen Debatten mit Hitler nannte er die Dinge beim richtigen Namen, war kein Freund der Schönfärberei und machte sich bei den Schranzen in Rastenburg bald unbeliebt. Schon im Jahre 1941 bewies er mit seinen Tabellen die Rüstungsüberlegenheit der Russen, er verfügte über genaue Daten der amerikanischen Industrie und klopfte den Herren energisch auf die Finger, wenn sie aus Liebedienerei mit Fertigungsdaten und Produktionsziffern jonglierten, die nur auf dem Papier standen.

Am 8. Februar 1942 war Dr. Todt wieder ins Führerhauptquartier befohlen worden. Erneut kam es zu einer erregten Debatte. Der Rüstungsminister bemängelte die unzureichende Ausstattung der deutschen motorisierten Divisionen. Er berichtete von Panzern, die nur deshalb abgeschossen wurden, weil man vergessen hatte, die Richtkanoniere mit einer Salbe auszustatten, die ein Beschlagen der Geschützoptiken verhindern sollte. Der Rüstungsminister zitierte Protokolle, aus denen hervorging, daß man etliche Kampfwagen sprengen mußte, weil das Motorenöl die arktischen Temperaturen nicht ausgehalten hatte und zu einer geleeartigen, schwarzen Masse verstockt war. Von Geschützen, deren Verschlüsse sich nicht mehr betätigen ließen, weil sie eingefroren waren, von Doppelsternmotoren, die nicht mehr gestartet werden konnten, weil es an Spezialöl mangelte. Von Anlassern, die einfach durchschmorten, da sie viel zu schwach waren, die Triebwerke durchzudrehen. Unschätzbares Material ging zugrunde, und das Gros der Ausrüstung mußte in diesem Kriegswinter abgeschrieben werden.

Dr. Todt erzählte auch seinem Freund Ferdinand Porsche von den Soldaten in den Schützengräben. Die Männer hatten keine Winterbekleidung, und es gab tausende Soldaten in den hartgefrorenen Schützenlöchern, die nicht einmal über Zwirnhandschuhe verfügten. Um diesem Elend wenigstens einigermaßen abzuhelfen, zeigte er zwei Modelle von Schützengrabenöfen, die nun in einem Dringlichkeitsprogramm ausgeliefert werden sollten.

Es war eine erregte Aussprache an diesem 8. Februar 1942, und Todt ließ sich von den Herren des Generalstabes auch nicht das Wort abschneiden. Er meldete sich ab, wechselte mit dem Panzergeneral Guderian noch einige Worte und übergab ihm die beiden Schützengrabenöfen. Dann verabschiedete er sich herzlich von Dr. Porsche, der ebenfalls der Konferenz beigewohnt hatte und bestieg seine JU-52, die ihn wieder nach Berlin zurückbringen sollte. Porsche stand am Flugplatz und winkte; Flugzeuge hatten es ihm schon immer angetan, und er war eigentlich mehr aus technischem Interesse auf den kleinen Feldflughafen gekommen. Mit Hitlers Flugkapitän Baur war Porsche ja schon einige Male geflogen.

Der Luftwaffenoffizier, der die ehemalige Lufthansa-Maschine steuerte, ließ die Motoren anwerfen und warmlaufen. Dann rollte die Dreimotorige zum Ende der Grasnarbe und hob an. Der Start ging ohne Zwischenfall vonstatten, und stetig gewann das Flugzeug an Höhe. Plötzlich sackte die Maschine durch, schmierte über die Tragfläche ab und zerschellte. Eine Stichflamme schoß zum Himmel, eine dumpfe Detonation folgte. Von der Dreimotorigen waren nur noch winzige, bis zur Unkenntlichkeit verformte Trümmer übriggeblieben. Keiner der Insassen hatte die Katastrophe überlebt.

Porsche beobachtete den Absturz aus der Ferne. Er war erschüttert, und kein Wort kam über seine Lippen. Der Konstrukteur hatte nicht nur einen kongenialen technischen Partner, sondern auch einen guten Freund verloren.

Als er einige Wochen später mit seinem Hausarchitekten Grünenwald über den Absturz sprach, konnte er kaum die Tränen zurückhalten. Die Hintergründe dieses Flugzeugabsturzes sind wohl nie geklärt worden. Es dürfte sich um einen Pilotenfehler gehandelt haben, wenn auch noch viele Jahre später von einem Sabotageakt gemunkelt wurde ...

Hitlers Lieblingsbaumeister Albert Speer übernahm das Reichsministerium für Bewaffnung und Munition. Das Verhältnis zwischen dem Doktor und den Bürostrategen wurde durch diese Amtsübernahme zusehends schlechter. Speer und Porsche konnten einander nicht leiden. Es kam zu Kontroversen, zu hitzigen Streitgesprächen, die von seiten des Architekten manchmal auch in Beleidigungen ausarteten. Dr. Porsche war ein unerbittlicher Kritiker, wollte es nicht widerspruchslos hinnehmen, daß das Heereswaffenamt offensichtlich andere Firmen bevorzugte und sein Konstruktionsbüro mit praktisch unlösbaren Aufgaben betraute, nur um es zu beschäftigen und den alten Mann mundtot zu machen.

Eines der markantesten Beispiele über die Tücken dieses Kleinkrieges, den die Schreibtisch-Generale gegen Porsche und seine Techniker führten, ist der Tiger-Panzer. Dieser Porsche-Kampfwagen war nun einmal nicht serienreif, und er laborierte an verschiedenen „Kinderkrankheiten", die sich aber bestimmt hätten beheben lassen. Der Tiger war ja noch nicht einmal fertig montiert und mußte bereits im Führerhauptquartier vorgeführt werden.

Speer wollte von diesem überschweren Kampfwagen mit gemischtem Antrieb nichts wissen. Die Konkurrenz hatte zur Vorführung ihren Panzer geschickt. Er war auch nicht einsatzbereit und sogar ohne Drehturm gekommen, mit einer offenen Wanne, und man konnte damit wie in einem Kabriolett fahren. Der Porsche-Tiger war aber mit Geschützturm ausgerüstet, wenn auch die Probefahrt noch auf dem Programm stand. Freilich fuhr er nicht so schnell wie das andere, viel leichtere Kettenfahrzeug, mit dem Speer gewissermaßen zum Spaß stundenlang in der Gegend kurvte. Panzerfahren war sein Hobby geworden.

Dank dem gemischten Antrieb war aber der Porsche-Tiger im Gelände überlegen. Der andere Kampfwagen, dieses „gepanzerte Kabriolett", fraß sich im Morast fest und mußte abgeschleppt werden. Der Porsche-Tiger jedoch krabbelte mit eigener Kraft aus dem Schlamm. Aber Speer ließ sich nicht von den Argumenten der Porsche-Ingenieure überzeugen: der andere Wagen wurde gebaut. Obwohl sich später herausstellte, daß man den Motor für diese Vorführung eigens hochgekitzelt hatte und das Triebwerk in der Serienausführung wesentlich weniger Leistung hergeben sollte . . .

Der Porsche-Tiger ging also nicht in Serie. Da man aber bei Krupp neunzig Panzer-Wannen fix und fertig liegen hatte, wurde er zu einem Sturmgeschütz umgerüstet. Die Typenbezeichnung lautete Jagdpanzer „Elefant“, doch die Landser hatten bald einen passenderen Namen gefunden: eine Geste für den Konstrukteur, denn das Sturmgeschütz wurde „Ferdinand“ getauft.

Obwohl der „Ferdinand“ — er stellte eigentlich eine Notlösung dar — so manchen Wunsch offen ließ, war er der einzige Kampfwagen, dessen zwanzig Zentimeter starke Stirnpanzerung von den russischen Panzerabwehrkanonen damals nicht durchschlagen werden konnte. Seine 8,8-Kanone ermöglichte es, auf eine Entfernung von mehr als drei Kilometer erfolgreich gegen Kampfwagen zu operieren.

Was aber der „Ferdinand“ für eine Einheit in der Schlacht bedeutete, erzählte einer der schneidigsten Panzerkommandeure des zweiten Weltkriegs dem Autor. Major-Ingenieur Herbert Jaschke, derzeit in führender Position im Bundesministerium für Landesverteidigung, hatte als Kommandeur einer Panzer-Abteilung längere Zeit den „Ferdinand“ gefahren. „Es war der schwerste Panzer, den wir damals hatten. Ein Fahrzeug, das dem russischen KW 2, der eine 12,2-Zentimeter-Kanone hatte, überlegen war“, erzählte Jaschke. „Aus 1200 Meter Entfernung habe ich einmal einen Treffer bekommen, es blieb aber nur eine Einbuchtung im Stahl. Bis zu hundert Schuß Munition haben wir mitgeführt. Wir sind auf den Granaten gehockt und gekniet, es war kein Platz für uns. Aber die Munition hat uns das Leben gerettet. Bei der bitteren Kälte von 52 Minusgraden hatten wir es besonders schwer. Ich setzte Wachen aller Dienstgrade in nur Dreißigminutenintervallen ein. Auch ich schob Wache. Wenn man bei diesen Temperaturen ohne Handschuhe den Turm oder die Seitenwand berührte, dann blieb die Haut am Stahl kleben. Länger als zwei Stunden durfte der Panzer nicht stehen, denn da wäre das Laufwerk steif geworden. Ich habe aber sogenannte Wärmkommandos aufgestellt. Die Männer bastelten einfache Blechtafeln zu Öfen um. Die Blechtafel wurde auf allen vier Seiten umgebogen, oben bekam die Platte Löcher, und mit Koks wurde ein Feuer entzündet. Diesen Behelfs- ofen stellten wir unter die Motoren. So kam es, daß ich alle meine Kampfwagen aus dem Kessel herausbrachte . . ."

Nach seiner Indienststellung war der „Ferdinand" der stärkste Panzer. Doch er sollte es nicht lange bleiben. Der Wettlauf zwischen Kanone und Panzerung hat im zweiten Weltkrieg zu immer schwereren Typen geführt. Man konnte die Fahrzeuge gar nicht mehr so stark panzern, daß die Geschosse die Wandungen nicht durchschlugen. Klobige, schwer bewegliche Fahrzeuge waren die Folge dieser Entwicklung, wohl Meister- leistungen der Ingenieurkunst, aber von zweifelhaftem taktischem Wert.

Da gab es Supergeschütze, die nur auf doppelgeleisigen Eisenbahn- strecken einzusetzen waren, so etwa den „Gustav" mit seinen achtzig Zentimetern Kaliber. Ein Monstrum, das unter dem Kommando eines Generals stand und hundert Mann Bedienung erforderte. Allein das Laden dauerte geraume Zeit, und bestenfalls alle 45 Minuten konnte ein Schuß abgegeben werden.

Im Führerhauptquartier hatte man für solche gigantische Waffen etwas übrig. Je ausgefallener, desto beliebter. So schwärmte Hitler von einem „fahrbaren Bunker", einem riesigen Panzer, der praktisch unver- wundbar sein und tiefe Breschen in die Front schlagen sollte. Am 8. Juni 1942 bestellte er Porsche ins Hauptquartier und entwickelte dem erstaunten Konstrukteur seine Pläne.

Die Forderungen, die er mit seinen Mitarbeitern dem Doktor stellte, waren einfach phantastisch: Speer verlangte eine 12,8-Zentimeter-Kanone mit 96 Zentimeter Rückstoß, und allein schon durch diese Auflage ergab sich ein notwendiger Turmdrehkranzdurchmesser von drei Metern! Die Frontpanzerung mußte 350 Millimeter stark sein. Auch ein Bodenpanzer gegen Minen wurde verlangt.

Durch dieses Verlangen war Porsche in ein von vornherein bestimm- tes, enges technisches Korsett gezwängt worden. Er hatte nun die 12,8-Zentimeter-Kanone mit dem großen Rückstoß und mußte darum herum einen Panzer bauen. Schon wenige Tage nach der Unterredung mit Hitler machte er sich mit seinen Ingenieuren an die Arbeit. Nach wochenlangen Konstruktionsarbeiten wurde dann ein Holzmodell gebaut, damit einmal die Raumverhältnisse erforscht werden konnten, und dann trat dieses klobige Monstrum auf einem Eisenbahn-Tieflader die Reise nach Rastenburg in Ostpreußen an, wo es am 4. Jänner 1943 Hitler, Speer und etlichen Generalen vorgeführt wurde.

Ein halbes Jahr später begann man bei der Firma Alkett mit dem eigentlichen Bau dieses Super-Panzers. Ein riesiger, stählerner Kasten entstand: neun Meter und vierunddreißig Zentimeter war das Kettenfahrzeug lang, seine Breite betrug drei Meter und siebenundsechzig Zentimeter. Und über dreieinhalb Meter war dieser überschwere Kampfwagen hoch. Doch Krupp in Essen hatte den Turm noch nicht fertig, und die erste Probefahrt ging ohne Geschütz am 23. Dezember 1943 in Szene.

Die Gesamtleitung des Projekts war dem Büro Porsche übertragen worden. Es gab einen Stapel von Berechnungen und Konstruktionszeichnungen. Die elektrische Ausrüstung kam von Siemens-Schuckert. Der Motor war von Daimler-Benz entwickelt worden, der mächtige Turm mit der überlangen Kanone kam von der Ruhr. Die stählernen Raupen des Ungetüms lieferte die Altmärkische Kettenfabrik. Dort wurde der Super-Panzer auch zusammengebaut.

Die vom Ministerium Speer gestellten Forderungen führten zum gewaltigen Gewicht von 188 Tonnen! Ein Motor mit 1200 PS Leistung mußte noch gefunden werden, und schließlich brauchte man auch ein Getriebe, das diese gigantischen Kräfte auf die Ketten übertrug.

Und dieser Super-Panzer mußte transportiert werden. Nach einer solchen Fahrt mußte ja die Straße kaputtgehen, für eine Last von 188 Tonnen gab es keine Brücken. Die rollende Festung mußte daher in der Lage sein, breite Flüsse zu passieren. Ein gepanzerter Kanonentaucher, ein fahrendes, quer durch einen tiefen Fluß watendes, schwer bewaffnetes E-Werk, das fässerweise Treibstoff schluckte.

Die klobige, viele Tonnen schwere Panzerwanne war mit der komplizierten Antriebsmaschinerie vollgepfropft. Nur an der Vorderfront hatte man ein Abteil für Fahrer und Beifahrer vorgesehen. Im Panzerkastenvorderteil lagen die Treibstofftanks, im Mittelteil links befand sich die Munition, rechts der Hilfsmotor sowie weitere Muniton, im hinteren Teil die Elektromotoren für den Antrieb der beiden Ketten.

Der mächtige Zwölfzylinder-V-Motor war im Vorderteil der Panzerwanne verankert und mit dem dahinterliegenden Generator gekuppelt. Porsche hatte bei diesem Super-Fahrzeug, das alles in der Panzerwaffe bisher Dagewesene weit in den Schatten stellen sollte, auf sein gemischtes Antriebsprinzip nicht verzichten wollen.

Die Dimensionen muten geradezu unrealistisch an. Der Geschützturm wog an die fünfzig Tonnen. Mit der Kanone war der 188-Tonner fast elf Meter lang. Eigene Eisenbahnwaggons mußten konstruiert werden, damit dieses Monstrum überhaupt befördert werden konnte. Und obwohl es sich um einen vielachsigen Tieflader handelte, kam man mit Mühe und Not durch die Tunnels. Es fehlten nur wenige Zentimeter. Gar nicht zu sprechen vom Gegenverkehr: da auch das seitliche Verlademaß überschritten war, mußten alle Züge auf dem anderen Gleis gestoppt und in Ausweichen geleitet werden. Als man den ersten Prototyp aus Berlin nach Böblingen brachte, dauerte die Fahrt einige Tage.

Der fünfzig Tonnen schwere Turm konnte für die Unterwasserfahrt auf eine Gummidichtung gesetzt werden. Ursprünglich wollte man die panzerbrechende 12,8-Zentimeter-Kanone einbauen, ließ dieses Projekt aber fallen. Ein noch stärkeres Geschütz, die 15-Zentimeter-Kampfwagen-Kanone 44-L/38, wurde gewählt, und zusätzlich bauten die Ingenieure auch eine halbautomatische 7,5-Zentimeter-Kanone in dieses gepanzerte E-Werk ein.

Zwei Maschinengewehre — eines für den Nahkampf und das andere gegen Fliegerangriffe — vervollständigten die Bewaffnung. Im Turm befand sich noch ein Granatwerfer. Ein Hilfsmotor mußte den Aufsatz schwenken und drehte die Super-Kanone in sechzehn Sekunden um 360 Grad. Eine einzige 15-Zentimeter-Granate wog an die siebzig Kilogramm. Für die Munition gab es eigene Ladehilfskräne.

Schon als das Holzmodell zusammengefügt wurde, hatte Porsche für diesen Super-Panzer einen Namen: er wurde „Maus" genannt ...

Die Triebwerke stammten aus Untertürkheim: der Daimler-Benz-MB-509-Benzinmotor und der Daimler-Benz-MB-507-Dieselmotor. Die erste „Maus" bekam einen Benzinmotor, der andere Prototyp den Dieselmotor. Alle Aggregate waren luftgekühlt, und es wurden wassergekühlte Abgaseinrichtungen angeschlossen.

Der Laie vermag sich kaum eine Vorstellung zu machen, wieviel Energie in diesem fahrbaren Elektrizitätswerk verbraucht wurde. Allein 150 PS der Leistung mußten zum Betrieb der Luftkühlung verwendet werden. Ein 8-PS-Zweizylinder-Hilfsmotor diente zur Heizung und zum Aufladen der Batterien.

Auch die anderen Elemente in der „Maus" konnten mit gewaltigen Gewichten aufwarten: der Tandem-Generator wog 3885 Kilogramm, die beiden Elektromotoren brachten zusammen 3770 Kilogramm auf die Waage. Bei 3100 Umdrehungen in der Minute verliehen sie der „Maus" eine Geschwindigkeit von immerhin zwanzig Stundenkilometer!

Die Luftkühlung war Trumpf. Porsche wollte darauf nicht verzichten: Generatoren, Elektromotoren, Seitenvorgelege und Bremsen wurden durch einen Luftstrom angeblasen.

Das Laufwerk mußte enorme Beanspruchungen aushalten. Es bestand aus vierundzwanzig Doppelrollen. Jedes der Rollenpaare war mit einer Schraubenfeder gedämpft. Bei den Rollen handelte es sich um Stahlreifen mit Gummieinlage.

Auf dem Truppenübungsplatz bei Böblingen wurde die „Maus" erprobt. Als sie unter größter Geheimhaltung nächtlicherweise vom Frachtenbahnhof durch die Stadt rollte, knackte es unter dem Straßenpflaster. Der Fahrer konnte sich zuerst dieses metallische Geräusch, das ihm durch Mark und Bein ging, nicht erklären. Am nächsten Tag bekam er dann von der Stadtverwaltung die Rechnung präsentiert: die Wasserleitungsrohre waren in Brüche gegangen. Sie hatten dem riesigen Druck nicht standhalten können.

Bei den Probefahrten wurde die „Maus" auf Herz und Nieren geprüft. Die Zugkraft, die sie entwickelte, betrug fast 200 Tonnen, gemessen an der Kette. Das bedeutete, daß der Panzer theoretisch eine Steigung von neunzig Grad hätte bewältigen können...

Es kam zu dramatischen Zwischenfällen, und für die Versuchsingenieure entpuppten sich solche Testfahrten zu lebensgefährlichen Abenteuern. Einmal fraß sich die „Maus" in einem Sumpf fest. Auf der ganzen Welt gab es kein Fahrzeug, das sie wieder flottgemacht hätte. Wie kann man einen 188 Tonnen schweren Koloß, der mit der Wanne im Morast festliegt und dessen meterbreite Ketten den Matsch zermahlen und nicht fassen, wieder an Land bringen? Keine Abschlepp-Panzer hätten dieses Kunststück fertiggebracht, und es gab auch keine Trossen, die solche Belastungen ausgehalten hätten.

So machte sich die „Maus" selbst wieder flott. Bäume wurden gefällt und die Stämme in den Sumpf geworfen. Und tatsächlich, mit dem Geländegang, buchstäblich im Zeitlupentempo, kroch die „Maus" wieder an Land. Aus einem Sumpf, der über zwei Meter tief war.

Ein anderesmal, bei einer Fahrt im steilen Gelände, schwappte der Treibstofftank über. Das Benzin strömte über die heißen Auspuffrohre, innerhalb von Sekunden stand der Motorenraum lichterloh in Flammen. Der Fahrer schaltete geistesgegenwärtig den Retourgang ein, und das Monstrum rollte zurück. Mit Lehm und Erde wurden dann die Flammen erstickt. Porsche-Techniker Ing. Zadnik war im Fahrersitz.

Einige Bürostrategen aus dem Heereswaffenamt hatten schon von allem Anfang an behauptet, daß man die „Maus" überhaupt nicht manövrieren werde können. Der Auflagedruck der Ketten sei viel zu groß; der Super-Panzer würde daher lenkunfähig sein. Porsche aber hatte schon bei der Projektierung mit dem Rechenschieber das Gegenteil bewiesen, und er wollte es auch der Kommission zeigen. Der Fahrer gab Gas, eine Kette blockierte, und im engsten Wendekreis schwenkte die „Maus" um 360 Grad. Dabei ackerte sie das Straßenpflaster auf und schob einen Berg von Steinen zu einem Wall zusammen...

Die „Maus" figurierte unter der Projektnummer 205, und die Arbeiten waren natürlich streng geheim. Nur die höchsten Militärs wußten von diesem Super-Panzer. Auch nach dem zweiten Weltkrieg wurde nur sehr wenig über den 188-Tonner bekannt. Über die Details gab es viele Jahre ein großes Rätselraten.

Es war technisches Neuland, das die Porsche-Leute beschreiten mußten. So hatte man beispielsweise auch an einen Notausstieg für die Besatzung gedacht. Es war dies eine Bodenluke, die aufgeklappt werden konnte. Bei einer Geländefahrt wurde aber einmal vergessen, die Bodenluke zu schließen. Mit voller Kraft walzte der Super-Panzer ins Gelände und kroch dann über einen steilen, lehmigen Berghang.

Die Wanne schürfte in den Boden, und plötzlich schlängelte sich eine meterdicke Lehmwurst in den Maschinenraum. Der Testfahrer konnte im letzten Augenblick noch aussteigen.

Die Flußüberquerungen — oder man sollte besser Flußunterquerungen sagen — waren faszinierend. So ein Riesenpanzer mußte ja von Brücken und anderen Übergängen unabhängig sein. Porsche hatte deshalb an zwei Luftkamine gedacht, die das quer über das Flußbett kriechende Ungeheuer mit Sauerstoff für den Motor versorgen sollten. Es gab jedoch Schwierigkeiten mit der Luftzufuhr. So bestand die endgültige Form der Taucheinrichtung aus einem einzigen Versorgungsrohr für Luftzufuhr und Notausgang für Fahrer und Funker.

Doch Porsche dachte noch weiter: sollte eine „Maus" einen Maschinenschaden haben, so hätte man sie deshalb noch lange nicht dem Feind überlassen müssen. Eine andere „Maus" würde sie abschleppen, und das dazu auf recht originelle Weise: ein Kabel wäre ausgelegt worden, der intakte Panzer startete sein Antriebsaggregat, und die im geparkten Elektrizitätswerk erzeugte Energie wäre durch die Leitung direkt zu den Elektromotoren der liegengebliebenen „Maus" geströmt. Mit eigener Kraft wäre der Panzer dann wieder flottgemacht worden.

Auch für Flußunterquerungen tüftelte Porsche ein interessantes System aus: zwei „Mäuse" wären zum Ufer gefahren. Dann hätte die Besatzung des ersten Super-Panzers die Luken dicht gemacht, ein Kabel wäre angeklemmt worden und von der abgestellten „Maus" mit Energie versorgt, wäre der erste Koloß durch den Fluß gewatet. Keine Bäche, sondern ein Strom bis zu acht Meter Tiefe wäre bezwungen worden. Beim anderen Ufer angekommen, hätten dann die Besatzungen einfach ihre Rollen getauscht. Die „Maus" am anderen Ufer hätte ihr Aggregat gestartet, die Kabel wären umgeklemmt worden, und der andere Super-Panzer könnte daraufhin zu seiner Unterwasserfahrt starten.

Doch die „Maus" war viel zu schwer. Der taktische Wert dieses Ungetüms stand in keinem Verhältnis zu dem Aufwand für die Herstellung. Schon zur Zeit, da der erste Prototyp in Böblingen am laufenden Band Wasserrohre knackte, war der 350-Millimeter-Stirnpanzer mit den neuen Hohlladungsgeschossen zu durchschlagen. Die Waffen dieser rollenden Festung hätten zwar einem mittleren Kreuzer zur Ehre gereicht; doch für direkte Ziele gab es in den immerzu wechselnden taktischen Situationen kaum eine Möglichkeit.

Der elektro-mechanische Antrieb von Porsche war schon damals die beste Möglichkeit für die Lösung des heiklen Getriebeproblems. Das Laufwerk war gut durchkonstruiert und wog nur die Hälfte des Durchschnittsgewichtes anderer Rollensysteme. Der bekannte deutsche Militärexperte und Panzer-Fachmann Major Dr. Ferdinand von Senger und Etterlin beurteilte das Projekt 205 in zwei markanten Sätzen: „Diese Entwicklung ist ein bedauerliches Beispiel für die in der Spitze mangelnde Koordinierung der Kriegsanstrengung und dadurch verursachte Vergeudung wertvollsten Materials an eine Sache, deren Brauchbarkeit ebenso zweifelhaft wie ihre technische Realisierung war. Ungeachtet dessen stellt die „Maus" eine beachtliche Konstruktionsleistung dar!"

DER VOLKSWAGEN IN DER REICHSKANZLEI — Porsche präsentiert Hitler sein Modell. Links: Bodo von Lafferentz, Arbeitsfront-Chef Dr. Ley (von Porsche halb verdeckt), neben Hitler der etwas skeptisch blickende NSKK-Korpsführer Hühnlein und ganz rechts Mercedes-Direktor Werlin.

VW-SONDERAUSFÜHRUNG VOR DER PORSCHE-VILLA – Der Berlin–Rom-
Wagen wurde leider nicht in Serie gebaut, und nur ein Exemplar überlebte das Inferno
des Zweiten Weltkriegs.

Die beiden Super-Panzer kamen niemals zum Einsatz. Die Porsche-Ingenieure verfrachteten ihre „Mäuse" nach Berlin-Kummersdorf, wo sie kurz vor dem Einmarsch der Roten Armee gesprengt wurden. Einige Wannen und Türme befanden sich im Frühjahr 1945 auf dem Versuchsplatz Meppen, wo die Krupp-Ingenieure ihre Testfahrten durchführten. Es waren nicht weniger als zehn Prototypen geplant...

Die Gigantomanie kannte keine Grenzen. Obwohl die „Maus" der schwerste Panzer war, der jemals gebaut wurde, befaßten sich etliche Krupp-Ingenieure mit anderen solchen überschweren Kampfwagen. Zu einer Zeit, da funkelnagelneue Flugzeuge auf ihren Einsatzbasen wegen Treibstoffmangels gesprengt werden mußten, beschäftigten sich die Techniker mit einem 1500-Tonnen-Fahrzeug, das mit seinem 250-Millimeter-Panzer von vier U-Boot-Dieselmotoren getrieben werden sollte.

Für Porsche jedoch war die „Maus" nichts anderes als ein technisches Experiment, das seinen Ehrgeiz beflügelte. An die taktischen Möglichkeiten dieses Ungetüms dürfte er kaum gedacht haben. Er hielt aber mit seiner Meinung nicht hinter dem Berg. Als beispielsweise auf dem Truppenübungsplatz Berka bei Eisenach ein Vergleichsfahren zwischen sowjetischen Beutepanzern und deutschen Kampfwagen in Szene gehen sollte, griff er auf seine gerade, ehrliche Art ein und düpierte Bürostrategen und Offiziere, wie es kaum ein anderer Zivilist fertiggebracht hätte.

Man hatte einen T-34 nach Berka gebracht, und bei dem Vergleichsfahren fiel der sowjetische Panzer weit zurück. Porsche ging der Sache auf den Grund und stellte bald fest, daß der Motor des russischen Kampfwagens absichtlich zusammengeritten worden war. Der Doktor verlangte einen Schlosseranzug, legte sich unter den russischen Panzer und bastelte am Motor herum. Dann wurde gestartet, und das Triebwerk gab eine wesentlich bessere Leistung.

Um seine Meinung befragt, erklärte Porsche unverblümt, daß der T-34 derzeit der beste Panzer der Welt sei. Man solle ihn nur getrost nachbauen und mit eigenen Verbesserungen versehen. So etwas aber hörte man nicht gerne. Ein sowjetischer Panzer sollte besser als deutsche Qualitätsarbeit sein? Der Kampfwagen wurde nicht nachgebaut, und Porsche bekam die sonderbarsten Argumente zu hören. Die Schreibtischstrategen redeten sich auf Materialmangel und andere Dinge aus.

Ihnen war der alte Mann schon recht unbequem geworden.

DIE PLANUNG DER BÜROSTRATEGEN

Auf Grund seiner fachlichen Qualitäten und seines technischen Fingerspitzengefühls wurde Dr. Ferdinand Porsche bald als Vorsitzender in die Panzerkommission des Rüstungsministeriums berufen. Dort machte sich der betagte Konstrukteur — er war immerhin schon siebenundsechzig Jahre alt — durch seine offene Kritik nicht sehr beliebt. Der Spenglersohn aus Maffersdorf zeigte vor Uniformen nur wenig Respekt; wenn sich ein General zeigte, behielt er demonstrativ den Filzhut auf.

Er konnte sich nicht zurechtfinden in dem Wirrwarr von Instanzen, Ämtern und Organisationen. Es herrschte ein heilloses Durcheinander. Nur zu oft wurden komplizierte technische Entwicklungen von verschiedenen Seiten weiterverfolgt, ohne daß die betreffenden Ingenieure davon etwas wußten oder sich absprechen konnten. Koordinierung war ein Fremdwort: der Konstruktionschef der Firma X in Norddeutschland hatte keine Ahnung von den Arbeiten seines Kollegen bei der Firma Y im Ruhrgebiet, der sich mit dem gleichen Problem herumschlagen mußte. Ja selbst das Heereswaffenamt tappte im dunkeln und konnte die Entwicklungsaufträge, die schon vor Jahren vergeben worden waren, kaum unter einen Hut bringen.

So kam es, daß ein Porsche-Ingenieur einen Geländewagen vorführen wollte. Er fragte den Oberst, ob er zuerst den gewöhnlichen Kübelwagen oder den vierradgetriebenen Amphibienwagen sehen wolle. Der Offizier war sehr erstaunt und meinte: „Einen Wagen mit Allradantrieb haben Sie auch? Seit wann denn? Mir ist davon nichts bekannt...*)"

Oder man konnte sich für bestimmte Konstruktionen nicht entschließen. Die Arbeiten gingen weiter, und die Folge davon war, daß wertvolle Kräfte vergeudet wurden.

Als Paradebeispiel dieser material- und kräfteverzehrenden Planung

---

*) Siehe Anhang: „Geheime Kommandosache; betrifft Brief des Herrn Reichsministers für Bewaffnung und Munition." Oberst Fichtner vom Heereswaffenamt muß im Auftrag von Speer Meldung legen, da Porsche sich über ihn beschwert hatte.

könnte man den Porsche-Tatzelwurm nennen. Schon im November 1940 hatte sich der Konstrukteur mit dem Problem eines schweren geländegängigen Bergungsfahrzeuges beschäftigt. Auf den Reißbrettern in Zuffenhausen entstanden die Entwürfe für einen siebzehneinhalb Meter langen Sattelschlepper. Seine Tiefladebrücke konnte einen Panzer aufnehmen und zur nächsten Werkstätte befördern. Der Transporter arbeitete wieder nach dem „gemischten Prinzip" und verfügte auch über eine elektrische Lenkung. Ein leistungsfähiger Dieselmotor trieb über einen Dynamo zwei Elektromotoren. Der Tatzelwurm ist aber niemals in Serie gebaut worden, obwohl die deutschen Panzerdivisionen solche Spezialfahrzeuge dringendst gebraucht hätten. Wegen Kleinigkeiten — oft wegen einer gerissenen Kette oder eines abgescherten Getriebezahnrads — blieben die Panzer liegen und mußten von den eigenen Besatzungen gesprengt werden...

Dem Porsche-Ostradschlepper erging es auch nicht anders. So sehr er sich im Gelände bewährte, in der Planung blieb er stecken. Zuerst glaubten die Bürostrategen, auf ein speziell für das schwierige russische Gelände entwickeltes Schlepperfahrzeug verzichten zu können. Polen war in achtzehn Tagen besetzt, Frankreich in sechs Wochen besiegt worden. So rechneten die Generale auch in Rußland mit einem Blitzkrieg. Doch nach den siegreichen Kesselschlachten kamen die Rückschläge. Der Gegner war unterschätzt worden. Es gab keine verläßlichen Fahrzeuge für den Nachschub. Die Wagen blieben im Schlamm stecken, und nicht einmal auf den Knüppeldämmen kamen sie weiter. So trat man erst im Februar 1942 mit dem entsprechenden Konstruktionsauftrag an Porsche heran. Er sollte mit seinen Technikern für die russischen Rollbahnen einen schweren Schlepper entwickeln.

Wenige Wochen später konnte bereits der Konstrukteur seine Pläne vorlegen: ein hoher, gedrungener Schlepper mit riesigen Eisenrädern. Auf Pneus mußte er ja verzichten, da die Rohstofflage bereits überaus kritisch geworden war. Sieben Monate nach der Erteilung des Auftrags ratterte der Riese über die Prüfstrecke. Eine beachtliche Leistung.

Der Ostradschlepper — der Entwurf basierte auf den berühmten Mörserzugwagen aus dem ersten Weltkrieg — bewährte sich ausgezeichnet. Ein Eisenrad allein wog an die 250 Kilogramm, und auch im tiefen Schlamm arbeitete sich der Schlepper vorwärts. Doch bei der Vorführung des Prototyps zeigte sich das Ministerium Speer nicht begeistert. Der

Wagen brauche zuviel Benzin, auf einen Treibstoffverbrauch von 200 Liter für 100 Kilometer könne man sich nicht einlassen, hieß es in der Vorführungskritik.

Kam schon der Auftrag mindestens ein Jahr zu spät, so ließ man Porsche weitere zwei Jahre warten. Erst dann entschlossen sich die Bürostrategen für eine Probeserie von 100 Stück, die bei Skoda in Jung-Bunzlau gebaut wurde. Die Konkurrenz lieferte ein Modell: es leistete ebensoviel wie der Ostradschlepper, hatte aber einen um zwanzig Liter höheren Benzinverbrauch. Außerdem benötigte man viele Rohstoffe, die damals schon Seltenheitswert besaßen. Besonders der Verbrauch von Kupfer war enorm.

Die Porsche-Konstruktion hingegen war einfach, robust und wenig störungsanfällig — und das mit viel weniger Kupfer! Der wie ein vorsintflutliches Ungeheuer aussehende, keineswegs schnittige Ostradschlepper ließ seinen Fahrer auch bei der grimmigsten Kälte nicht im Stich. Der Wagen hatte Allradantrieb, fünf Gänge und konnte mit voller Last eine Geschwindigkeit von vierzig Stundenkilometer erreichen. Er war von der Straße unabhängig. Er rollte über Steppen, bahnte sich dank seines hohen Bodenabstandes durch das dichte Unterholz seinen Weg, indem er kleine Bäume niederwalzte, und auch das Starterproblem war auf originelle Weise gelöst worden. Ein kleiner Benzin-Zusatzmotor diente als Anlasser: er drehte den großen Motor so lange durch, bis er ansprang. Auf diese Weise wurde sowohl Gewicht als auch Material gespart. Der Schlepper kam nämlich mit einer kleinen Batterie aus. Und für Akkumulatoren braucht man Blei, und dieses Metall war schon rar geworden.

Der Ostradschlepper wurde hauptsächlich vom Porsche-Neffen Ingenieur Herbert Kaes getestet. Das Gefährt war bei Skoda in Jungbunzlau erzeugt worden, und Kaes fungierte zugleich auch als Verbindungsmann zum Heereswaffenamt. Bei diesem Schlepper handelte es sich um eine geniale Konstruktion. Das kleine, als Anlasser fungierende Benzin-Zusatztriebwerk bestand nur aus zwei Zylindern. Es handelte sich um einen VW-Motor, den der Professor einfach halbiert hatte. Wäre Ferdinand Porsche nur ein wenig mehr Zeit geblieben, dann hätte er für den Ostradschlepper bestimmt einen leistungsfähigen, luftgekühlten Dieselmotor entwickelt. Aber so war er in seinen Terminen eingeengt und mußte mit der Konstruktion rechtzeitig fertig werden. Der Vor-

180

wurf, daß der Ostradschlepper ein enormer Benzinfresser sei, konnte schon aus diesem Grund nicht gelten.

Bei den Testfahrten auf den Truppenübungsplätzen Berka bei Eisenach und Kummersdorf bei Berlin sowie bei der Vorführung im Hauptquartier blieben die Fahrzeuge der Konkurrenz hängen. Herbert Kaes hatte sich im letzten Augenblick an das Lenkrad gesetzt, da der tschechische Fahrer als nicht genug vertrauenswürdig erschien. Und als die Fahrzeuge der Konkurrenz im tiefen Schlamm hängenblieben und der Ostradschlepper sich unaufhaltsam durch den Morast mahlte, da klatschten Speer und die Generale begeistert Beifall.

Doch aus dem Ostradschlepper wurde nichts: die Bürostrategen saßen am längeren Hebelarm. Es blieb nur bei einer 250-Stück-Serie, und den Auftrag bekam die Konkurrenz...

Das Allround-Genie Ferdinand Porsche konzipierte auch einen luftgekühlten Dieselmotor mit einer Leistung von 1000 PS. Dieses Aggregat sollte später serienmäßig in Panzer eingebaut werden: einen Sechzehnzylinder in X-Form mit 37 Liter Hubraum. Die Vorteile dieses Motors waren bestechend: das Triebwerk brauchte fast um die Hälfte weniger Platz als andere Motoren dieser Leistungsklasse.

Im Nibelungen-Werk in St. Valentin wurde dieser 1000-PS-Diesel gebaut. Er absolvierte seine Probeläufe zur allgemeinen Zufriedenheit und wurde zu Versuchszwecken in einen „Königstiger" installiert. Der Motor ging jedoch nicht in Serie. Die Produktionsanlagen waren schon angeschlagen, die Unterlieferanten kamen nicht mehr nach, und es mangelte an den primitivsten Dingen.

Im September 1942 lieferte Porsche bei der Heeresversuchsstelle zwei 30-Tonnen-Panzer ab. Die Kampfwagen waren mit 7,5-Langrohr-Kanonen ausgerüstet und hatten elektrische Lenkung. Die beiden Zehn-Liter-Motoren waren im Heck installiert und brachten es auf 500 PS Leistung.

Als die beiden Versuchsfahrzeuge vorgeführt wurden, schwärmten die Rüstungsfachleute von den gezeigten Leistungen. Stolz erstatteten sie im Führerhauptquartier Meldung und versprachen, man werde monatlich 150 solche Panzer erzeugen. Doch es wurde nichts daraus. Immer wieder verlangte man Änderungen, und schließlich sollte eine 8,8-Kanone eingebaut werden, da sich die 7,5-Langrohr-Kanone als zu wenig durchschlagskräftig gezeigt hatte.

Das letzte Panzer-Projekt stammte vom Mai 1944 und figurierte unter der Konstruktionszeichnung GSK-13101. Dieses Projekt E-25 sollte mit einer rückstoßarmen 10,5-Kanone ausgerüstet werden. Das Geschütz war schon beim Rheinmetall-Konzern in Entwicklung. Mit Maschinengewehren gespickt, sollte es eine rasante rollende Festung werden, denn die Geschwindigkeit war für 60 Stundenkilometer ausgelegt. Der Drehturm verfügte über ein automatisches 30-Millimeter-Flakgeschütz. Der Aktionsradius war für 220 Kilometer ausgelegt, und das ist sehr viel für einen Kampfwagen.

Der Vier-Mann-Panzer kam aber über das Reißbrettstadium nicht hinaus. Die angeblich so gut informierten Bürostrategen hatten die neuen amerikanischen Hohlladungsgeschosse nicht einkalkuliert, die zu diesem Zeitpunkt auch den Stirnpanzer der 188-Tonnen-„Maus" durchschlagen hätten können. Das Verhältnis zwischen Panzer und Geschoßwirkung hatte sich abermals verändert. Sogar die Panzerplatten, die man zusätzlich an manche Kampfwagen anschraubte, wurden von diesen Granaten zertrümmert.

Porsche klagte darüber, weil technisch aussichtslose Projekte gerade ihm übertragen wurden; man wollte den alten Mann beschäftigen, ihn von der Kritik ausschalten. So stimmte beispielsweise Reichsminister Speer dem Bau der „Maus" zu, obwohl er persönlich davon fest überzeugt war, daß sich so ein Mammut-Fahrzeug niemals vom Fleck werde bewegen können. Und als der erste Prototyp dann vorgeführt wurde, zwängte sich Speer selbst in den Fahrersitz und rasselte mit dem Koloß in einen Steinbruch, um ihn dort kaputtzufahren. Er drehte das Ungetüm immer wieder im Kreise, die Kette zermahlte meterhohe Felsblöcke, riß aber nicht, und auch das Laufwerk blieb intakt. Dabei hätte der Reichsminister für Bewaffnung und Munition wissen müssen, daß ein solcher Super-Panzer, der immerhin 2525 Liter Benzin in der Stunde schluckte, strategisch betrachtet ein Unsinn war.

Um Porsche endlich loszuwerden, schob man ihn auf ein totes Geleise. Er wurde befördert und in den „Rüstungsrat des Reiches" berufen. Das war aber eine Instanz, die niemals einen echten Beschluß fassen konnte. Und in diesem „Rüstungsrat des Reiches" saßen auch andere Persönlichkeiten, deren Kritik lästig geworden war und die man ausschalten wollte.

Diese Episoden zeigen es in aller Deutlichkeit: nicht Deutschland, sondern die Russen und die Amerikaner haben einen „totalen Krieg" geführt. Wenn man vom Balkan absieht — in keiner Armee gab es einen solchen Typenwirrwarr wie bei der Deutschen Wehrmacht. Die reichen Amerikaner beschränkten sich auf nur wenige Modelle. Der Jeep wurde von vielen Fabriken gebaut, und keine Schraube durfte geändert werden. Das Ersatzteilproblem war daher auf einfache Weise zu lösen. Stockte der Nachschub und ging ein Dodge-Zweieinhalb-Tonner in Bruch, dann wurde er einfach ausgeschlachtet. Jeder nahm sich, was er brauchte, und die Teile paßten. Vorderachse blieb Vorderachse, und sollte ein Getriebe seinen Geist ausgehaucht haben, so wurde eben das andere Getriebe „organisiert" und mit ein paar Schrauben befestigt.

Bei den Russen war es auch nicht anders. Der T-34 hatte verschiedene Mängel, aber auf eine Verbesserung wurde bewußt verzichtet. Man wollte die großen Serien nicht gefährden. Noch heute gibt es in der Sowjetunion ein ungeschriebenes Gesetz: ein Motor wird entwickelt, erprobt und vom Staat abgenommen. Die Zeichnungen kommen unter Verschluß. Änderungen sind nur dann möglich, wenn kein anderer Ausweg bleibt. Und für die kleinste Umstellung ist die Genehmigung des Ministers — der ebenfalls wiederum rückfragen muß — unbedingt erforderlich.

Während des zweiten Weltkrieges aber fand die deutsche Rüstung immer ein Hintertürl, um ihre Interessen durchzusetzen. Es ist verständlich, daß man das hochqualifizierte Fachpersonal beschäftigen und nicht an der Front verheizen wollte. Auf diese Weise kam es zu den abenteuerlichsten Vorfällen, die mit dem vielpropagierten „Totalen Krieg" überhaupt nichts zu tun hatten. Da wurden Flugzeuge in Großserie gebaut und gleich wieder verschrottet, weil sie unbrauchbar waren. Panzergranaten wurden nicht nach Afrika, sondern nach Rußland geliefert, obwohl sie bei großer Kälte über viel weniger Durchschlagskraft verfügten. So verrückt es auch klingen mag: die Panzerschützen hatten die Anweisung, Kartuschen einer bestimmten Type vor dem Abfeuern in die Manteltasche zu stecken, um sie solcherart anzuwärmen!

Der Panzerfachmann Generaloberst Guderian erzählt in seinen Memoiren von den Fehlplanungen der Bürostrategen. Da wurde mit Produktionsziffern jongliert, daß dem Fachmann die Haare zu Berge standen. Bei der Angabe von Kapazitätsziffern wurde nach oben abgerundet, obwohl die Werke zerbombt waren und die betreffenden Maschinen fehlten. Und bei Verlusten übte man sich in der Vogel-Strauß-

Politik. Solche Meldungen wurden verschwiegen oder kaum diskutiert. Die Wahrheit freilich sah anders aus. Vom Henschel-Tiger beispielsweise wurden im Jahre 1942 nur 83 Stück gebaut. 1943 waren es 649 Exemplare und 1944, bei allen Anstrengungen der Schwerindustrie, konnten nur 623 Kampfwagen geliefert werden. Hatte man im April erstmals einen Ausstoß von 104 Kampfwagen erreicht, waren es im Juni nur noch 75, im Juli 64 und im August ganze 6 Exemplare. Während der letzten vier Monate des Jahres 1944 verließ kein einziger Panzer die Montagehallen.

Schon allein die Zersplitterung der Unterlieferanten machte eine zügige Serienproduktion unmöglich. Die Wannen wurden in Dortmund, Essen und Königgrätz erzeugt. Die Getriebe kamen aus Friedrichshafen und aus Passau. Die Motoren aus Chemnitz und aus Friedrichshafen. Für die Gleisketten zeigten ebenfalls zwei Firmen verantwortlich. Die Treibstofftanks kamen aus Mitteldeutschland, die Pedale aus Köln, die Lüftungen aus Meissen, die MG-Blenden aus Leipzig, die Lukendeckel aus Brandderbisdorf in Sachsen, die Laufräder aus Kassel, für die noch unbearbeiteten Antriebsräder wurden gleich vier Firmen bemüht, nämlich der Bochumer Verein, die Bergische Stahlindustrie, die Ruhrstahlwerke und die damaligen Hermann-Göring-Werke in Linz. Für die Leiträder zeichneten ebenfalls vier in alle Winde verstreute Fabriken verantwortlich. Die Drehstäbe kamen aus Hohenlimburg und Wetzlar, die Lenkbremsen von den Arguswerken in Karlsruhe. Überall Fachpersonal, kostspielige Werkzeugmaschinen und komplizierte Vorrichtungen.

Im Gegensatz zu den alliierten Rüstungswerken waren die deutschen Waffenschmieden unrationell angelegt. Für den Zusammenbau eines Panzerturmes benötigte man allein sieben Tage. Die Produktionszahlen schwankten. Die Wegmann-Waggon-Fabrik in Kassel montierte im Jänner 1944 drei Tiger-Türme, im Juni 33, im August 90 und im Oktober nur noch 35 Stück!

Ferdinand Porsche war Techniker, kein Stratege. Man gab ihm die Aufgaben, und er mußte die Lösung erarbeiten. Und wenn sich der ihm persönlich sehr wohlgesinnte Panzergeneral Guderian auch beklagt, daß das Sturmgeschütz „Ferdinand" nicht einmal über ein MG für den Nahkampf verfügte, dann muß er die Verantwortlichen nicht unter den Technikern, sondern unter seinen Offizierskameraden im Waffenamt suchen, die den Auftrag für diesen Kampfwagen erteilt hatten. Sie bestellten ja lange vor dem Zeitpunkt, da der erste der beiden Porsche-Tiger auf den Waggon zur Vorführung nach Rastenburg verladen und fertigmontiert wurde, neunzig Wannen bei Krupp. Dabei war der Panzer nur einmal im Fabrikhof gefahren. Von einer Geländeerprobung gar nicht zu sprechen. Auf dem Tieflader wurde bekanntlich der Koloß angepinselt, und als der Zug Richtung Ostpreußen dampfte, spannte man erst die Ketten nach...

DER VOLKSTRAKTOR

Vor zehn Jahren gab es in Treubach im Innviertel einen alten Bauern, der zwei Mägde und einen Knecht beschäftigte. Auch Sohn und Töchter mußten kräftig zupacken, damit man mit der Arbeit fertig wurde. Vom Tagesanbruch bis in die sinkende Nacht waren alle mit der Erntearbeit beschäftigt und kamen doch nicht recht weiter.

Nun ist der Alte gestorben, die Töchter haben weggeheiratet, der junge Bauer übernahm den Hof und gründete eine Familie. Der Knecht ging ins Ausgedinge; der junge Bauer mußte allein die Arbeit bewältigen. Er kann es auch, denn er hatte seine Landwirtschaft mechanisiert. Mit zwei Traktoren bewältigt er den Löwenanteil.

Das ist nur ein Beispiel, und man könnte Legionen ähnlicher Fälle aufzählen. Die Motorisierungswelle hat die Landwirtschaft erfaßt; ihr Höhepunkt ist aber noch lange nicht erreicht.

Schon nach dem ersten Weltkrieg, also schon vor einem halben Jahrhundert, hat Ferdinand Porsche diesen Trend vorausgesehen. In Wiener Neustadt entwickelte er das „Daimler-Pferd", auch „Kraftprotze" genannt. Schleppte das Ungetüm an der verschlammten Front noch klobige Munitionskarren, kam es nach 1918 zum friedlichen Einsatz: es konnte gleich drei Pflüge ziehen.

Seit dieser Zeit befaßte sich der Konstrukteur auch mit der Motorisierung der Landwirtschaft, einem seiner Lieblingsprobleme. Doch für eine intensive Beschäftigung mit der Materie blieb ihm keine Muße, es kam nur zu Ansätzen. Erst im November 1937, als die Bindungen mit Auto-Union lockerer wurden, trat das Schlepper-Projekt in ein akutes Stadium.

Porsche entwickelte einen Traktor, dessen Dieselmotor bei 2000 Umdrehungen 12 PS leistete. Der 675 Kilogramm schwere, selbstverständlich luftgekühlte Schlepper erreichte mit voller Zuglast auf der Straße sechzehn Stundenkilometer, und seine Leistungen bei der Feldarbeit waren ebenfalls beachtlich: mit einem Mehrscharenpflug fuhr er nach der Ernte beim Stoppelstürzen noch sechs Stundenkilometer: wurden tiefe Ackerfurchen gezogen, dann tuckerte er mit 3,6 Stundenkilometer querfeldein.

Der Porsche-Schlepper hatte eine hydraulische Kupplung, was besonders wichtig war: er zog nicht ruckartig, sondern ganz weich an, wie ein Pferd, das sich mit zügiger Kraft in die Sielen spannt. Alle nur möglichen Versuche wurden mit dem Traktor unternommen: Mähen, Dreschen, Eggen, Jauchepumpen, und auch zum Futterschneiden wurde er als Antriebsquelle eingesetzt. Der Schlepper wurde in den folgenden Jahren weiter verbessert, er wurde schwerer und bekam einen stärkeren Motor. Allmählich schälte sich ein ausgereiftes Fahrzeug für die Großserie heraus.

Nach dem Volkswagen war in Zuffenhausen der Volkstraktor geboren worden.

Am 4. November 1940 schaltete sich Hitler ein und unterzeichnete einen Erlaß, demzufolge in Waldbröl im Landkreis Aachen am linken Rheinufer das größte Schlepper-Werk der Welt gebaut werden sollte.

Die Geschichte mit Waldbröl wurde aber zur Groteske. Robert Ley, der Leiter der Deutschen Arbeitsfront, wollte sich mit dem neuen Industriezentrum Waldbröl ein Denkmal setzen. Er besaß in der kleinen Ortschaft ein Mustergut. Und ausgerechnet in diesem Dorf, mitten in den Bergen, sollte das Traktorenwerk und auch die Stadt für die Arbeiter entstehen. Die Voraussetzungen sprachen dagegen: es gab viel zu wenig Wasser, die Verkehrsverbindungen waren denkbar ungünstig. Wohl führte vom Rheinufer aus eine Schmalspurbahn ins Gebirge, aber das Areal, wo das Werk entstehen sollte, berührte sie nicht. Mit schweren Lastwagenzügen war Waldbröl ebenfalls nicht zu erreichen. Wie sollte man das Material ins Gebirge schaffen?

Die Bedenken des Porsche-Hausarchitekten Eugen Grünenwald wurden in den Wind geschlagen. Ein junger Baumeister, Protegé des Reichsleiters, arbeitete für ein Honorar von 300.000 Mark ein Projekt aus. Es war weder technisch noch wirtschaftlich zu vertreten. Im Holzhaus bei Fallersleben, wo Porsche mit seinem Schwiegersohn Dr. Piëch des öfteren logierte, tauchte nun auf einmal Ley auf und setzte dem widerstrebenden Grünenwald zu, er möge das Werk doch nach seinem Geschmack bauen. Auch der Städteplaner Koller war in das Holzhaus gekommen, um das Konzept für die künftige Riesensiedlung zu erörtern.

Der Reichsleiter verfügte über nahezu unbegrenzte finanzielle Möglichkeiten. Er räumte Grünenwald alle Vollmachten ein. Er kam auch auf das Honorar zu sprechen, und als der Architekt immer noch zögerte, griff er in die Tasche und schrieb einen 100.000-Reichsmark-Scheck aus. Nun stimmte auch der hartnäckige Architekt zu und erklärte, darüber könne man reden!

An einem Sonntag kamen alle Beteiligten nach Waldbröl. Nochmals wurde das Projekt durchbesprochen. Wiederum wies Grünenwald auf die ungünstige Lage des Bauplatzes hin. Man hätte die Kleinbahn auf eine Vollbahn umspuren müssen, aber das wäre auch nur eine Notlösung gewesen. Außerdem sei eine leistungsfähige Straße unbedingt erforderlich. Ley fiel dem Architekten ins Wort und erklärte: „Die Organisation Todt wird die Straße ausbauen. Bald ist alles arrangiert. Eine Fahrbahn auf Betonpfeilern, eine Hochstraße, die weit über den Fels hinausragt, soll dort erstehen. Geld spielt keine Rolle!"

Dann entwickelte Ley seine Pläne, tat mit einer Handbewegung die Einwände Grünenwalds ab. Daß man täglich 300 Waggonladungen Material ins Gebirge transportieren müsse, schien auf ihn keinen Eindruck zu machen. Die Stadt, die man da mitten in den Bergen bauen wolle, müsse etwa 70.000 Wohnungen haben. Und nochmals: Geld spiele keine Rolle, die Finanzierung sei Sache des Staates, und Grünenwald möge sich darüber keine Sorgen machen. Als der Architekt, der immer noch nicht anbeißen wollte, das hörte, trat ihm Porsche unter dem Tisch mächtig auf die Zehen . . .

Kaum hatte Ley ausgesprochen, zerpflückte Grünenwald nochmals das Projekt des jungen Waldbröl-Architekten. Dieser bekam einen roten Kopf und wollte sich verteidigen. Doch er kam nicht zu Wort. Als Grünenwald geendet hatte, sagte Ley: „Ich habe Ihre Bedenken zur Kenntnis genommen. Sehen Sie sich nochmals das Gelände an. Der Koller soll mitgehen. Dann müssen Sie sich entscheiden. Wie lange dauert das?"

„Zwei Stunden!" erklärte Grünenwald, packte seinen Skizzenblock, stieg in den Wagen und fuhr mit Porsche-Chauffeur Goldinger ins Gelände. Zuerst hatte er noch mit Koller einen Treffpunkt vereinbart.

Schließlich fand man einen Bauplatz: eine etwa 80 Meter hohe Bergkuppe. Dieser Berg sollte abgetragen werden, zehntausende Kubikmeter Gestein hätten gesprengt werden müssen. Auf dem planierten Gelände sollten die vier riesigen Hallen erstehen, und eine eigene Materialgewinnungsanlage würde aus dem zerstückelten Berg das Baumaterial liefern — vom Schotter bis zum feingekörnten Sand.

Nach dieser Geländebesichtigung wurde in Waldbröl wieder eine Besprechung abgehalten. Ley erkundigte sich nun, was die Planierung allein kosten sollte. „Etwa vierzig Millionen Mark, vorsichtig geschätzt!" erwiderte Grünenwald und glaubte, daß der Reichsleiter nun doch zurückstecken werde. Doch Ley ließ sich nicht erschüttern und meinte trocken, daß damit alles in Ordnung gehe.

Wenige Wochen später gab dann Hitler den bereits erwähnten Erlaß heraus. Doch das größte Schlepper-Werk der Welt erstand nur auf dem Papier. Man hatte keine Arbeitskräfte, die deutsche Wirtschaft war auf Rüstungsproduktion ausgerichtet worden. So wurde das Projekt stillschweigend abgeblasen und schlief allmählich ein.

Vergessen waren die Versprechungen, die man Porsche im Überschwang der Gefühle gegeben hatte. Dabei waren seine Schlepper mit großer Umsicht und Anpassung an die damalige Wirtschaftslage entwickelt worden. Die Treibstoffrationierung spielte eine große Rolle, und der Volkstraktor konnte daher mit Benzin, Dieselöl oder sogar mit Holzgas betrieben werden. An der Vorderachse war ein Generator installiert; mit dem Porsche-Schlepper hätte man auch Energie erzeugen können.

Ein wesentlicher Faktor spielte bei dem Traktoren-Problem noch mit: ein Pferd braucht kostbare Nutzfläche. Es frißt Heu und Gras, die Streu wird für den Stall benötigt. Diese Ackerflächen hätte man für den Getreideanbau verwenden können.

Der Arbeitsfront-Chef hatte Porsche eine Liste präsentiert, auf der bereits die Produktionszahlen von Waldbröl verzeichnet waren. In den ersten Ausbaustufen wollte der Staat 100.000 Volksschlepper erzeugen, in der zweiten Phase wären es schon 200.000 Traktoren gewesen, und nach Fertigstellung des riesigen Werkes sollte der Ausstoß jährlich 300.000 Schlepper betragen.

Das war alles ein wenig überstürzt und voreilig. Von Waldbröl existierten nur einige Pläne und ein kleines Holzmodell. Die Landwirtschaft mußte noch viele Jahre auf ihre Vollmotorisierung warten. Die Devise „Jedem Bauern seinen Ackerschlepper!" ist leider heute noch nicht allgemein gültig. Die Landwirtschaft hat ihren gewünschten Mechanisierungsgrad noch lange nicht erreicht. Und der Trend zum Volkstraktor sollte sich erst zu einem Zeitpunkt durchsetzen, da Porsche schon längst zu Grabe getragen worden war.

MIT DEM VOLKSWAGEN IN DIE GEFANGENSCHAFT

Wohl kaum ein Techniker hat im Laufe seines Lebens so viele Ehrungen erfahren und Titel bekommen wie Ferdinand Porsche. Schon als Gefreiter durfte er mit dem „Gemischten Wagen" den Thronfolger Erzherzog Franz Ferdinand ins Manöver fahren, als junger Generaldirektor der Daimler-Werke erhielt er den Josephs-Orden, wurde Ehrendoktor der Wiener Technischen Hochschule, Honorar-Professor, Nationalpreisträger, Wehrwirtschaftsführer, Pionier der Arbeit, Mitglied des Rüstungsrates und Vorsitzender in der Panzerkommission.

Er stand mit den führenden Köpfen der Wirtschaft in engstem Kontakt und wußte gut Bescheid über das militärische Potential des Dritten Reiches. Über die aussichtslose Lage auf den Kriegsschauplätzen war er sich schon nach den vor Moskau steckengebliebenen Angriffen der Panzerarmeen im klaren: „Diese Materialverluste können von der Wirtschaft nicht mehr aufgeholt werden!" erklärte er einem Freund. „Unsere Rohstofflage ist hoffnungslos. Es ist nur noch eine Frage der Zeit, bis wir von den Alliierten überrollt werden!"

Das Volkswagenwerk in Wolfsburg wurde zerbombt. Der erste Angriff zerstörte das Objekt Zehn, wo die mechanischen Werkstätten und auch die aerodynamische Versuchsstation untergebracht waren. Als Porsche kurz nach 22 Uhr ins Werk kam, war er fassungslos: „Das ist der Anfang vom Ende!" sagte er erschüttert zu einem seiner Mitarbeiter.

Die Angriffe wiederholten sich. Im Frühjahr 1945 war das riesige Werk zu sechzig Prozent zerstört. Es glich einem gigantischen Trümmerhaufen. Das Deutsche Reich wurde systematisch zerbombt. Stuttgart mußte verheerende Nachtangriffe über sich ergehen lassen. Porsche verbrachte viele Nächte im D-Zug und pendelte zwischen Schwaben und Niedersachsen. Er versuchte zu retten, was zu retten war, stellte Mißstände ab, hatte mit dem Leiter der Kriegsgefangenenabteilung erregte Auseinandersetzungen und sorgte dafür, daß die russischen Soldaten, die im Werk arbeiten mußten, bessere Verpflegung bekamen. Er besorgte vier große Kessel, ließ eine zweite Küche einrichten und fuhr wutentbrannt in das Führerhauptquartier, wo er sich in erregten Worten über die mangelnde Verpflegung der Gefangenen beschwerte. „Wenn diese Menschen für uns arbeiten, dann muß man sie auch anständig verköstigen!" erklärte er Hitler.

Das hört sich heute recht einfach an, aber es war in den letzten Kriegsjahren eine gehörige Portion Mut erforderlich, solche Dinge an der richtigen Stelle unverblümt zu sagen.

Das Ministerium für Bewaffnung und Munition hatte es Porsche schon einige Male nahegelegt, er möge doch seinen bombengefährdeten Betrieb beizeiten aus Stuttgart verlagern. Doch der alte Mann winkte ab; er hielt nicht viel davon. Seiner Meinung nach konnten die Monate, die der Krieg noch dauern würde, an einer Hand abgezählt werden. Die Amerikaner standen am Rhein, die Balkanfront war in Auflösung, die Italiener hatten schon längst kapituliert, und die russischen Panzerspitzen walzten auf Ostpreußen zu.

Im November 1944 übermittelte Speer den schriftlichen Verlagerungsbefehl. Nun waren die besten Ausweichquartiere schon vergeben. Da Porsche in der Nähe seines Privatbesitzes bei Zell am See sein wollte, entschied er sich für das Städtchen Gmünd in Kärnten.

Der Betrieb in Zuffenhausen wurde geräumt, die Zeichnungen in Kisten verpackt, die Maschinen zerlegt und abtransportiert. In einem kleinen ehemaligen Sägewerk bei Gmünd, in zwei desolaten Baracken, wurde alles wieder aufgebaut. Dort war man wenigstens vom Bombenhagel verschont. Porsche zog sich allmählich zurück und verbrachte seine Tage auf dem Schütt-Gut bei Zell am See. Er war seelisch in einer argen Verfassung.

Im März 1945 erlebte Wien einen schweren Bombenangriff. Die Wohnung des Architekten Grünenwald in der Martinstraße in Währing ging in Trümmer. Einige Tage später, am 4. April, tauchte Porsche in der Martinstraße auf und verfrachtete Grünenwald und dessen Frau nach Kärnten. In einem idyllischen Seitental im Hotel Pflüglhof quartierte er die beiden ein.

Die Alliierten überschritten die österreichische Grenze. Bis spät in die Nacht saß Porsche mit seinem Freund beisammen. Es ging um die Pläne. Der Konstrukteur wollte sie verbrennen. Grünenwald redete ihm dieses Vorhaben aus. Er überzeugte den Doktor, daß die Alliierten gegen ihn Repressalien anwenden könnten.

Die Pläne waren in verlöteten Blechrollen wasserdicht verpackt. Es gab endlose Diskussionen, was man mit den Unterlagen nun machen sollte. „Ich werde sie vergraben!" beschloß Porsche. „Das können Sie nicht, tagelang müßten Sie im Wald schaufeln", erwiderte Grünenwald. „Sie dürfen auch keine Mitwisser haben. Wenn uns ein Dritter hilft, dann ist die Sache schon verloren. Sie müssen die Pläne den Engländern übergeben. Eine andere Lösung gibt es nicht!"

Und so geschah es auch, und zwar auf eine ganz andere Weise, als man es sich vorgestellt hatte. Eines Morgens kam die Frau des Architekten auf den Balkon, um nach dem Wetter zu sehen. Plötzlich tauchte eine Fahrzeugkolonne auf, die sich in rascher Fahrt dem Hotel näherte. Es handelte sich um einige Personenwagen und um einen Jeep, der an der Spitze fuhr. Am Volant des Jeeps saß ein Soldat, ein Neger.

Im zweiten Wagen saß Porsche. Er winkte dem Architekten freundlich zu und bedeutete ihm, er möge doch herunterkommen. Neben dem Doktor saß ein Zivilist, der sich freundschaftlich unterhielt und ebenfalls winkte. Grünenwald lief aus dem Haus und wurde von Porsche vorgestellt. Dabei erfuhr er, daß der Amerikaner im Regierungsauftrag nach Gmünd gekommen war: Major Frenssen, Generaldirektor von General-Motors, ein Wirtschaftskapitän, der Porsche schon von früheren Amerikareisen gut kannte. Frenssen hatte den heiklen und undankbaren Auftrag, sämtliche Konstruktionszeichnungen und Patentschriften seines Kollegen Professor Porsche zu kassieren.

Die Vorgeschichte des Frenssen-Besuchs klingt wie ein Roman. Der Generaldirektor war mit den amerikanischen Truppen nach Deutschland gekommen. Er konnte es gar nicht erwarten, bis Stuttgart besetzt war. Als er dann in das verlassene Werk nach Zuffenhausen kam und erfuhr, daß Porsche mit seinem Konstruktionsbüro nach Gmünd übersiedelt war, führte er ein Kommandogespräch mit seiner vorgesetzten Dienststelle. Mit dem Wagen raste er dann nach Frankfurt zurück, flog mit der nächsten Militärmaschine nach Salzburg und kam dann nach einer längeren Irrfahrt zum Schütt-Gut nach Zell am See. Dort stöberte er den Doktor auf und fuhr mit ihm über den Großglockner nach Gmünd.

Zwischen dem Amerikaner und Porsche — der Generaldirektor war überdies von einem Oberstleutnant des britischen Geheimdienstes begleitet — herrschte das denkbar beste Einverständnis. Man hätte glauben können, die beiden seien Freunde. Der Doktor wurde fair behandelt, und

DER PORSCHE-SCHWIMMER — Mit diesem Universalfahrzeug, dem Typ 128, wurden etliche Panzerdivisionen ausgerüstet, und noch heutzutage bezahlen Motorsportanhänger für dieses technische Unikum ansehnliche Preise.

DER WIND ALS ENERGIEQUELLE — Mit der Windkraftmaschine sollten ein-
schichtig gelegene Bauernhöfe mit Strom versorgt werden. Heute allerdings ist die
Windkraft durch die Atomenergie ausmanövriert worden.

die Alliierten versorgten ihn und seine Ingenieure mit Lebensmittel und anderen wichtigen Dingen. Grünenwald revanchierte sich und führte den Amerikaner zu einem Weindepot der Deutschen Arbeitsfront, dessen Lage nur er persönlich kannte. Man machte sich über die Zukunft keine Sorgen: Porsche stand die Welt offen. Man wollte ihn ebenso in Jugoslawien haben wie in Brasilien, wo er ein großes Werk aufbauen und in der Automobilindustrie arbeiten sollte.

Doch es kam anders. Im Juli 1945 erschien ein amerikanischer Offizier auf dem Schütt-Gut und präsentierte einen Haftbefehl. Er habe den Auftrag, so erklärte er barsch, den Konstrukteur in ein Verhörlager im Raum von Frankfurt zu bringen. Im Hinblick auf sein hohes Alter — Porsche war schon siebzig Jahre alt — wurde ihm gestattet, mit dem Wagen in die Gefangenschaft zu fahren. Der treue Goldinger ließ seinen Chef nicht im Stich, packte das Notwendigste zusammen und brachte den Doktor in das Internierungslager, in dem man schon andere Prominente festgesetzt hatte.

Drei Monate lang blieb Porsche in diesem hessischen Schloß interniert. Auch Albert Speer war dort in Haft. Jetzt setzte er sich für Porsche ein, erklärte immer wieder den Amerikanern, daß es ein Wahnsinn sei, diesen Mann festzuhalten: „Porsche hatte mit der Partei nichts zu tun. Er hat sich nur mit den ihm aufgetragenen technischen Problemen befaßt. Es ist eine Ungerechtigkeit, ihn wegen Vorfällen einzusperren, mit denen er nichts zu schaffen hatte. Laßt doch den alten Mann wieder frei!"

Die Amerikaner führten eine strenge Untersuchung durch. Ferdinand Porsche mußte Verhöre über sich ergehen lassen, Dutzende Zeugen wurden einvernommen, aber es blieb keine Handhabe, den Konstrukteur weiter festzuhalten. Er mußte also wieder entlassen werden, bekam aber die Weisung, sich von seinem Gut in Zell am See nicht zu entfernen.

Goldinger trat in Aktion und holte Porsche ab. Auf der Rückfahrt von Frankfurt machten die beiden von der Autobahn einen Abstecher, um das alte Werk in Stuttgart-Zuffenhausen zu besuchen. Doch das Gebäude war von Truppen besetzt. Porsche wollte den Kommandanten sprechen und um Erlaubnis ersuchen, sein ehemaliges Werk besichtigen zu dürfen. Er wurde nicht einmal empfangen. Der alte Mann kam sich wie ein Ausgestoßener vor; er verstand diese Handlungsweise nicht. Völlig gebrochen setzte er sich in den Wagen und fuhr zu seiner Familie nach Zell zurück.

Doch die Zeit der großen Demütigung sollte erst kommen. Im November 1945 erschien in Zuffenhausen ein hoher französischer Offizier und erkundigte sich höflich nach dem Professor. Ein Ingenieur, völlig ahnungslos, erklärte dem Besucher, daß der Chef in Zell am See sei. Der Offizier bedankte sich für diesen Hinweis und fuhr ab.

Am nächsten Tag tauchte er in Zell am See auf, das damals zur amerikanischen Besatzungszone gehörte. Doch das Schütt-Gut fand er nicht. Er kurvte noch einmal in der Gegend herum, begegnete schließlich einem Radfahrer und bat um Auskunft. „Wenn Sie zu Professor Porsche wollen", erwiderte dieser ohne Argwohn, „dann kann ich Sie führen. Ich bin der Ingenieur Kaes, und der Professor ist mein Onkel. Bitte fahren Sie mir nach!"

Der Franzose war von bestechender Höflichkeit, als er den alten Mann begrüßte. Er entschuldigte sich in gewählten Worten für die Störung, erklärte dann, er sei im höchsten Regierungsauftrag nach Zell gekommen und bat, der Professor möge doch zu einer Besprechung in das Hauptquartier nach Baden-Baden fahren. Eine technische Kommission habe für ihn einen überaus interessanten Entwicklungsauftrag vorbereitet.

Der Professor überlegte. Er zögerte, denn die Sache kam ihm nicht geheuer vor. So wurde Ferry Porsche als Kundschafter vorausgeschickt. Er fuhr nach Baden-Baden, traf dort den Obersten Meffre, den Verantwortlichen für die Industriebeaufsichtigung in der französischen Besatzungszone, und führte mit dem Stabsoffizier mehrere Besprechungen.

Die Pläne waren tatsächlich verlockend: die Franzosen erklärten, sie wollten einen Volkswagen bauen. Man würde einige Elemente des KDF-Wagens übernehmen, es sollte aber ein spezifisch französisches Fahrzeug werden, und diesen Plan könne kein anderer als Ferdinand Porsche verwirklichen.

Ferry Porsche kam wiederum nach Zell am See zurück und erstattete seinem Vater Bericht. Nochmals wurde der Plan durchbesprochen, und man war nun einstimmig der Meinung, daß es sich um ein echtes Angebot handle. Alles sei so weit gediehen, daß Porsche getrost den Vertrag unterschreiben könne.

Die Franzosen übermittelten die Reisedokumente, und Mitte Dezember 1945 machte sich der Doktor auf die Reise. Er wurde von seinem Sohn Ferry, seinem Schwiegersohn Dr. Piëch, seinem Neffen Herbert Kaes und den beiden französischen Offizieren Lecomte und Hammel begleitet. Die Gruppe fuhr mit einem VW-Kommandeurwagen und einer Volkswagenlimousine. Die Reise ging über St. Johann in Tirol, wo Kaes seine Verwandten kurz besuchte. Auch auf dem Arlberg wurde Station gemacht, und bei dieser Gelegenheit stattete man dem dort einquartierten Rennfahrer Hans Stuck einen Besuch ab. Als Stuck hörte, daß Porsche von den Franzosen zur Konstruktion eines Volkswagens eingeladen worden sei, riet er energisch ab. Er vermutete eine Falle und beschwor den Konstrukteur, er möge unter allen Umständen umkehren und sofort nach Zell am See fahren.

Doch Porsche ließ sich nicht mehr umstimmen und setzte die Reise nach dem Westen fort. Er hatte keine Bedenken; er würde sich schon mit den Franzosen verständigen, zumal sein Sohn diese Sprache einigermaßen beherrschte.

In Baden-Baden angekommen, zeigten sich die Herren im Hauptquartier von ihrer besten Seite. Der Doktor und seine Begleitung wurden in einer eleganten Villa untergebracht, und die Besprechungen konnten beginnen. Man verhandelte bereits über konkrete Dinge. Nach Abschluß der ersten Konferenz veranstalteten die Gastgeber ein Sektfrühstück.

Doch der Vertrag konnte nicht unterschrieben werden. Die Franzosen erklärten, sie müßten erst wegen einiger Details in Paris rückfragen. Porsche schöpfte noch immer keinen Verdacht, seiner Meinung nach mußten es die Franzosen aufrichtig meinen. In der Villa „Bella Vista" war er vorzüglich untergebracht, bekam Offiziersverpflegung und dazu erlesenen Wein. Die endgültige Formulierung des Vertrages konnte auch nicht mehr lange auf sich warten lassen.

Das Wochenende war gekommen. Der Samstag brach an, ohne daß sich die erwartete Entscheidung angebahnt hätte. „Am Samstag wird man auch in Paris nicht arbeiten, da sind ja die Ministerien geschlossen" meinte Porsche arglos und wartete. Am Samstag, dem 15. Dezember, platzte dann die Bombe: Beamte der französischen Geheimpolizei erschienen in der Villa und nahmen Porsche und seine Begleitung fest. Der Konstrukteur und seine Mitarbeiter wurden in das Gefängnis gebracht und in einer vor Schmutz starrenden, übelriechenden Massenzelle einquartiert.

Lediglich Herbert Kaes, der Testingenieur, entging der Gefangennahme. Er war zu diesem Zeitpunkt im Kino. Verzweifelt versuchte er, die Verwandten in Zell am See zu verständigen. Aber sonst konnte auch er nicht helfen.

Der alte Porsche wurde in diesem Gefängnis miserabel behandelt. Seine Proteste blieben ungehört; man lachte ihn aus. Das Essen war meistens ungenießbar. Nicht einmal Medikamente waren aufzutreiben. Glücklicherweise hatte Porsche in Baden-Baden entfernte Verwandte. So war es wenigstens möglich, daß manchmal eine Thermosflasche mit warmer Suppe gegen entsprechendes Entgelt durch die Wachen in die Zelle geschmuggelt werden konnte. Briefe wurden getauscht, und bald wußte man in Zell am See über die verzweifelte Lage des Professors Bescheid.

Der Gesundheitszustand des Konstrukteurs verschlechterte sich rapid. Sein Augenleiden wurde schlimmer. Gesuche wurden eingereicht. Endlich kam die Bewilligung, den alten Mann ins Krankenhaus zu bringen. Die Franzosen machten den Chefarzt dafür verantwortlich, daß Porsche auch weiterhin als Gefangener zu behandeln sei. Es wurden sogar Pläne erörtert, denenzufolge der Techniker entführt werden sollte. Doch davon kam man wieder ab. Den anderen Mitarbeitern wäre es dann schlecht ergangen. Und der Chefarzt als Mitwisser hätte seine Handlungsweise mit Festungshaft bezahlen müssen.

Anfang 1946 wurde Porsche aus dem Krankenhaus entlassen, nach Bad Rippoldsau in den Schwarzwald gebracht und dort interniert. Die Franzosen sammelten eifrig gegen ihn Belastungsmaterial. Aber wenigstens die Mitarbeiter waren entlassen worden. Sämtliche Interventionen, den alten Mann wieder freizubekommen, scheiterten. Am 2. Mai 1946 brachte man Porsche und Dr. Piëch mit dem Auto nach Paris. Er mußte in der Automobilindustrie mitarbeiten, hatte endlich nun ein wenig Bewegungsfreiheit. Der Verkehr mit seinen Angehörigen blieb aber nur auf Briefwechsel beschränkt.

Porsche wollte das Unrecht nicht auf sich sitzen lassen. Er bestand auf einer Gerichtsverhandlung. Die Militärbehörden reagierten prompt und übersiedelten ihn nach Dijon. Mit Ketten gefesselt wurde der Konstrukteur durch die Straßen zum Gefangenenhaus geführt. Dort behandelte man ihn, als wäre er ein gemeiner, vorbestrafter Taschendieb. Mit üblen Elementen mußte er die Zelle teilen, die Wassersuppe war ungenießbar, wie ein Zuchthäusler wurde er mit am Rücken verschränkten Armen im Hof spazierengeführt.

Nur ein Mensch nahm sich seiner an — der Gefängnisgeistliche. Er sprach dem alten Mann, der die aus den Fugen geratene Welt nicht verstehen konnte, Trost zu.

In dieser Zeit hielt in Salzburg Frau Luise Piëch, die Tochter des Erfinders, die Fäden des Unternehmens energisch in der Hand. Sie mußte nun für den Vater entscheiden, ihr Bruder, der für das Porsche-Imperium erzogene und geschulte „Kronprinz" Ferry, und auch ihr Mann waren durch Kriegsereignisse in alle Winde zerstreut. Diese Frau mußte das Erbe ihrer Väter erst erwerben, um es später zu besitzen. In einer von Nachkriegswirren erschütterten Zeit bewies sie von Tag zu Tag, daß auch das „schwache Geschlecht" in Krisenzeiten seinen Mann stellen kann.

Nach zermürbender, monatelanger Haft wurde Porsche gegen eine horrende Kaution nach Zell am See entlassen. Ohne Gerichtsverhandlung und ohne ein Wort der Entschuldigung. Für die Arbeit, die er in der französischen Automobilindustrie geleistet hatte — die Auswirkungen sind noch heute zu spüren — hatten sich die Herrschaften nicht einmal bedankt.

TECHNISCHES JUWEL MIT VIERRADANTRIEB

Als die amerikanischen Panzerspitzen Niedersachsen erreichten, glich das Volkswagenwerk einer Ruine: es war zu sechzig Prozent zerstört, ein viermotoriger Bomber war auf die Halle vier gestürzt, zerschellt und mit seiner brisanten Last explodiert. Die Energieversorgung war gestört, geborstene Gas- und Wasserleitungsrohre ragten aus den Bombenkratern, und die meisten Maschinen und Pressen waren in Trümmer gegangen.

Doch die Yankees schienen Wolfsburg nicht erobern zu wollen; zehn Kilometer westlich des Volkswagenwerkes stoppte eine Panzerkompanie und wartete ab. Fremdarbeiter zogen plündernd durch die Stadt. Überall herrschte Chaos. Die zurückflutenden deutschen Truppen verstopften die Straßen, die Eisenbahnlinien waren unterbrochen. So entschloß sich eine Delegation Wolfsburger Bürger, zu den Amerikanern zu gehen und sie um den Einmarsch in die Stadt zu bitten.

Die Soldaten fanden einen rauchgeschwärzten, ausgeplünderten Betonkoloß, mit dem sie nichts anzufangen wußten. Vier Wochen später war die Demarkationslinie festgelegt; die US-Truppen setzten sich wieder ab, und britische Einheiten zogen in Wolfsburg ein.

Und nun geschah etwas Außergewöhnliches: der britische Beauftragte für das Volkswagenwerk, Major Hirst, ein unternehmungslustiger Offizier mit technischer Ader, war von der Porsche-Konstruktion begeistert. Er testete einen der Kübelwagen, montierte mit seinen Männern ein Amphibienfahrzeug zusammen und veranstaltete zwischen Porsche-Käfer und Jeep regelrechte Wettkämpfe. Nicht daß etwa der Jeep schlecht abgeschnitten hätte — er kam meistens durch, aber nur mit dem dreifachen Benzinverbrauch. Im Morast hingegen blieb er hängen, und das Kunststück, welches der Schwimmer fertigbrachte, da konnte auch der Jeep nicht mit: mit dreißig Stundenkilometer raste der Amphibienwagen über eine improvisierte Sprungschanze, flog im weiten Bogen durch die Luft und klatschte dann im Mittellandkanal auf. Die Schraube wurde heruntergeklappt, rastete in der Antriebswelle ein, und mit Vollgas, eine schäumende Bugwelle vor sich herschiebend, tuckerte das Auto zum anderen Ufer und kletterte über die Böschung zur Straße.

Wie schon gesagt: der sportliche Major Hirst war vom Volkswagen begeistert, und eines Abends erklärte er seinen Männern: „We might built a few cars!" — „Vielleicht könnten wir ein paar solche Autos bauen!" Und obwohl man im zuständigen Ministerium in London davon nichts wissen wollte, requirierten die Offiziere etliche Tonnen Kohle, verfrachteten sie auf Heeres-Lastautos und brachten sie nach Wolfsburg. Dank dieser kalorischen Überbrückungshilfe wurde der Koloß auch über die Durststrecke gebracht.

Dieses schwer angeschlagene Riesenwerk, von dem anfangs keiner etwas wissen wollte, produzierte bis Ende 1945 nicht weniger als 917 VW-Limousinen für die britische Armee!

Major Hirst hatte etliche Eingaben verfaßt, die alle das gleiche Ziel verfolgten: die britische Verwaltung möge das VW-Werk doch sanieren und auf eigene Rechnung Autos produzieren. Doch in London wollte man wiederum davon nichts hören: der Porsche-Wagen sei viel zu häßlich, zu hart gefedert, man könne dem Heckmotor nicht trauen, das sei eine neumodische Konstruktion, und außerdem sei das Auto viel zu laut und unbequem...

Nur ein wenig mehr Weitblick, und dem britischen Empire wären in Zukunft viele wirtschaftliche Sorgen erspart geblieben. Wenn Major Hirst gewußt hätte, daß er mit der Montage der ersten Volkswagen den Grundstein für die spätere Konkurrenz legen würde — die Wagen wären niemals zusammengebaut worden.

Aus den „few cars" wurden die Legionen Käferwagen, die in millionenfacher Auflage die ganze Welt überschwemmten...

In dieser harten Nachkriegszeit kämpften die Ingenieure in Gmünd um die nackte Existenz. Der Professor war in Frankreich in Haft, in den beiden baufälligen Baracken führte Oberingenieur Rabe das Kommando. Mit den absonderlichsten Dingen hielt man sich über Wasser. Gegen Naturalien wurden Pflüge repariert, Dreschmaschinen ausgebessert und kleine Aggregate überholt. Technische Kapazitäten, die noch vor einigen Jahren schwere Panzer und Zugmaschinen entwickelten, für den schnellsten Rennwagen der Welt komplizierte Berechnungsketten für aerodynamische Probleme durchführten, befaßten sich nun mit dem Bau von Schubkarren. Material gab es genug: die gesprengten, ausgebrannten und teilweise ausgeschlachteten Panzer und Zugmaschinen standen am Straßenrand. Die Laufrollen der Kampfwagen und der Maybach-Zugmaschinen eigneten sich vortrefflich für Schubkarrenräder. Und um Blech zu bekommen, brauchte man nur einige Karosserien zu zerschneiden.

Im November 1946 — Ferry Porsche war bereits aus der Haft entlassen und nach Gmünd zurückgekehrt — trat man mit einem ehrenden Auftrag an das Konstruktionsbüro heran. Der Generaldirektor der Cisitalia-Werke in Turin, der Commendatore Piero Dusio, ließ anfragen, ob man in Gmünd nicht einen neuen Grand-Prix-Wagen konstruieren wolle. Dusio, ein bekannter Fahrer, der in den dreißiger Jahren mit seinem kleinen selbstkonstruierten Wagen so manchen Preis gewonnen hatte, erkannte wohl rechtzeitig den kommenden Trend zum Auto-Rennsport. Mit dem neuen Grand-Prix-Wagen wollte er ins Geschäft kommen.

In Zell am See gingen die ersten Verhandlungen in Szene. Die Italiener hatten eine Wunschliste mitgebracht: sie wollten nicht nur den Grand-Prix-Wagen, sondern auch einen Rennsportwagen, einen Acker-Schlepper und eine Wasserturbine bauen. Die Porsche-Leute sollten alles konstruieren, Dusio wollte die Fertigung übernehmen und auch den Absatz garantieren.

Am 6. Dezember 1946 fand dann die entscheidende Besprechung statt. Man kam überein, daß drei Monate später das Porsche-Büro die grundlegenden Zeichnungen nach Turin übermitteln solle. Im September 1947 jedenfalls mußte das Projekt fix und fertig ausgereift sein, damit Dusio mit der Fertigung beginnen und rechtzeitig in das große Renngeschäft einsteigen könne.

Für Dusio gab es keine Rückversicherung: der alte Porsche saß im Gefängnis in Dijon, seine rechte Hand, der in kaufmännischen Dingen überaus versierte und als harter Verhandlungspartner bekannte Schwiegersohn Dr. Piëch, war ebenfalls mit Porsche in Haft. Man wußte nicht, was die anderen Firmen entwickeln würden. Infolge der Kriegsereignisse war der Anschluß an den Automobil-Rennsport verloren worden. Und vor allem war es nicht ausgeschlossen, daß Ferdinand Porsche selbst bei den Franzosen einen Rennwagen entwickeln würde.

Dessenungeachtet ging Dusio auf dieses Risiko ein. Und Ferry Porsche griff mit beiden Händen zu, mußte er doch irgendwie die Million Francs Kaution aufbringen, um den schwerkranken Vater freizubekommen. Die Chancen waren gut, zumal zwei französische Freunde des Professors — der Rennfahrer Raymond Sommer und der Fachschriftsteller Charles

Faroux — sich bereit erklärt hatten, bei den Behörden für den alten Porsche zu vermitteln.

Die ersten Pläne und Detailzeichnungen wurden termingemäß nach Turin übersandt, und der bis auf das Skelett abgemagerte, erschöpfte Professor kam endlich in die Heimat zurück. Er mußte aber noch in einem Zwangsquartier wohnen; die Franzosen hatten ihn im Hotel Klausner in Kitzbühel einlogiert. Der große alte Mann, der weltberühmte Konstrukteur, den man auch in Übersee haben wollte, der Mann, dessen ganze Politik zeitlebens die Technik war, bekam keinen Ausweis zum Passieren der Demarkationslinie und durfte nicht einmal auf sein Gut nach Zell am See, von den beiden Betrieben in Zuffenhausen und in Gmünd gar nicht zu sprechen.

Am 7. August 1947 wurde der Konstrukteur von seinem Sohn und von Oberingenieur Rabe besucht. Die beiden Männer nahmen die Zeichnungen aus ihren Hülsen, und einige Minuten lang betrachtete Ferdinand Porsche die Entwürfe. Dann legte er die Skizzen weg und sagte nur: „Wenn ich ihn gebaut hätte, dann hätte ich ihn auch nicht anders gemacht!"

Was Ferry Porsche da zusammen mit Oberingenieur Rabe auf die Reißbretter gezaubert hatte, war in vielen Dingen ein Novum: ein Zwölfzylinder-Boxermotor mit 56 Millimeter Bohrung und 1492,6 Kubikzentimeter Zylinderinhalt, eine Maschine, die bis zu 10.000 Touren drehen und nach vorsichtigen Berechnungen mindestens 300 PS entwickeln sollte. Ein stromlinienförmiges Geschoß mit Vierradantrieb und einer Fülle technischer Neuheiten.

Mit dem ersten Gang sollte der Porsche-Cisitalia 129 Stundenkilometer erreichen, im zweiten Gang es auf 164 Stundenkilometer bringen, für den dritten Gang war eine Spitze von 205 Stundenkilometer vorgesehen, im vierten Gang wären es 254 Stundenkilometer gewesen, und im fünften Gang war die Höchstgeschwindigkeit mit 366 Stundenkilometer berechnet worden. Cheftheoretiker Mickl hatte für den hochtourigen Rennmotor eine von Ventilfederschwingungen freie Nockenform entwickelt. Er nannte sie, weil bei einer bestimmten Drehzahl die Federbahn vollkommen entlastet war, einfach „Schwebenocken".

Zweihundert Liter Benzin sollte der aus einem Chrom-Molybdän-Rohrstahl-Skelett gebaute Wagen fassen. Ohne Treibstoff, Reifen, Öl und Äthylen-Glykol für die Kühlung würde der Cisitalia nur 718 Kilogramm wiegen.

In der letzten Konstruktionsphase schaltete sich noch ein eminenter Techniker ein: Professor Robert Eberan von Eberhorst, ehemaliger Professor an der Technischen Hochschule Dresden und langjähriger Freund des Hauses Porsche. Die Mitwirkung dieses Ingenieurs war überaus wichtig: er war auch an der Konstruktion des Auto-Union-Rennwagens beteiligt, und man hatte ja so gut wie keine Unterlagen aus der Auto-Union-Zeit herüberretten können. Die Treibstoffe waren in den vergangenen Jahren weiterentwickelt worden, es gab bessere Reifen, beständigere Materialien und derlei mehr. Seit dem Jahre 1939 hatte man sich bei Porsche nicht mit Rennwagen beschäftigt, und acht Jahre sind in der Automobilentwicklung eine sehr lange Zeit.

Dusio ließ in seinem Turiner Werk einen Prüfstand installieren, und ein kleines Einzylindermodell, das die gleichen Werte wie das in Gmünd projektierte Triebwerk aufwies, mußte etliche Testläufe über sich ergehen lassen. Dabei stellte sich heraus, daß der Originalmotor alles bisher Dagewesene weit in den Schatten stellen mußte: bei Vollast auf 10.500 Touren würde er es auf etwa 450 PS bringen!

Doch der Commendatore hatte sich mit dem Grand-Prix-Traum gründlich übernommen, sowohl den finanziellen als auch den arbeitstechnischen Aufwand unterschätzt. Es gab Schwierigkeiten über Schwierigkeiten. Turin war weit, es mußte immer rückgefragt werden, und man war gezwungen, sogar die Pläne und Baubeschreibungen zuerst ins Italienische zu übersetzen. Das Frühjahr 1948 kam, und der Porsche-Cisitalia war noch immer nicht fertig. Im Spätsommer verschärfte sich die ohnehin schon kritische Lage.

Dusio griff nach dem rettenden Strohhalm, den kurioserweise der argentinische Ministerpräsident General Peron dem italienischen Industriellen gereicht hatte: der Diktator wollte eine leistungsfähige Automobilindustrie im größten Stil aufziehen; die industrielle Erfahrung des Commendatore und die in Gmünd brachliegenden Talente der Porsche-Ingenieure schienen ihm die beste Gewähr dafür. Zumal endlich der Professor aus der Haft entlassen worden war. Peron wollte aber nicht nur Rennautos und Sportwagen bauen, sondern auch Ackerschlepper und schwere Lastkraftwagen.

Doch auch in Südamerika zeichnet sich die Bürokratie nicht durch flinke Arbeit aus. Der Vertrag war noch lange nicht perfekt. Die Gläubiger drängten. Dusio stand bei den Zulieferanten mit 240 Millionen Lire in der Kreide, allein die Lohnrückstände machten etwa 25 Millionen Lire aus.

Endlich — dreißig Monate nach der Vertragsunterzeichnung in Zell am See — konnte Dusio nach Gmünd telegraphieren, daß nun doch mit Argentinien alles perfekt sei. Die letzten Arbeiter in Turin wurden gekündigt, das Ehepaar Dusio verkaufte seinen Besitz und zahlte mit dem Erlös die Gläubiger aus. Der Commendatore hatte auch von Peron die Garantie bekommen, daß der Staatsmann die Schulden begleichen werde, wenn die Italiener mit dem Cisitalia, den halbfertigen Bauelementen und vor allem mit den Konstrukteuren nach Argentinien kommen werde.

Am 14. März 1950 wurde dann der Porsche-Cisitalia verladen. Doch es wurde allmählich still um das Wunderauto. Die Nabelschnur war zerschnitten worden, denn zwischen Gmünd und Buenos Aires liegt der Atlantische Ozean. Erst am 31. Jänner 1953 drehte der Rennfahrer Felice Bonetto mit dem Porsche-Dusio-Wagen zwei Runden. Das erstemal, daß dieses technische Wunderding gefahren wurde. Doch dieser Test befriedigte in keiner Weise. Ein eben vom Reißbrett kommender, hochgezüchteter, heikler Wagen braucht eine behutsame Pflege, es gibt noch viele schwache Stellen, die Erprobung ist noch ausständig, viele technische Kinderkrankheiten müssen behoben werden, und es kann einfach nicht alles auf Anhieb klappen. Die Konstruktion muß erst ausreifen; viel Fingerspitzengefühl und vor allem Zeit ist dafür notwendig.

So wurde es langsam still um den Porsche-Cisitalia, und einer der interessantesten Wagen aller Zeiten, der nie in einem Rennen gefahren worden war, übersiedelte in aller Heimlichkeit in eine Garage in Buenos Aires, verstaubte und verrostete, bis er vor einigen Jahren wiederum die Reise über den Atlantischen Ozean antrat, um im Firmenmuseum in Zuffenhausen den verdienten Ehrenplatz zu bekommen.

Der Wunderwagen war in den heimischen Stall zurückgekehrt, und eine technische Odyssee sondergleichen hatte ihr Ende gefunden.

DAS ELEKTRISCHE RAD IN TEXAS

Etwa zur gleichen Zeit, da der alte Porsche in Kitzbühel eintraf und von den Franzosen unter Hausarrest gehalten wurde, machte in den Vereinigten Staaten ein berühmter Konstrukteur von sich reden: Robert LeTourneau, der Mann aus Texas, der sich rühmen darf, die größten Maschinen der Welt zu bauen. Seine riesigen Fahrzeuge können Schiffe aus dem Meer holen, Häuser transportieren, Berge abtragen, und eine Kompanie überschwerer Spezialmaschinen ist im Urwald im Einsatz, um der Landwirtschaft neue Flächen zu erschließen.

Es ist derselbe LeTourneau, dessen bereits anfangs erwähnter gigantischer Überland-Train zahlreiche Radarstationen in der Arktis mit Nachschub versorgt. Alle seine Fahrzeuge arbeiten nach dem gemischten Prinzip: ein schwerer Dieselmotor treibt einen Generator, und dieser wiederum versorgt die in den Rädern installierten starken Elektromotoren mit Energie. Das „elektrische Rad" des Robert LeTourneau machte in den Nachkriegsjahren Furore, und nur die wenigsten wußten, daß dieses System schon um die Jahrhundertwende von einem jungen technischen Praktikanten aus Maffersdorf in Böhmen angewendet worden war.

Das bekannteste LeTourneau-Fahrzeug ist der Haustransporter oder das größte Übersiedlungsfahrzeug der Welt. Dieses Monstrum fährt an das Haus heran — es handelt sich dabei um dreistöckige, unterkellerte Holzhäuser —, hebt es aus seinen Fundamenten und schleppt es in ein anderes Stadtviertel.

Dabei müssen nicht einmal die Möbel ausgeräumt werden. Sogar das kostbare Porzellan kann in den Vitrinen bleiben. Bei derartigen Transporten ist bisher nicht einmal ein Teller zerbrochen worden. Besonders in Los Angeles sind diese Haustransporte ein gutes Geschäft: die Stadt verändert sich ja von Tag zu Tag. Raum für neue Parkplätze und Expreßstraßen muß geschaffen werden. Aus verkehrstechnischen Gründen werden ganze Häuserviertel solcherart übersiedelt.

In Kalifornien gehört der Anblick des Haustransporters schon zur Alltäglichkeit. Für uns Europäer ist diese ungewöhnliche Form der Übersiedlung nur aus der Wochenschau bekannt.

Der Transport eines Hauses geht natürlich unter Polizeiaufsicht vor sich: „Weiße Mäuse" sperren den Verkehr und geben den zu übersiedelnden Häusern Geleit. Wegen der enormen Höhe der rollenden Lasten müssen vorübergehend die elektrischen Straßenbeleuchtungen und O-Bus-Drähte abmontiert werden. Das verursacht zwar erhebliche Kosten; trotzdem ist so ein Haustransport immer noch billiger als das Demolieren und der Wiederaufbau.

Ein anderes Produkt aus der Werkstätte des cleveren texanischen Industriellen: der sogenannte „Apportierhund", ebenfalls ein Fahrzeug, das nach dem gemischten Prinzip arbeitet. Nur daß dieses Vehikel keine Knochen, sondern Schiffe respektabler Größe an den gewünschten Ort transportiert. Das vierrädrige Fahrzeug rollt ins Wasser, umfaßt zangenartig das Schiff und bringt es an den Strand. Diese Mammutmaschine ist besonders für den Katastropheneinsatz gedacht. Sie ist sogar imstande, mit ihren elektrischen Kränen gestrandete Küstenfahrzeuge ohne Risiko aus der Brandung zu holen.

Für den Einsatz im Urwald hat LeTourneau eine ganze Serie von Maschinen gebaut, die in diesem schwierigen Gelände ebenfalls nur durch das „elektrische Rad" bestehen können. Da gibt es einmal den „Baumbrecher": zwei riesige, sechs Meter lange, stählerne Walzen, mit einem Durchmesser von je zweieinhalb Meter. In die Walzen sind über dreihundert keilförmige Zähne eingelassen, um dem Gefährt eine günstige Angriffsfläche zu geben. Die Walzen sind durch einen massiven, stählernen Rahmen verbunden. Das Ganze sieht wie ein überdimensionales Fahrrad aus.

In einer besonders sorgfältig gefederten, geschützten Kabine, mit einem Sturzhelm bekleidet und angeschnallt wie der Pilot eines Düsenflugzeugs, sitzt der Maschinist. Der Zweck dieser Maschine: sie muß die Baumriesen, die oft einen Durchmesser von zwei Meter haben, aus ihren Wurzeln drücken und fällen. Das geht ganz einfach vor sich: die „Baumwalze" schiebt sich auf den Stamm zu, klettert daran hoch, lehnt sich an, und unter dem ungeheuren Gewicht dieses verlängerten Hebels wird der jahrhundertealte Stamm aus seinen weitverzweigten Wurzeln gerissen und stürzt um. Sobald der Stamm gefällt ist, zermahlen die Zähne der „Baumwalze" Äste und Dickicht zu Kleinholz. Die Stämme werden abgeschleppt oder zermalmt.

Einige Wochen später kommt ein anderer Arbeitstrupp und brennt die Holzreste weg. Mit einem dieselelektrischen Scheibenpflug wird die Asche eingeackert, die dann den Boden düngt. Es kann sofort mit der Bebauung des neugewonnenen Ackerlandes begonnen werden. Hauptsächlich werden Kaffeeplantagen errichtet.

Bei sehr alten Bäumen ist die „Baumsäge" im Einsatz: ein plumpes, vierrädriges Gefährt, das eher einem fahrbaren Gerüst gleicht. Die „Baumsäge" besitzt vorne einen balkenartigen Ausleger, der beliebig geschwenkt werden kann. An der Spitze dieses Auslegers rotiert mit rasender Schnelligkeit ein scharfgezahntes Kreissägeblatt. Ein nach allen Seiten beweglicher zweiter Balken oberhalb der Kabine drückt den Stamm vom Sägeblatt, damit er sich nicht etwa verklemmt.

Durch diesen Balken kann auch die Fallrichtung des Baumes bestimmt werden. Das geländegängige, dieselelektrische Fahrzeug ist überaus flink. Kaum daß ein Hindernis auftaucht, ist es auch schon abgeschnitten ...

Die gewaltigen Wurzelstöcke, die mit ihren weitverzweigten Wurzeln noch tief unter der Erde stecken, werden mit dem nach dem gemischten Prinzip arbeitenden „Tree-Crasher" — dem „Baumausreißer" — aus dem Boden gerissen. So eine Wurzelbehandlung muß man einmal gesehen haben: mit seinem stählernen, scharf gezackten Greifermaul faßt der schwenkbare Arm des sechsrädrigen Vehikels unter die Wurzel, die meist den Umfang eines kleinen Zimmers hat, und reißt sie mit einem Ruck aus dem Boden, damit der nachfolgende Motorpflug ohne Verzögerung das eben gerodete Gelände umackern kann. Die Räder des „Tree-Crashers" haben eine Höhe von drei Meter und sind fast einen Meter breit!

Für einen einzigen solchen Pneu bekommt man einen neuen Mittelklassewagen!

Manchmal werden die Stämme an Ort und Stelle maschinell entästet und dann gestapelt. Dann kommt die „Electric-Arch": ein vierrädriges, traktorähnliches Fahrzeug mit einem massiven, elektrischen Kran. Mit einer Drahtseilschlinge werden die dicken Urwaldstämme umfaßt und zum Verladeplatz geschleppt. Die „Electric-Arch" ist das Dienstmädchen der Rodungsmaschinen. Pausenlos pendelt sie zwischen Arbeitsstelle und Verladeplatz.

206

Auf dem Verladeplatz werden die Stämme gelagert. Der dieselelektrische „Log-Stacker", der „Rundholz-Stapler", tritt in Aktion und hebt die tonnenschweren Stämme mit spielerischer Leichtigkeit auf die hohen Anhänger der zweiunddreißigrädrigen Frachter. Aber auch diese Super-Lastzüge arbeiten nach dem gemischten Prinzip, mit dem Ferdinand Porsche schon auf der Pariser Weltausstellung 1900 Sensation machte.

Um es mit Ben Akiba zu sagen: „Auch in der Technik ist schon alles einmal dagewesen!"

WINDKRAFTMASCHINE UND WASSERMOTOR

In den letzten Kriegsjahren bestaunten die Spaziergänger in der Nähe von Stuttgart ein sonderbares Gebilde: einen massiv verankerten, stählernen Turm, dessen Plattform einen Propeller trug. Dieser Propeller wurde durch eine stromlinienförmige Nabe gesteuert und konnte demnach automatisch seine Schraubenblätter verstellen. Außerdem pendelte sich der Apparat mit spielender Leichtigkeit immer in den Wind ein.

Das stählerne Windrad mit seinen neun Meter langen Flügeln, das sich da auf dem Hügel bei Hohenheim Tag und Nacht drehte, sollte damals in der Energieversorgung zu einem wichtigen Faktor werden. Es war nichts anderes als ein kleines E-Werk, mit dem man auf besondere Art und Weise Energie gewinnen wollte. Ferdinand Porsche und sein bewährter Aerodynamiker Mickl hatten die fünfzehn Tonnen schwere Konstruktion entworfen. Und die beiden Männer träumten davon, mit der Windkraftanlage abgelegene Bauernhöfe im Osten mit der nötigen Elektrizität zu versorgen.

Die Anregung, Porsche möge sich doch einmal mit diesen schwierigen Problemen befassen, stammte eigentlich von Dr. von Lafferentz, dem Bevollmächtigten der Deutschen Arbeitsfront. Dr. Robert Ley, sein Chef, wollte diese Windkraftanlagen in den wirtschaftlich und energiemäßig nicht erschlossenen Gebieten aufstellen.

Porsche besprach sich mit seinem Cheftheoretiker, und die beiden Techniker versuchten, möglichst viel Literatur über das Thema Windkraft zusammenzutragen. Und das war keineswegs einfach, zumal auf diesem Gebiet noch nicht viel experimentiert worden war. Es standen aber erstaunlich gute russische Unterlagen zur Verfügung.

Die Deutsche Arbeitsfront vergab für Windkraftanlagen zwei Aufträge: ein renommiertes deutsches Unternehmen sollte sich mit großen Energiemaschinen befassen, die Porsche-Leute wurden angewiesen, eine kleinere Windkraftanlage zu bauen.

So entstand zuerst der Typ 136 mit einem vierflügeligen Windrad von 7,2 Meter Durchmesser und Stauscheibennabe, die automatisch bei grö-

FERDINAND PORSCHE AUF SCHLOSS SOLITUDE — Kurz vor seinem Tode, zu seinem 75. Geburtstag, wurde eine Sternfahrt absolviert.

DER ALTE MANN UND DER TRAKTOR — Ferdinand Porsche (zweiter von rechts) wollte noch im hohen Alter in Salzburg eine Traktorenproduktion aufziehen. Das Bild zeigt den Konstrukteur vor dem Allgaier-Porsche-Schlepper.

DIE PORSCHE-KAPELLE AUF DEM SCHÜTT-GUT — Die schlichte Gedenkstätte
wird von vielen Automobilenthusiasten aus aller Welt besucht.

ßeren Windgeschwindigkeiten die Propellerblätter verstellte. Dieses Windrad, das mit seinem Generator eine ganze Reihe von Akkumulatoren speiste, stand bis zum Jahre 1944 auf einem Hügel bei Stuttgart und mußte dann wegen der drohenden Bombengefahr abmontiert werden.

Die Porsche-Windkraftmaschine war überaus stabil: sie überstand sogar einen Orkan, der mit Spitzenböen von 44 Metern in der Sekunde über den Hügel brauste, ohne die kleinste Schramme. Man hatte nämlich eine Automatik eingebaut, die bei zu starkem Wind innerhalb weniger Augenblicke die Anlage ausschaltete: die Propeller wurden verstellt, und die Luftschraubenblätter boten dann dem Sturm fast keine Angriffsfläche.

Später entstand eine verbesserte Konstruktion: der Typ 137 arbeitete mit einer normalen Flügeldrehzahl von 125 Touren in der Minute, und das Maximum betrug 135 Umdrehungen. Innerhalb von vier Sekunden konnte die Anlage stillgelegt werden. Ein Propellerblatt der dreiflügeligen Luftschraube wog etwa 70 Kilogramm und war aus 0,8 Millimeter starkem Stahlblech geformt. Die Verstellnabe — es handelte sich um ein kompliziertes Getriebe — wog 350 Kilogramm. Der Generator war 120 Kilogramm schwer, und die zahlreichen Akkumulatoren brachten es auf dreizehn Tonnen. Rund gerechnet kann man zusammenfassen: eine Tonne der Turm, eine Tonne das Windrad mit der Maschinenanlage und der Löwenanteil für die Batterien.

So eine Windkraftanlage vom Typ 137 leistete allerhand: sie war imstande, einen mittleren Bauernhof mit Warmwasser zu versorgen, dann konnten die Batterien Wohnräume und Stallungen beleuchten, der Bauer war in der Lage, eine Kreissäge anzuschließen und damit Brennholz zu schneiden. Er konnte die Dreschmaschine betätigen, Futter schneiden und sogar die Melkmaschine anschließen.

Technisch gesehen blieb aber die Windkraftmaschine leider eine Eintagsfliege: die Kriegsereignisse überstürzten sich, und man hatte nun ganz andere Sorgen, als einschichtige Gutshöfe oder kleine Sägewerke in der Ukraine mit Energie zu versorgen. Und nach dem Krieg standen andere Energieerzeuger zur Verfügung. Die Flüsse wurden gezähmt; sie bekamen stahlarmierte, steinerne Barrieren, und das Wasser muß seine überschüssige Kraft in großen Turbinen abarbeiten, ehe es wieder weiterfließen darf. Im Gebirge wurden die reißenden Gletscherbäche neu gefaßt, und Stollen leiten es quer durch den Berg in andere Täler, Staumauern bändigen Millionen Kubikmeter Wasser, und die Generatoren erzeugen das kostbare weiße Gold, das in hunderten Kilometern langen Überlandleitungen zu den Städten geschickt und quer durch den Kontinent gegen harte Devisen exportiert wird.

Gegenwärtig hat die Windkraft in Europa keine Zukunft: es gibt genug Kohle, Erdöl, und vor allem hat der Mensch das Atom gezähmt. Zigarrenförmige, raketenbestückte Unterwasserkreuzer, nur von einigen Kilogramm Uran angetrieben, tauchen unter die arktische Eiskappe und fahren um die Welt. Nicht nur Flugzeugträger, die viermal so lang wie ein Fußballplatz sind, werden mit Kernenergie betrieben, sondern auch große Handelsschiffe. Die Stromerzeugung durch das Atom ist keine Utopie: schon vor einem Jahrzehnt hat man in Großbritannien das Kraftwerk Calder-Hall eröffnet. Sogar im österreichischen Energiekonzept spielt bereits die Atomkraft eine bedeutende Rolle: in den nächsten Jahren dürfte ein kleines atomgetriebenes E-Werk für Studienzwecke gebaut werden. Die Vorarbeiten wurden schon vor einiger Zeit abgeschlossen.

Diese Entwicklung konnte Porsche freilich nicht ahnen: im Jahre 1941 war er fest davon überzeugt, bald die Windkraftanlagen in Serie erzeugen zu können. Gegen Ende des Krieges schlief dann das Projekt ein. Die Windkraftanlagen wurden zerlegt, und eine solche Energiemaschine wanderte in die Kaserne Wien-Schönbrunn ins Depot. Turm und Antriebsaggregat sollten dann in den Umbruchstagen nach Gmünd verlagert werden. Doch der dafür eingeteilte Chauffeur hatte andere Sorgen: er ließ die Winkraftmaschine im Magazin und verfrachtete dafür seine Möbel. Die sowjetische Besatzungsmacht zeigte sofort Interesse, beschlagnahmte die Anlage und brachte sie nach Rußland.

An der Verbesserung der Type 137 wurde noch im Oktober 1946 in Gmünd fleißig gearbeitet. Ein Verbindungsmann aus Argentinien hatte durchblicken lassen, daß man an dem Projekt sehr interessiert sei. Man wollte die Windkraftanlagen für Bewässerungszwecke einsetzen. Doch um das Windrad wurde es bald endgültig still. Die Ingenieure in Gmünd hatten andere Probleme: Ferdinand Porsche saß noch immer im Gefängnis in Dijon, und man mußte sich über Wasser halten.

So bauten hochqualifizierte Männer, die heikle, hochgezüchtete Motoren berechnen konnten, kleine Handwagerln für die Bauern, fabrizierten Stahlkanten für Skier, bauten für die britische Besatzungsmacht etliche Schlepplifte, die von VW-Motoren angetrieben wurden, und waren maßgeblich am Einsatz der Post- und Bundesbahnautobusse beteiligt: in den halbverfallenen Baracken in Gmünd wurden nämlich jene Getriebezahnräder gefräst, die sonst in ganz Österreich nicht erhältlich waren. Und Cheftheoretiker Mickl bastelte einen sogenannten Universal-Mähfinger, ein kleines stählernes Gebilde, das die Bauern für ihre kaputten Mähmaschinen dringend benötigten.

Eine der interessantesten Schöpfungen aus dieser schweren Zeit war der Porsche-Hydro-Motor: eine kleine Turbine, die bis zu 65 PS Leistung abgab und Sägewerke, Mühlen und selbst Elektrizitätszentralen betreiben konnte. Die kleinsten Wasserkräfte sollten ausgenützt werden, und die Ingenieure fanden dafür auch die Möglichkeiten.

Das Prinzip war einfach: das Wasser strömte durch die mit einer Reglerkappe versehene Düse von außen auf die Laufradschaufeln, gab dort einen Teil seiner Energie ab, durchströmte frei das Innere des Laufrades und trat dann von innen nach außen abermals durch die Laufradschaufeln. Mit anderen Worten: das Wasser mußte gleich zweimal arbeiten.

Diese Hydro-Motoren ersetzten die klobigen hölzernen Wasserräder auf wirtschaftliche Weise. Ihre Drehzahlen betrugen das Zehn- bis Fünfundzwanzigfache eines alten Wasserrades, und man benötigte kein leistungsverzehrendes Übersetzungsgetriebe. Die Verankerung erfolgte auf einem einfachen Betonfundament. Das Wasser mußte nur durch einen Holzschacht oder durch ein Rohr zur Turbine geleitet werden. Die Montage war denkbar einfach: sogar der Schlosser oder Zimmermann aus dem Dorf konnte den Hydro-Motor aufstellen.

Wiederum war es der Aerodynamiker Mickl, der sich vornehmlich mit dem Hydro-Motor beschäftigte. Er mußte mit primitivsten Mitteln arbeiten; es fehlte an Werkstoffen, man brauchte Maerial für die Düsen und Kugellager für die Antriebswellen. Für die Konstruktion der Turbinenschaufeln waren komplizierte Berechnungen notwendig.

Dabei spielte sich eine tragikomische Episode ab: eine der Turbinenschaufeln wollte nicht passen. Mickl war sehr ärgerlich; er dachte, es sei bei den Berechnungen ein Fehler unterlaufen. Die Zeichnungen wurden nochmals studiert, die Formeln überprüft, und dann wurde die Turbinenschaufel abgemessen. Alles stimmte.

Um aber ganz sicher zu gehen, wurde auch das Gewicht überprüft. Auf der Küchenwaage, eine andere Möglichkeit gab es nicht. Doch das Werkstück war zu schwer. Mickl rechnete nochmals, legte die Turbinenschaufel abermals auf die Waage. Erstaunt schüttelte der Ingenieur den Kopf: wiederum zu schwer. Plötzlich begann er schallend zu lachen: der Koch — er war erst einige Tage zuvor aufgenommen worden — hatte heimlich die eine der Waagschalen mit einem kleinen Gewicht beschwert. Nun stimmte die Sache mit der Turbinenschaufel, und auch die Portionen in der Werksküche kamen auf ihre richtige Größe, denn der Koch wurde fristlos entlassen . . .

EIN LEBEN FÜR DEN MOTOR

Als in Gmünd der nun schon legendär gewordene Cisitalia-Allrad-Antrieb-Rennwagen entwickelt wurde, entstand auch das Konzept für ein Auto, das heute noch unter den Motorenthusiasten Furore macht: der Typ 356, der Porsche-Sportwagen. Oberingenieur Rabe war an dieser Konstruktion maßgeblich beteiligt, der alte Porsche gab aus der reichen Erfahrung seiner Praxis wertvolle Ratschläge, und sein Sohn testete den Prototyp auf Herz und Nieren.

Es waren Autos, die unter denkbar primitivsten Voraussetzungen gebaut wurden. Das Blech für die Karosserie mußte mühsam mit Holzhämmern bearbeitet und geformt werden. Für einen Kotflügel brauchte man viele Tage. Und als die beiden Prototypen dann zum Automobilsalon nach Genf gebracht wurden, waren sie dort Tagesgespräch.

Für eine Automobil-Produktion reichten die beiden Baracken in Gmünd schon längst nicht mehr aus. Der alte Porsche wollte aber gerne in Österreich Fuß fassen. Im zuständigen Wiener Handelsministerium jedoch wurde der Name Porsche nicht gerne gehört, lediglich der damalige Landeshauptmann von Kärnten versuchte alles mögliche, bot sogar in der Gemeinde Seebach bei Villach ein günstiges Areal an, doch die Übersiedlung wurde nicht perfekt.

Der Altösterreicher Ferdinand Porsche resignierte immer noch nicht. Er träumte von einer Traktorenproduktion. Es gab ja etliche fix und fertig konstruierte Ackerschlepper, und die hätte man auch in seinem Heimatland erzeugen können. Bedarf und Produktionsstätten waren ja vorhanden. Mit allem Eifer wurde das Schlepperprojekt wieder angepackt: Vergleichsprüfungen mit Konkurrenzfabrikaten standen auf dem Programm, und bei allen diesen Tests schnitt der Porsche-Traktor am besten ab. Mit seiner hydraulischen Kupplung war er imstande, auch die schwersten Lasten zu schleppen. Aber in Österreich kam die Serienfertigung nicht zustande. Der Schlepper wurde später in Deutschland in Lizenz gebaut ...

Alle nur möglichen Versuche wurden unternommen, damit die Porsche-Leute in ihrer Heimat bleiben könnten. Die Geschäftsleitung zeigte sich sehr interessiert, stammten doch die meisten führenden Köpfe aus Österreich; alles Männer, die vom Krieg genug hatten und endlich in der Heimat eine Existenz aufbauen wollten. Sogar eine Volkswagenerzeugung im obersteirischen Industriegebiet wurde erwogen. Wäre dieses Projekt doch verwirklicht worden!

Dabei hatte der alte Porsche schon im Herbst 1945 die ersten Fäden gesponnen. Er interessierte den Salzburger Alt-Landeshauptmann Dr. Rehrl für seine Lieblingsidee, und der damals schon schwerkranke Politiker war dafür Feuer und Flamme. Die beiden betagten Herren verstanden einander recht gut, und sie waren auch sehr optimistisch. Am 17. November schrieben die „Salzburger Nachrichten": „Zu dem Gespräch mit dem Alt-Landeshauptmann waren auch noch Ferry Porsche und der Schwiegersohn des Konstrukteurs, Dr. Piëch, eingeladen worden. Professor Porsches einziges Interesse heißt Konstruieren und Bauen. Politische und parteipolitische Bestrebungen sind ihm gänzlich fremd. In Zell am See hat Professor Porsche das sogenannte Schütt-Gut erworben, weil er für seine Lieblingsidee, einen billigen, leichten Kleintraktor für Gebirgsbauern zu entwickeln, einen geeigneten Versuchsraum brauchte ... Wenn es tatsächlich gelingen sollte, die Übersiedlung des genialen Technikers mit seinem großen, neuen Werk nach Österreich zu sichern, wäre damit für unseren Staat und unser Land ein Schritt von unabsehbarer Bedeutung gelungen ..."

Doch Ferdinand Porsche war es nicht vergönnt, auf seine alten Tage in Österreich zu bleiben. Die Franzosen hatten ihn — und das ein ganzes Jahr nach der Entlassung aus der Haft — endlich rehabilitiert. Der alte, verbitterte Mann bekam einen Schriftsatz, in dem mit Bedauern erklärt wurde, daß die Anklage ungerechtfertigt und Porsche daher schuldlos sei. Die Kaution wurde nicht zurückerstattet.

Als man sich in Gmünd an die Übersiedlung machte, gab die Besatzungsmacht das große Gebäude in Zuffenhausen frei, und die Porsche-Ingenieure wechselten wieder nach Stuttgart. Der Sportwagen ging in Serie. Die deutsche Automobilindustrie erlebte in diesen Jahren einen ungeahnten Aufschwung. Das nun schon weit über ein Jahrzehnt alte Porsche-Käfer-Auto beherrschte die Straßen.

Der vor Tatkraft noch immer sprühende Ferdinand Porsche sollte noch einmal Gelegenheit bekommen, das wiederaufgebaute Volkswagen-Werk zu besuchen. Er war beeindruckt von den riesigen Pressen, die da im Gleichtakt dröhnten, den Getriebestraßen, den Fließbändern, und als er in der Endmontagehalle stand und ein neuer Wagen nach dem anderen ins Freie brauste, dachte er an die Zeit, wo er in seiner Stuttgarter Garage die ersten Prototypen zusammenfügte. Und als Porsche am 3. September 1950 seinen 75. Geburtstag feierte, fuhren vor dem Schloß Solitude etliche jener neuen Sportwagen auf, die erstmals seinen Namen trugen.

Der Doktor brillierte mit seinem Geist und seiner Unternehmungslust. Er schmiedete Pläne; mit seinen engsten Mitarbeitern und Freunden wollte er in Südamerika eine eigene Produktion aufziehen und hatte bereits alle Details über die Motorisierung der Landwirtschaft ausgearbeitet. Die schweren Jahre aber waren nicht spurlos an ihm vorübergegangen. Porsche war nicht mehr so impulsiv und hektisch wie früher, stürmte nicht mehr wie der Wirbelwind durch die Werkstätten.

Wenn er vor Betriebsschluß durch das Konstruktionsbüro ging, blieb er vor jedem Zeichenbrett stehen und studierte die Entwürfe. Sein Urteil war nicht anzufechten: „Das ist gut, in dieser Richtung muß man weitermachen! Dieses Detail aber möchte ich anders haben! So vielleicht!" Dann nahm er dem Ingenieur den Bleistift aus der Hand und entwarf mit einigen raschen Strichen den Bestandteil. Oder er winkte gleich ärgerlich ab und brummte: „Das ist Mist! Das wird nichts! Da brauchen wir erst gar nicht weitermachen! Mach es anders! Laß dir was einfallen!"

In diesem Jahr war Ferdinand Porsche mit seinem Sekretär Ghislaine Kaes zum Großen Automobilsalon nach Paris gefahren. Für den großen, alten Mann war es eine symbolische Reise: erstmals in seinem Leben konnte er einen Wagen vorstellen, der nicht nur in Serie und in Eigenregie erzeugt wurde, sondern auch seinen Namen trug. Aber noch ein zweiter Umstand spielte eine wichtige Rolle: war er doch ein halbes Jahrhundert zuvor als Autopionier mit seinem Elektromobil nach Paris gefahren, um mit dem damals geradezu prähistorisch anmutenden Vehikel dort Furore zu machen.

Wer diese Motorkutsche im Technischen Museum ein wenig näher betrachtet, kommt zu einem interessanten Schluß: schon diese erste, kurz nach der Jahrhundertwende vergessene Konstruktion hat wieder echte Chancen, im großen Stil verwirklicht zu werden. Der Elektromotor als Antriebsquelle dürfte sich schon in den nächsten Jahrzehnten endgültig durchsetzen.

Es geht um fundamentale Dinge. Das Argument, die Rohölvorräte würden bald erschöpft sein, wissen die Fachleute mehr oder weniger überzeugend zu entkräften. Der Erdölverbrauch steigt von Jahr zu Jahr, es werden immer neue Reserven erschlossen. Die Bohrmeißel fressen sich immer tiefer in die Erdkruste, dadurch wird die Produktion verteuert. Aber zu irgendeinem Zeitpunkt müssen die letzten Horizonte angestochen werden. Man kann nicht einen Rohstoff immerzu ausschöpfen, das liegt klar auf der Hand.

Die Atomkraft gibt nun dem Techniker die Möglichkeit, mit nur ganz geringer Menge Kernbrennstoff beachtliche Energien zu erzeugen. Die Russen haben schon vor einigen Jahren ihren Rieseneisbrecher „Lenin" eingesetzt, in Amerika sind es die strategischen Unterwasserkreuzer, die ohne Treibstoff zu bunkern unter der Eiskappe des Nordpols durchtauchen und nonstop die halbe Welt umrunden. Es werden ernst zu nehmende Versuche mit atomkraftgetriebenen Lokomotiven unternommen, das erste Handelsschiff mit Kernbrennstoff, die „Savannah", ist schon seit längerer Zeit im Einsatz, und in der deutschen Bundesrepublik hat sich der Atomfrachter „Otto Hahn" bewährt.

Warum sollte es daher nicht möglich sein, mit Atomkraft ein Auto zu betreiben? Elektromotoren würden als Antriebsquellen fungieren, ähnliche Triebwerke, wie sie Porsche schon 1900 verwendet hatte und die nach dem zweiten Weltkrieg in den Vereinigten Staaten eine „technische Wiederauferstehung" erleben sollten.

Es gibt keine autogerechte Stadt — immer wieder wird uns diese Tatsache bewiesen. Ein klassisches Beispiel dafür ist Los Angeles, der Alptraum einer vielfach zerhackten, zerfaserten Metropole, die unkontrolliert gleich Metastasen wuchert, die über so gut wie keine Infrastruktur besitzt. Dort ist das Auto das Maß aller Dinge, es gibt zwölfspurige Autobahnen mit imposanten Kleeblättern, mehrstöckigen Kreuzungsbauwerken, Tangenten und großzügig gestalteten Anschlüssen. Doch auch diese Superstraßen sind überfüllt, oft bricht der Verkehr auf mehreren Autobahnsystemen gleichzeitig zusammen — er wird durch die Dichte ad absurdum geführt. Und dazu der Smog . . .

Jedermann weiß es: über den Großstädten liegt eine Schmutzglocke. Graue Schwaden, gemischt aus Staub, Rauch, Ruß, Öl und giftigen Gasen, die das Atmen erschweren und mitunter sogar die Vegetation nachteilig beeinflussen. Im Ruhrgebiet beispielsweise ist das frische Grün der Bäume durch Schwefeldioxydgase verdorrt. Noch ehe der Sommer begann, standen die Bäume völlig kahl wie im Herbst da, und den Menschen wurde das Atmen schwer.

Der Münchener Krebsspezialist Professor Frey erklärte bei der Eröffnung eines Kongresses in Salzburg, daß die Verunreinigung der Luft durch Rauch, Industrieabgase und Auspuffdämpfe als Hauptursache für das Überhandnehmen des Lungenkrebses anzusehen sei. Ein Benzinmotor erzeugt pro Minute bei 500 bis 1000 Umdrehungen bis zu 750 Millionstel Gramm krebserregende Stoffe, ein Dieselmotor bei 1000 Umdrehungen bis zu 5000 Millionstel Gramm.

Diese alarmierenden Tatsachen gehen uns alle an, denn die Luft ist unser wichtigstes Lebenselement. Ohne Nahrung können wir tagelang auskommen, ohne Atmung erlischt aber unser Leben schon nach drei bis fünf Minuten. Es ist auch nicht gleichgültig, ob die Luft, die wir einatmen, rein oder verschmutzt ist. Jeder Atemzug bringt die schädlichen Stoffe durch den Blutstrom zu allen Zellen unseres Körpers.

Ist die Luft rein, so geht der Stoffwechsel lebhaft vor sich, und die Körperorgane werden kräftig und gesund. Ist die Luft jedoch durch giftige Bestandteile verunreinigt, so stören diese Stoffe die lebenswichtigen Prozesse im Organismus. Verschmutzte Luft schädigt aber auch den Boden und mit diesem das Futter für die Weidetiere. An der amerikanischen Pazifikküste schätzt man diesen Schaden jährlich auf etwa drei Millionen Dollar, in den gesamten USA auf ungefähr eineinhalb Milliarden Dollar ...

Von diesem Standpunkt her betrachtet, könnte das durch eine Kraftzelle betriebene Elektro-Auto schon in der nächsten Zeit zum Durchbruch kommen.

Aber nicht nur mit seinen Elektromotoren war Porsche für die Zukunft richtungweisend. Verstand er es doch, gegen die Interessen der gesamten deutschen Automobilindustrie den Käferwagen in die Welt zu setzen. Dieses Fahrzeug beherrschte nach dem zweiten Weltkrieg den deutschen Markt. Zubringerfirmen wurden beschäftigt, die gesamte Wirtschaft bekam wertvolle Impulse. Hätte es das Volksauto nicht gegeben, dann wären vor allem die ausländischen Produzenten viel besser zum Zug gekommen. Man würde wesentlich mehr englische, französische, italienische und amerikanische Fahrzeuge auf unserem Kontinent sehen.

In der Rennwagensparte mischte der Professor ebenfalls tüchtig mit.

Auto-Union und Mercedes wetteiferten in ihren Konstruktionen. Es wurden immer bessere Wagen auf die Pisten geschickt. Um nochmals daran zu erinnern: zwischen 1934 und 1937 konnten die schnittigen Silberfische 32 erste Preise und 22 zweite Preise erobern und in fünfzehn Fällen kam man noch immer mit einem dritten Preis nach Hause. Nicht zuletzt durch die Genialität Porsches wurde die deutsche Ingenieurkunst in aller Welt zu einem Begriff.

Betrachtet man die militärischen Entwicklungen des Professors, dann muß man trotz einiger Fehlschläge zum Schluß kommen, daß er in den entscheidenden Dingen doch immer recht behalten hatte. Porsche war Techniker mit Leib und Seele, und er konstruierte das, was man von ihm verlangte. Es wäre Unrecht, deshalb über ihn den Stab zu brechen, weil er Panzer und Kübelwagen entwarf. Gibt es doch Physiker, die mit dem Nobelpreis ausgezeichnet worden sind und an der Entwicklung der Uranbombe, der wohl schrecklichsten Waffe aller Zeiten, entscheidend mitgearbeitet hatten.

Der Professor war Nationalpreisträger und Wehrwirtschaftsführer; um diese Titel hatte er sich aber nie beworben. Mit dem Nationalpreis sind neben Porsche auch die Konstrukteure Heinkel und Messerschmitt ausgezeichnet worden. Der berühmte Tibet-Forscher Professor Filchner war ebenfalls Nationalpreisträger. Heinkel und Filchner sind schon gestorben, aber Professor Messerschmitt hatte noch zu dem Zeitpunkt, da dieses Buch geschrieben wurde, entscheidend in der Luftfahrt mitzureden. Er fehlte bei keiner Flugschau in der britischen Luftwaffenbasis Farnbourough, und seine Meinung wurde in der Londoner Presse ungekürzt wiedergegeben.

Als man von Porsche verlangte, er solle einen 188 Tonnen schweren Panzer konstruieren, da meinten manche, daß sich dieser Koloß überhaupt nicht werde fortbewegen können. Der Professor behielt recht: seine „Maus" war wohl eine Fehlplanung, aber sie kletterte über steile Böschungen und mahlte durch den Morast; sie konnte sogar Flüsse durchwaten und auf der Stelle drehen, wenn auch eine gepflasterte Straße daran glauben mußte.

Als es um das Wohl der Kriegsgefangenen ging, da gingen Porsche die Nerven durch, und so manche Parteileute mußten sich unangenehme Dinge sagen lassen. Heutzutage zu opponieren, das ist einfach. Damals hingegen kam ein solches Verhalten oft einem Selbstmordversuch gleich!

218

Auch mit seinem „Austria" behielt der Konstrukteur recht. Teure Luxusautos werden wohl immer Käufer finden, wenn sie durch Leistung und Komfort ihren Preis rechtfertigen. In Europa entpuppte sich der Mercedes 600 als Verkaufsschlager. In Amerika will der Fabrikant Duesenberg wiederum die teuersten Autos der Welt bauen. Vor dreißig Jahren hatte es schon solche sündteuren Duesenberg-Luxuskarossen gegeben, doch der Betrieb mußte dann aus wirtschaftlichen Gründen zusperren. Heute besteht für solche Autos wiederum Nachfrage.

Porsche hatte nur das Pech, mit seinem exzellenten „Austria" in der Zeit der Weltwirtschaftskrise herauszukommen. Daran ist aber nicht der Konstrukteur schuld.

Als der Professor mit Windkraft und Wassermotor experimentierte, da wußte er freilich nicht, daß in aller Heimlichkeit das Atomzeitalter aus der Taufe gehoben wurde. Wären die Wasserkräfte nicht so forciert ausgebaut worden — die Windkraft würde so manche einschichtigen Bauernhöfe mit Energie versorgen. Zumal es heute in Österreich noch Bergbauern gibt, die das Heu auf den Schultern zu Tal tragen müssen. Die Automatisierung der Landwirtschaft war schon durch Porsche angekurbelt worden.

Bis ins hohe Alter versuchte Porsche sein Traktorenprojekt durchzudrücken. Keiner seiner Mitarbeiter ahnte damals, daß der Chef nur noch wenige Monate leben werde. Sein Unternehmen blühte auf, es gab viele Konstruktionsaufträge, der Typ 356 wurde stetig verbessert, entpuppte sich als Verkaufsschlager, und auch bei Autorennen spielten die Fahrer auf diesem Sportwagen die erste Geige.

Im November 1950 war der Doktor bei der Hochzeit seines Neffen Herbert Kaes Ehrengast. Die Feier wurde im engsten Familienkreis abgehalten. Anschließend besuchte man ein Kabarett, die „Mausefalle" in Stuttgart. Kurz bevor die Gesellschaft aufbrechen wollte, meinte er zu seinem Neffen: „Geh, sei so gut und bring mich nach Hause. Mir ist nicht gut!"

Von diesem Schwächeanfall sollte sich Porsche nicht mehr erholen. Und am 31. Jänner 1951, an einem bitterkalten Wintertag, im tiefen Neuschnee, trug man auf dem Schütt-Gut in Zell am See diesen unermüdlichen Schrittmacher der Technik zu Grabe. Ein ungestümes Herz, das für den Motor lebte, hatte zu schlagen aufgehört.

Anhang

„JEDES AUTO IST SO GUT WIE SEIN KUNDENDIENST!"

Als der Professor kurz vor seinem Tode mit einem Freund auf der Autobahn München—Salzburg unterwegs war, meinte er ungläubig: „Schau, schon wieder ein Volkswagen. Daß einmal so viele unterwegs sein werden, das hätte ich mir früher wohl nie gedacht!" Diese Episode spielte sich vor etwa zweieinhalb Jahrzehnten ab, und als meine Porsche-Biographie im Herbst 1973 ihre dritte Auflage erlebte, waren weit mehr als 16 Millionen VW-Käfer gebaut worden.

Am 15. Februar 1972 war der festlich geschmückte Käfer mit der Produktionsnummer 15,007.034 in Wolfsburg über die Montagebänder gerollt, und an diesem denkwürdigen Tag hatte das Käfer-Auto die heute schon legendäre Tin-Lizzy — das berühmte Ford-T-Modell — eingeholt. Der in den dreißiger Jahren von Professor Ferdinand Porsche konstruierte Volkswagen war zum meistgebauten Auto geworden, zu einer Fahrzeugtype, die den Produktionsweltrekord erreicht hat . . .

Automobile in großen Stückzahlen herzustellen, das ist Sache der Kapazität und der Planung. Man muß diese Fahrzeuge aber auch verkaufen. Hinter den hohen Produktionsziffern aber steht die VW-Organisation, und der Satz „Jedes Auto ist so gut wie sein Kundendienst" ist in diesem Falle mehr als ein Slogan. Die VW-Kundendienstwerkstätten bilden ein dichtes Netz, das dem Fahrer überall und in jeder Beziehung ein Gefühl der Sicherheit bietet. Allerdings ist die Anzahl der Servicestellen allein nicht immer ausschlaggebend für die Güte des Kundendienstes. Von mindestens ebenso großer Wichtigkeit ist ihre technische Einrichtung, der Ausbildungsstand des Fachpersonals sowie die gut geplante und sortierte Ersatzteileversorgung.

Das zentrale Ersatzteillager in Salzburg ist mit rund 14.000 Positionen eines der größten des Kontinents. Der Lagerbestand würde notfalls für vier Monate ohne Nachschub reichen; das im Mai 1968 eröffnete Lager in Wiener Neustadt steht dem Salzburger Lager nur wenig nach. Das Sortiment reicht von der kleinsten Schraube bis zur kompletten Karosserie. Jährlich fahren über 1600 Waggons und 818 LKW-Züge mit Originalteilen aus Wolfsburg nach Österreich. Zusammen mit den Ersatzteilen, die bei den Partnern lagern, ist auf diesem Sektor für einen Zeitraum von zehn Monaten vorgesorgt. Um alle diese Dinge und die vielen anderen Aufgaben so schnell und reibungslos wie nur möglich erledigen zu können, wurde in der Salzburger Zentrale eine Datenbank eingerichtet. Der Elektronenrechner gibt den Ton an.

Als einzige Organisation in Österreich hat VW alle Werkstätten lückenlos mit elektronischen Diagnoseständen ausgerüstet, mit deren Hilfe eine konsequente Sicherheitskontrolle aller VWs möglich ist. „Ein Mann, der recht zu wirken denkt", so sagt schon Goethe im Faust-Prolog, „muß auf das beste Werkzeug halten". Die Wichtigkeit entsprechender Voraussetzungen ist also eine Tatsache, die schon zu Mephistopheles' Zeiten gebührende Beachtung gefunden hat.

In unseren Tagen, wo die Technik drei Männer samt einem Elektroauto auf den Mond schießt, prächtige Farbreportagen weltweit via Satelliten in die Heimkinos ausstrahlt, Pressekonferenzen in Raumschiffen veranstaltet und farbig ins Haus liefert und die Astronauten wieder heil zurückholt, muß die elektronische Datenverarbeitung in der Automobilbranche ihren Niederschlag finden. Wieder einmal wirkte der VW-Käfer bahnbrechend, denn er verfügt über die Computerdiagnose.

Die Betreuungssituation bei vielen Automarken ist angespannt: Die Fahrzeugbestände steigen, die Typenvielfalt wächst und allenthalben gibt es Personalprobleme. So paßt der biedere Mechanikergeselle, der mit der Hand hinter dem Ohr dem Arbeitsgeräusch der Ventile lauscht, nicht nur des Fortschritts wegen in keine moderne Werkstätte. Er wird auch zeitgemäß mit den steigenden Anforderungen nicht mehr mithalten können. Unzufriedene und verärgerte Kunden wären die Folge.

Schon seit geraumer Zeit verfügt jedes VW-Modell über ein bordeigenes Prüfnetz, wie es in der Luftfahrt in ähnlicher Art verwendet wird. Unter der Motorhaube befindet sich eine Steckdose, in der insgesamt 28 Kabel zusammenlaufen und die mit dem Stecker aus der Konsole-IV, des bereits gut bekannten Diagnoseprüfstandes, verbunden wird. Dieser Teil des Prüfstandes hat es in sich, denn Konsole-IV enthält den eigentlichen Zauberkasten, den Computer. Für jeden VW-Typ gibt es nun eine spezielle Programmkarte, die eine ähnliche Funktion wie eine Lochkarte hat. Diese Programmkarte enthält die „Checkliste", und ist sie erst einmal in den Schlitz des Diagnoseprüfgerätes eingeführt, so beginnt der Testvorgang auf Knopfdruck abzulaufen.

Insgesamt umfaßt die Prüfung 88 Punkte. Die Programmkarte macht auf ihrem Weg durch den Computereingabeschlitz also nicht weniger als 88 Stationen. Von diesen 88 Punkten sind ein Teil sogenannte Sichtprüfungen, ein Teil vollautomatische Prüfungen und der Rest halbautomatische Kontrollen. Zu den Sichtprüfungen zählen zum Beispiel die Kontrolle der Wischerblätter oder die Kontrolle des Kupplungsspiels. Vollautomatisch erfolgt unter anderem die Überprüfung der Lichtanlage, der Blinker und Bremslichter, der Heckheizscheibe und des Batterielade- und Spannungszustandes bei Motorstillstand. Zu den halbautomatischen Meßvorgängen zählen dann noch Spur- und Sturzkontrollen an den Vorderrädern, Kompressionsdruck der Zylinder, Anlasserstrom, Reglerfunktion bei 1500 Umdrehungen in der Minute, Schließwinkel und Generatorenladestrom. Halbautomatisch nennt man diesen Teil des Programmes deswegen, weil der Diagnostiker dabei zum Teil „händisch" eingreifen muß, wenn zum Beispiel der Motor gestartet werden muß, das Gaspedal getreten oder das Lenkrad gedreht werden soll.

Gar mancher Autofahrer hatte schon des öfteren und nicht zu Unrecht das Gefühl, daß so manche Kontrollposition bei den Servicearbeiten unter den Tisch gefallen wäre. Die Computerdiagnose macht dies unmöglich, vergessen gilt nicht. Die Programmkarte zwingt den Diagnostiker, jeden Punkt zu registrieren. Erst wenn durch das Handeingabegerät die in der Digitalanzeige des Computers aufscheinende Bewertung über den Plus- und Minuskopf auf das Diagnoseformular übertragen ist, kann die Diagnose mit dem nächsten Punkt fortgesetzt werden.

Für das Durchlaufen der 88 Prüfpunkte braucht der VW nicht länger als 30 Minuten. Erklärlich wird diese phantastisch kurze Zeit, wenn man sich beispielsweise ansieht, wie Spur und Sturz kontrolliert werden. Durch in den Konsolen installierte Projektoren wird ein Fadenkreuz durch einen Spiegel auf die Photoleistenzelle projiziert. Die entstehenden elektrischen Impulse werden in den Computer übertragen, der die Werte in Winkelgrad und Minuten in den Prüfbericht einträgt. Der .Diagnostiker muß lediglich eine halbe Umdrehung am Lenkrad ausführen. Das Ganze dauert mit seinen 20 Sekunden nicht länger, als Sie diese Passage gelesen haben. Nestroy hat sein „Geschwindigkeit ist keine Hexerei!" vielleicht doch zu früh besungen.

Das nach Abschluß aller 88 Kontrollen vorliegende Diagnoseformular ist nicht nur für den Fachmann ein genaues Spiegelbild der Leistungsfähigkeit und Sicherheit aller Aggregate und Einrichtungen des geprüften Volkswagens: Auch der Fahrzeugbesitzer sieht schwarz auf weiß, was er vom Zustand seines fahrbaren Untersatzes zu halten hat.

Die gelegentlich unumgänglich notwendige, zeit- und kostenaufwendige Fehlersuche ist durch die Computerdiagnose endgültig überholt; vorhandene Schäden werden zielsicher ermittelt und lokalisiert. Besonders vorteilhaft ist auch die Möglichkeit, die vorher defekte Funktion nach der Reparatur nochmals durch den Computer überprüfen zu können.

Durch die Einführung des Computers als Servicediagnostiker tut VW einen Schritt, der in seiner Bedeutung kaum hoch genug eingeschätzt werden kann: Man spart Arbeitszeit und entlastet wertvolle Fachkräfte, Wartungsarbeiten können gezielt und rationeller durchgeführt werden, die angespannte Situation auf dem Servicebereich, die sich durch den ständig steigenden Fahrzeugbestand in den nächsten Jahren weiter verschärfen wird, kann dadurch wesentlich verbessert werden.

Die „Steinzeit des Automobils", über die in diesem Buch auf Seite 10 berichtet wird, liegt nur wenige Menschenalter zurück. Erst vor 24 Jahren war es, als an der Alpenstraße in Salzburg eine kleine Reparaturwerkstätte unter den einfachsten Verhältnissen eingerichtet worden war; mit drei Kisten Ersatzteilen hate man den Anfang gemacht. Der damalige Landeshauptmann Dr. Rehrl hatte zweifelnd zu diesem Vorhaben gesagt: „Was, Autos wolln's reparieren? Es gibt doch keine!"

Heutzutage streben wir der Vollmotorisierung entgegen, über 46.000 Fahrzeuge wurden 1972 von der „Porsche Holding-GmbH" nach Österreich gebracht, und mehr als eine Million PKWs der verschiedensten Marken beherrschen die Straßen unseres Landes. Der Käfer ist der Spitzenreiter, VW die meistgekaufte Marke in Österreich. Das Automobil ist zu einem der wichtigsten Konsumgüter geworden und beeinflußt in stärkstem Maße fast alle Bereiche unseres Lebens. Ferdinand Porsche, ein Genie unserer Zeit, hat das Seinige dazu beigetragen.

Wien, im Herbst 1973

223

Anlage I a:

GEHEIME KOMMANDOSACHE

Oberkommando des Heeres   den 31. Mai 1941
(Chef H Rüst und BdE)
Wa A Nr. 524/41 g Kds. Wa J Rü (WuG) Chef
                                                 25 Ausfertigungen
                                                 15. Ausfertigung

AKTENNOTIZ

über die Besprechung beim Führer auf dem Berghof am 26. 5. 41

An der Besprechung nahmen teil: Reichsminister Dr. Todt, Oberst
Phillips, Oberstlt. v. Wilcke, Oberbaurat Kniepkamp, Reichsamtsleiter
Saur, Dr. Porsche, Direktor Hacker (Fa. Steyr).
    I. Der Führer erläuterte in längeren Ausführungen die Gründe, die
zu einem Vorhalten in Panzerstärken und Durchschlagsleistungen der
Kampfwagenbestückung zwingen. Es sei anzunehmen, daß die Engländer ihre Folgerungen aus der Tatsache ziehen, daß ihr Mark II gegen
die inzwischen von uns eingeführten 5-cm-Waffen des Pz.Kpfwgs. und
der Panzerjäger nicht mehr sicher ist und daß sie mit ihrer jetzigen
4-cm-Kanone den inzwischen verstärkten deutschen Panzer nicht mehr
erledigen können. Wir haben in diesem Jahre die klare Überlegenheit
über die englische Panzerwaffe. Diese Überlegenheit darf niemals ver-
lorengehen.
    II. In der Abwehr genügt es zur Zeit noch, wenn die Panzerjäger in
der Masse mit 3,7-cm-Pak ausgestattet sind und für Spitzenleistungen
über eine Anzahl von 5-cm-Pak verfügen. In der Zukunft wird für die
Masse die 5-cm-Pak ausreichen; für Spitzenleistung muß eine Waffe von
6 oder gar 7,5 cm vorhanden sein.
    Genauso muß es beim Panzerkampfwagen sein. In der Masse können
wir zunächst noch die Wagen mit 5-cm-KwK mit Erfolg einsetzen. Wir
müssen aber sofort die „Spitze" schaffen, die mit etwa 20 Stück je
Panzer-Division zu denken ist. Es kommt also darauf an, Fahrzeuge zu
schaffen, die

a) größere Durchschlagsleistungen gegen Feindpanzer haben,

b) selbst stärker als bisher gepanzert sind,

c) die Geschwindigkeit von 40 km/h nicht unterschreiten.

III. Hiezu ist notwendig:

a) jede mögliche Steigerung der Durchschlagsleistung in dem jetzigen Programm auszunutzen, zum Beispiel Einbau der Pak 38 in den Pz-Kpfwg. IV (Dir. Hacker gibt an, daß bei Entscheidung über die Krupplösung bis zum August 41 im Nibelungenwerk bis zum Frühjahr 42 etwa 80 Pz-Kpfwg. IV mit Pak 38 geliefert werden könnten. Nibelungenwerk bereitet diesen Einbau bereits vor).

Zusatz: Firma Krupp hat Auftrag, einen Pz.-Kpfwg. IV mit Pak 38 (statt 7,5-cm-KwK) zum 15. 11. 41 vorzustellen.

Wa A wird mit Firma Krupp in Verbindung treten, um ein Vorziehen der Arbeit zu erreichen. Das erste Geschütz 5-cm-KwK L/42 n. A. kommt zum 1. 9. 41 zum Beschuß.

b) Die Wirkung der 8,8-Pz.-Gr. und das Geschütz sind höher zu züchten, so daß Panzer von 100 mm noch auf etwa 1500 m durchschlagen werden. Die 8,8 sei doch im Ursprung für reine Flakzwecke entwickelt. Eine derartige planmäßige Weiterentwicklung auf Panzerbekämpfung erscheint möglich und sei zu fördern.

Zusatz: Die Leistungssteigerung der 8,8-cm-Flak wird untersucht.

c) ergibt sich aus einem geringeren Kaliber als 8,8 cm (z. B. 6 oder 7,5 cm) eine gleiche Durchschlagsleistung wie zu b), so kann aus Gründen der Munitionsausstattung und der Turmgewichte diesem der Vorzug gegeben werden. Das gewählte Kaliber muß zur Bekämpfung von Panzern, Erdzielen und Bunkern geeignet sein.

Zusatz: Nach den bisherigen Untersuchungen erfordert die 8,8 einen Bedienungsdurchmesser von 1850 mm gegenüber 1650 mm für die Waffe 0725. Daraus ergibt sich ein Mehrgewicht für den 8,8-cm-Turm von 2,2 t bei 80 mm Front- und 60 mm Seitenpanzerung.

Versuche mit anderen Kalibern sind eingeleitet.

IV. Der Führer sprach sodann

a) über das konische Prinzip und die Pz-Granate 40,

b) über die Kalibervergrößerung der Kampfwagenbestückung und führte aus:

Zu a): Die Nachteile sind vorläufig:

1. mit der Entfernung stark absinkende Durchschlagsleistung und damit die Notwendigkeit stärkerer eigener Panzerung, um die notwendige kürzere Kampfentfernung durchhalten zu können.

2. Geringere Wirkung gegen Erdziele.

3. Geringere zerstörende Wirkung eines Treffers im Feindpanzer.

4. Größere Rohrabnutzung.

Demgegenüber ergibt sich als Vorteil ein geringeres Gesamtgewicht und größere Munitionsmenge.

Grundsätzlich maßgebend ist die Rohstofflage.

Wir können es uns nicht leisten, große Mengen von Wolfram für Geschoßzwecke zu verwenden, wenn dadurch der Bedarf der Industrie an Werkzeugstählen gefährdet wird. (Min. Todt wies auf einen derzeitigen Vorrat von etwa 700 t hin, von dem etwa 260 t für Munition zur Verfügung ständen.) Der Bedarf für die Waffe 0725 wird nur mit etwa 1 kg Wolfram je Geschoß angegeben. Der Führer lehnte es ab, die der Truppe gegebene Hartkernmunition einzuziehen, solange noch leichtgepanzerte Fahrzeuge auf dem Gefechtsfeld auftreten und gegen sie mit bisheriger Wolfram-Munition eine Wirkung gegeben ist. Sofern nicht die Wolframlage gesichert oder für die Industrie ein ebenbürtiger Ersatz gefunden ist, muß infolgedessen die Entwicklung und Leistungssteigerung der Kaliber, die nicht wolframgebunden sind, vorgezogen werden.

Zusatz: Wa A wird die Wolframlage für Geschoßzwecke überprüfen.

Zu b): 1. Die mit der Kalibervergrößerung gegebene Gewichtsvermehrung erscheint tragbar, da mit der erhöhten Watfähigkeit die bisherige Brückenabhängigkeit nicht mehr gegeben ist. Der Krieg in den Außenbezirken Europas wird sich in weniger zivilisierten Gegenden abspielen, die an sich schon keine tragfähigen Brücken aufweisen. Für den Transport auf der Eisenbahn müssen die notwendigen Voraussetzungen geschaffen werden.

2. Die moralische und zerstörende Wirkung z. B. eines 8,8-Treffers auf den Turm eines Pz.-Kpfwg. ist wesentlich größer als bei konischen Waffen oder Panzergranaten 40. Der Führer nimmt an, daß ein gegossener Turm unter einem solchen Treffer zerbirst.

3. Die Wirkung gegen Erdziele und Panzer ist besser. Die Durchschlagsleistung sinkt bei größerer Entfernung weniger stark ab und erlaubt die Eröffnung des Kampfes auf größere Entfernungen, auf die

der Gegner geringere Wirkungen gegen unsere Panzer hat. Der Führer wies darauf hin, daß die Leibstandarte in Griechenland mit 8,8 drei Pz.-Kpfwg. auf Entfernung von über 6000 m vernichtet hat.

V. Frontal ist eine Panzerung von 100 mm notwendig. Gleichzeitig sind vorn vor allem Ketten- und Triebrad durch Panzerung zu schützen. Seitlich genügen für die von Porsche und Henschel 1942 zu erstellenden Fahrzeuge (s. VII) 60 mm.

Zusatz: Aufträge an Firma Henschel auf Neukonstruktion des Fahrzeuges mit Ketten- und Triebradschutz und geeignet zur Aufbringung eines Turmes mit 8,8-cm-Kan. ist am 28. 5. 41 erteilt.

VI. Die für die 5-cm-KwK vorgesehene Verwendung der „Flaschenkartusche" sollte, wenn sie etwas bringt und die befürchteten Schwierigkeiten im Klemmen der Kartusche überwunden sind, nicht auf dieses Geschütz beschränkt bleiben, sondern auch für die Pak 38 untersucht werden.

VII. Die in der Entwicklung liegenden Fahrzeuge von Dr. Porsche und der Firma Henschel sind beide vorzutreiben, so daß im Sommer 42 mit ihrer Verwendung in der vorgesehenen Stückzahl (je 6) gerechnet werden kann. Dabei bleibt es für die Lösung Porsche bei der Verwendung der 8,8, die entsprechend III in ihrer Wirkung zu steigern ist. Gegen die Verwendung des Rohres 0725 bei der Lösung Henschel ist nichts einzuwenden, doch kommt dieses Geschütz für große Stückzahlen nur bei einer befriedigenden Wolframlage (s. IV) in Frage. Die Aufbringung der 8,8 auf den Henschel-Pz.-Kpfwg. wird untersucht.

Zusatz: Auftrag an Firma Krupp zur Durchkonstruktion des Turmes mit 0725 ist am 26. 5. 41 erteilt. Das erste Rohr 0725 steht — Zurückstellung anderer Arbeiten vorausgesetzt — am 1. 11. 41 zu Beschüssen zur Verfügung. Die im Anschluß hieran vorzunehmende Munitionsentwicklung dürfte voraussichtlich Anfang 1942 beendet sein.

Über die Auswirkung des Vorziehens der 12 Fahrzeuge auf die laufende Fertigung wird noch berichtet werden.

VIII. Die Selbstfahrlafetten 10,5 und 12,8 sind neben ihrer Bedeutung für die Bekämpfung von Bunkern für die Abwehr stark gepanzerter Kampfwagen, wie sie von England und Amerika zu erwarten sind, von großer Bedeutung. Sie sind daher zu fördern.

Zusatz: 10,5 (Pz.Sfl.) ist mit zwei Stück an die Truppe geliefert. Das erste Versuchsstück der 12,8 (Pz.Sfl.) kommt August 41 zur Lieferung. Bezüglich des Bedarfs ist Verbindung mit AHA aufgenommen.

IX. Für den Krieg der kommenden Zeit ist die technische Überlegenheit von ausschlaggebender Bedeutung. Die Italiener haben in Afrika unterliegen müssen, weil sie den englischen Panzern keine ausreichende Abwehr entgegenwerfen konnten. Selbst kleine Serien von überlegenen Waffen können dabei entscheidend sein. Ein besonderes Beispiel dafür ist die bisherige Verwendung der 8,8 in der Kampfwagenbekämpfung, die auch in geringer Stückzahl nach den vorliegenden Meldungen von unerhörtem Wert gewesen ist.

X. Im Rahmen der Besprechungen wurden die Modelle der Fahrzeuge von Dr. Porsche und der Firma Henschel gezeigt. Von Wa A wurde darauf hingewiesen, daß mit beiden Lösungen Neuland beschritten wird. Bei der Lösung Porsche sind der luftgekühlte Dieselmotor und das dieselelektrische Prinzip noch nicht erprobt. Die Firma Henschel hat mit dem seit etwa zwei Jahren laufenden 50-t-Fahrzeug bezüglich Trieb- und Laufwerks eine Fülle von Erfahrungen gemacht in der Beherrschung vergrößerter Gesamtgewichte. Der Führer erklärte nochmals, daß beide Lösungen u n a b h ä n g i g   v o n e i n a n d e r durchzuführen seien.

XI. Im Rahmen der Besprechung kam kurz die Rede auf Flammenwerferwagen. Es wurden Bilder gezeigt von dem in der Truppe bereits mit 85 Stück vorhandenen Pz.-Kpfw. II (Flammenwerfer) und dem im Gang befindlichen Umbau des französischen Pz.-Kpfw. B. 2. Über Termine der Fertigstellung stellte der Führer keinerlei Forderungen. Die Meldung, daß zum 20. 6. voraussichtlich zwei Kompanien à 12 B (Fl.Wagen) stehen könnten, nahm der Führer mit der Bemerkung entgegen, daß dieser Termin ausreiche.

XII. Ferner stellte der Führer im Rahmen der Besprechung die Frage, bis wann die Entwicklung von Sprenggranaten für konische Rohre abgeschlossen sein würde. Ein Termin wurde nicht genannt, jedoch Meldung hierüber zugesagt.

Zusatz: Für die Geräte mit konischen Rohren

1. S.Pz. B 41.

2. 2472 ist die Entwicklung von Spgr. abgeschlossen. Die Entwicklung der Spgr. für das Gerät 0573 dürfte im Sommer 1941 beendet sein.

Auf technische Einzelheiten ist nicht länger eingegangen. Nach Abschluß der laufenden Versuche wird Wa A die praktischen Ergebnisse melden. Dies gilt besonders für die Ziffer IV.

J. A. gez. Lieb

Anlage I b:
Beauftragter des Wa A für das Panzerprogramm 41
Nr. 548/41 g. Kdos.
Betr.: Bericht des Major von Below über die Besprechung auf dem
Berghof vom 26. 5.
Bezug: Aktennotiz Wa A Nr. 524/41 g. Kdos. Wa J Rü (WuG) Chef
vom 31. 5. 41.

Der Bericht des Major von Below enthält einige Angaben, die der
Berichtigung bedürfen:
Zu 1: Über den Umfang der Produktion waren seitens des Führers
weder Fragen gestellt noch irgendwelche Angaben gemacht worden.
Zu 3.: Der Führer hat die Leistungsfähigkeit der Pak lediglich in
bezug auf den Kampf mit dem B 2 als nicht ausreichend bezeichnet.
Zu 4.: Nach den Ausführungen des Führers war der englische Kampf-
wagen Mark II mit 80-mm-Panzerung eine Gefahr, die durch die Um-
bewaffnung der Panzer III auf 50 mm und durch die Verstärkung
unserer Panzer entwertet ist.
Zu 7.: Der erste Satz muß heißen: „Der Vorsprung, den die Panzer III
mit der 5-cm-KwK und die Panzer IV mit der 7,5-cm-KwK haben . . .“
Hierzu wird auf Ziff. 2 des Bezugsschreibens verwiesen, in der diese
Gedanken genauer präzisiert sind.
Zu 8.: Die Gewichtsangabe des von Dr. Porsche zu entwickelnden
Kampfwagens mit 45 Tonnen liegt noch nicht fest.
Für beide Fahrzeuge ist der Führer einverstanden, daß die im Sommer
1942 zu liefernden Fahrgestelle eine Seitenpanzerung von 60 mm bekom-
men und ihre Geschwindigkeit entsprechend dem bisherigen Stand der
Konstruktion festgelegt wird.
Die für die beiden Entwicklungstypen angeführten Vor- und Nachteile
in der Bewaffnung sind in Ziffer IV des Bezugsschreibens genauer wie-
dergegeben. Sie bezogen sich rein theoretischen Überlegungen auf die
Gegenüberstellung des konischen Prinzips mit Waffen größeren Kalibers,
nicht aber auf die vorgestellten Fahrzeug-Typen. Die jetzige 8,8 des
Porsche-Wagens liegt nach den Durchschlagskurven, die auch der Führer
einsah, bis zu 1000 m immer unter den Leistungen des Geräts 0725.
Zu 10.: Hier liegt eine völlige Verwechslung vor zwischen den Anordnungen für die Entwicklungsfahrzeuge von Henschel und Porsche

einerseits und den Leistungssteigerungen vorhandener Serienfahrzeuge andererseits. Der Führer war damit einverstanden, daß beide Typen weiter verfolgt werden sollen (s. Ziff. VII des Bezugsschreibens).

Der „August" bezieht sich auf den Einbau der Pak 38 in den Pz.-Kpfw. IV (siehe III a des Bezugsschreibens), nicht auf die Entwicklungsfahrzeuge Henschel und Porsche. Eine Entscheidung, welches von diesen Entwicklungsfahrzeugen in die Großserie genommen werden soll, ist weder angekündigt noch gefordert worden. Sie ist überhaupt erst möglich, wenn die ersten Versuchsfahrzeuge zum Laufen gekommen sind (1942).

Zu 11.: Die Forderung, „im 8,8-cm-Pz.-Kpfw. soll auch der Einbau der langen 7,5-cm- und der kurzen 15-cm-Kanone vorgesehen werden", ist nicht gestellt worden. Gemäß III a des Bezugsschreibens hat der Führer es freigestellt, Waffen geringeren Kalibers als 8,8 einzubauen, wenn damit eine gleiche Durchschlagsleistung (1000 mm auf etwa 1500 m) erreicht werden kann. Dabei wurde auch die Frage gestreift, ob es möglich ist, eine Waffe mit hoher Splitterwirkung vom Kaliber 15 cm (s. J. G.) unter starkem Panzerschutz an den Feind zu bringen. Nebenher soll nicht nur die Selbstfahrlafette 12,8, sondern auch diejenige mit 10,5 gefordert werden.

An der anschließenden Besprechung beim Führer war Wa A nicht mehr beteiligt. Es war auch nicht bekannt, worüber im Anschluß von Minister Todt, Reichsamtsleiter Saur, Dr. Porsche und Direktor Hacker vorgetragen werden würde. Zu den dabei angeschnittenen Punkten wird gesondert berichtet.

Anlage II

GEHEIME KOMMANDOSACHE

Wa Prüf 6   Berlin, den 27. September 1941
Abteilungschef Bb. Nr. 990/41 g. Kdos.   11 Ausfertigungen
                                                  9. Ausfertigung
Anlage 7 zu Nr. 2003/41 g. K. Wa. Stb 44 Gr.
Betr.: Brief des Herrn Reichsministers für Bewaffnung und Munition vom 23. 9. 41.

Bezug: Befehl des Herrn Amtschefs vom 25. 9. 41 auf Vorlage einer Meldung.

An den

Herrn Amtschef

Ich melde:

1. Prüf 6 hat keinerlei Anordnungen über die Herabsetzung des Bedienungskreis-Durchmessers für den Turm zum Panzer-Kampfwagen Porsche getroffen. Die Verringerung des ursprünglich von Dr. Porsche KG geplanten Turmes von 2000 mm Durchmesser auf jetzt 1820 mm ist allein und ausschließlich in der Entwicklungsarbeit der Firma Krupp entstanden.

2. Der beim Herrn Reichsminister für Bewaffnung und Munition bestehende Eindruck, daß aus Prestigegründen ein Waffenamtswagen hergestellt werden soll, läßt es als notwendig erscheinen, auf die Entwicklung des Pz.-Kpfw. 4501 (Typen Porsche und Henschel) näher einzugehen:

Der jetzt bei Henschel in Entwicklung befindliche Pz.-Kpfw. 4501 ist eine Weiterentwicklung des dort bereits seit Anfang 1937 in Konstruktion und Versuchs befindlichen 30-t-Pz.-Kpfw. Entsprechend den von Herrn Ob. d. H. gegebenen Weisungen war als Bestückung für den schweren Pz.-Kpfw. Typ Henschel die 7,5-cm-KwK L/24, später eine 10,5-cm-KwK L/28 vorgesehen, die einen Turmbedienungskreisdurchmesser von 1650 mm erforderte. Professor Dr. Porsche wurde Ende 1939 beauftragt, einen schweren Panzerkampfwagen in der Größenordnung 20/30 t zu entwickeln, für den mindestens eine 7,5-cm-KwK L/24, möglichst eine 10,5-cm-KwK verlangt war. Im Frühjahr 1941 wurde im Zuge der Leistungssteigerung der Kampfwagen-Waffen der Einbau der 8,8-cm-KwK L/56 für den Pz.-Kpfw. Porsche vorgesehen. Der Turm dazu wurde von Dr. Porsche KG bei Krupp unmittelbar in Auftrag gegeben und in direkter Zusammenarbeit dieser beiden Firmen entwickelt. Das Amt hat entgegen der sonstigen Gepflogenheiten hierfür keinen Entwicklungsauftrag an die Firma Krupp erteilt.

In Auswertung der Kriegserfahrungen und auf Grund der vom Führer erhobenen Forderung auf erhöhte Panzerdurchschlagsleistung schälten sich für die Fertigung — Ausstoßbeginn Mai/Juni 1942 — ein Wagen 4501 Typ Porsche mit 8,8-cm-Kan. und ein Wagen 3601 Typ Henschel mit der Waffe 0725 heraus. Auf Grund der weiteren Weisung des Führers, daß konische Rohre nicht verwendet werden sollen, mußte für den Pz.-Kpfw. Typ Henschel der von Prof. Porsche bei Krupp entwickelte Turm, unter geringen Abänderungen, übernommen werden, da infolge der Kürze der Zeit eine andere Lösung nicht mehr möglich war. Diese Maßnahme zwang für die Entwicklung bei Henschel zu einer Änderung des Fahrgestells, so daß auch der Typ Henschel zu einem 45-t-Fahrzeug wurde. Es hat also einen Henschel-Turm mit einer 8,8-cm-KwK und 1900 mm Bedienungskreis nie gegeben; im Gegenteil, es wird der Porsche-Turm auf das Henschel-Fahrzeug gesetzt.

3. Prüf 6 hat Firma Dr. Porsche KG in jeder Weise unterstützt. An Einzelheiten führe ich an:

Die Firma Krupp wurde angewiesen, für die Turmkonstruktion alle in jahrelanger Zusammenarbeit mit Wa A gewonnenen Erfahrungen zu berücksichtigen. Die Firma Siemens-Schuckert-Werke wurde angewiesen, die auf Grund mehrjähriger Entwicklungsarbeit mit dem Wa A vorhandenen Erfahrungen über den elektrischen Antrieb von Fahrzeugen der Firma Porsche KG für die Entwicklung zur Verfügung zu stellen.

Die Herren der Firma Porsche KG wurden seit Jahren an den Versuchsübungen der Kraftfahr-Versuchsstelle des Wa A beteiligt und ihnen Gelegenheit geboten, alle Gleiskettenfahrzeug-Entwicklungen des Wa A und ausländische Beute-Pz.-Kpfw. in der Erprobung kennenzulernen, insbesondere auch die bei Wa A schon in Entwicklung gelegenen Gleiskettenfahrzeuge mit motor-elektr. Antrieb. Allen von seiten der Firma Porsche KG an das Waffenamt gerichteten Fragen oder Wünschen wurde durch Bekanntgabe der entsprechenden Entwicklungsfirmen bzw. der eigenen Erfahrungen entsprochen. Es wurden außerdem noch auf Wunsch die Zeichnungen folgender Einzelentwicklungen übersandt: Leitrad, Zahnkranz für Triebrad, Kette mit Mittelzahn, KwK 7,5 cm, Kugelblende 80 mm, Fahrersehklappe 80 mm, Einbau Fahreroptik, fester Sehschlitz, Glasblock, Einstieg-Lukendeckel 80 mm, Fahrer- und Funker-Einstiegklappen im Bugdach, MG-Gurtzuführung, Umriß für MG 34, Turmanschluß, Funkgeräte mit Umformer, Antennen-Umlegevorrichtung, Schaltbild zur Funkausrüstung, Kugelkopfschrauben, Panzerscharniere.

Weiter fanden mehrfach Besprechungen in Berlin oder Zuffenhausen statt, bei denen Anregungen über Gestaltung von Laufwerk, Triebwerk, Panzergehäuse, Innenausstattungen usw. gegeben wurden.

Um Prof. Porsche noch weitgehend unterstützen zu können, wurden wiederholt Zeichnungen und Unterlagen angefordert, damit auf Grund ihres Studiums Anregungen gegeben werden könnten, wobei es der Dr. Porsche KG selbstverständlich überlassen bleiben sollte, diese Anregungen zu verwerten oder nicht. Zeichnungen konnten jedoch bis jetzt von der Dr. Porsche KG nicht vorgelegt werden.

Ich habe Herrn Prof. Dr. Porsche gegenüber mehrfach zum Ausdruck gebracht, daß das Heereswaffenamt ihm jederzeit mit seinen Erfahrungen zur Verfügung stehe und bemüht ist, die Entwicklung des Porsche-Pz.-Kpfw. zu unterstützen, ohne der Firma Bindungen vom Wa A aufzuerlegen. Zugunsten der Fertigung des Pz.-Kpfw. 4501 (Porsche) wurde auf die bisherige eingehende Zusammenarbeit zwischen den Firmen Henschel und Krupp verzichtet, was dazu zwang, die Firma Henschel auf Zusammenarbeit mit Firmen anzuweisen, die in der Herstellung schwerer Panzerkampfwagen im Gegensatz zu Krupp noch keine Erfahrung haben.

4. Zur Frage der Verwendung der 8,8-cm-Flak 41:

Firma Dr. Porsche KG wurde mit Schreiben 21. 6. 1941 beauftragt, zu untersuchen, ob der Einbau der Flak 41 an Stelle der 8,8-cm-KwK L/56 möglich ist. Mit Fernschreiben vom 10. 9. teilte Dr. Porsche mit, daß „für den V.K. 4501 vorläufig nur L/56 in Frage kommt".

5. In einer Besprechung vom 25. 7. 1941 in Zuffenhausen habe ich Herrn Prof. Dr. Porsche gegenüber zum Ausdruck gebracht, daß ich mit dem Krupp-Turm nicht glücklich wäre und auf weitere Sicht eine bessere Lösung anstrebe, die gleichermaßen für den Panzerkampfwagen Typ Porsche und Typ Henschel geeignet sei. Wie dem Herrn Minister bereits vorgetragen, hat das Amt der Firma Rheinmetall Mitte Juli 1941 einen Turm in Auftrag gegeben, mit einem Geschütz, welches eine Panzerdurchschlagsleistung von 1400 mm auf 1000 m besitzt, ohne dabei ausdrücklich das Kaliber 8,8 cm zu fordern. Die Berechtigung dazu bestand, da der Führer auf dem Berghof am 26. 5. 1941 die Weisung gab: „Ergibt sich aus einem geringeren Kaliber als 8,8 cm (z. B. 6 oder 7,5 cm) eine gleiche Durchschlagsleistung, so kann aus Gründen der Munitionsausstattung und der Turmgewichte diesem der Vorzug gegeben werden. Das gewählte Kaliber muß zur Bekämpfung von Panzern, Erdzielen und Bunkern geeignet sein." Firma Rheinmetall versucht, die Leistung durch Verwendung einer KwK mit zylindrischem Rohr zu erreichen, die auf der

Grundlage der vom Führer geforderten Pak 44 geschaffen wird. Es wäre falsch, an diesem Projekt von Rheinmetall vorbeizugehen, denn es führt unter Abwägung aller Notwendigkeiten (Feuergeschwindigkeit, Munitionsausstattung, ausgeglichenes Turmgewicht, Beobachtungsverhältnis) voraussichtlich zu einem günstigeren Turm, als es der jetzt vorgesehene Krupp-Turm ist.

6. Die Firmen Krupp und Rheinmetall erhalten nunmehr vom Amt den Auftrag, das Projekt für einen Turm, bestückt mit der 8,8-cm-Flak 41 für den Pz.-Kpfw. 4501 (Porsche und Henschel), vorzulegen.

7. Ich bitte noch anfügen zu dürfen, daß es für Prüf 6 keine Prestigefragen gibt, sondern nur das Bestreben, dem deutschen Heere die besten Pz.-Kpfw. in großer Zahl und zur rechten Zeit unter Ausnützung aller geistigen und materiellen Kapazitäten zur Verfügung zu stellen.

Gez. Fichtner, Oberst, f. d. R., Schönhöfer, J 3 587

Verteiler: Amtschef 2× = 2× 1. und 2. Ausfertigung (Chef für Amtschef mitgenommen)
Wa Prüf = 1× 3. Ausfertigung
Wa J Rü (WuG) = 1 × 4. Ausfertigung
Prüf 6 Chef = 1× 5. Ausfertigung
Wa Prüf 6/II = 1× 6. Ausfertigung (zugl. Entwurf)
Wa A = 5× 7.—11. Ausfertigung

Der Autor dankt für freundliche Hilfe und vielerlei Anregungen den Herren Doktor Krakowitzer, Dr. Seper, Ing. Herbert Kaes und Architekten Eugen Grünenwald.

ZEITTAFEL

1717—1780 Maria Theresia errichtet in Lichtenwörth bei Wiener Neustadt eine Fertigungsstätte für Nähnadeln, um das englische Monopol zu brechen. Diese Fabrik wird um etwa 1850 vom Unternehmer Hainisch erworben, der sie auf Metall-Halbzeuge umstellt. Direktor Fischer heiratet in die „Nadelburg" ein.

1875 Ferdinand Porsche wird am 3. September geboren.

1897 Am 24. August erhält Rudolf Diesel in seiner Wohnung den Besuch der Ingenieure Ludwig Czischek und Ludwig Lohner. Die beiden Herren wollen in Österreich die Motorwagenindustrie begründen. Zu dieser Zeit konstruiert Ferdinand Porsche einen achteckigen Elektromotor, der seitlich innen neben dem Antriebsrad installiert wird. Porsche wirkt bei der Firma Béla Egger und Co., aus der später das berühmte Unternehmen Brown-Boveri hervorgegangen ist.

1899 Der junge Erfinder kommt zur k. und k. Hofkutschenfabrik Lohner und erringt mit seinem Radnabenmotor große Erfolge.

1900 Das Porsche-Elektromobil ist die Sensation der Pariser Weltausstellung. Je nach Bauart beträgt die Kaufpreis 6000 bis zu 15.000 Goldkronen. An einen englischen Aristokraten wird so ein Luxusfahrzeug für 13.780 Goldkronen verkauft. Für den Fürsten Max Egon von Thurn und Taxis konstruiert Porsche einen Stadtwagen mit Mylord- und Coupékasten.

1903 Der junge Erfinder heiratet Frau Luise Kaes.

1904 Die Tochter Luise wird geboren.

1906 Porsche wird als Technischer Direktor zu den Austro-Daimler-Werken nach Wiener Neustadt verpflichtet.

1907 Porsche erhält vom bulgarischen König eine hohe Auszeichnung.

1909 Konstruktion des ersten echten Flugzeugmotors. Der Daimlermotor erlangt Weltruhm. Rekorde am laufenden Band werden aufgestellt. Mit der Etrich-Taube erkämpft der Pilot Illner zahlreiche Bestleistungen. Der österreichische Militär-Lenkballon „Parseval" mit Porsche an Bord über Wien. Der Kaiser beobachtet vom Balkon der Hofburg aus das Schauspiel.

1909 Der Sohn Ferry wird geboren.

1910 Porsche gewinnt mit dem von ihm entwickelten „Großen Daimler" die Prinz-Heinrich-Fahrt. Es wird eine Höchstgeschwindigkeit von 146 Stundenkilometer erreicht.

1911 Die Ära der berühmten Porsche-Flugmotoren bricht an. Er konstruiert in Wiener Neustadt Triebwerke von 35, 60, 90, 120, 225 und 300 PS. Der Technische Direktor ist auch für den Bau großer Autobusse verantwortlich.

1912 Ritter des Franz-Josefs-Ordens.

1913 Die ersten Ansätze zur Konstruktion schwerer Mörserzugwagen. Porsche entdeckt den jungen Karl Rabe, der später sein Chefingenieur werden sollte.

1916 Porsche avanciert zum Generaldirektor der Austro-Daimler-Werke. Er erhält das Offizierskreuz des kaiserlich-österreichischen Franz-Josefs-Ordens mit Kriegsdekoration für vorzügliche Leistungen auf militärischem Gebiet.

1917 Promotion zum Ehrendoktor der Wiener Technischen Hochschule. Zugwagen mit luftgekühlten Motoren und auch Feldbahnen werden entwickelt.

1919 Porsche konstruiert den Motor für die Luxusjacht „Argonaut".

1920 Der erste Repräsentationswagen der Nachkriegszeit verläßt die Werkshalle. Der Sechszylinder-AD mit einer neunsitzigen Karosserie. Schon damals verwendete Porsche Schiebetüren.

1921 Der Sascha-Wagen — auch Urahn des VW genannt — wird entwickelt. Mit seiner Aluminiumkarosserie wiegt dieses kleine Auto nur 775 Kilogramm.

1923 Porsche verläßt Austro-Daimler und wechselt als Technischer Direktor zu Daimler nach Untertürkheim.

1924 Der Erfinder wird zum Ehrendoktor der Stuttgarter Technischen Hochschule ernannt. Interessante Entwicklungsarbeit an Achtzylinder-Kompressor-Motoren. Auch Dieseltriebwerke für leichte und schwere Lastwagen werden konstruiert.

1925 Ritter der italienischen Krone.

1928 Porsche verläßt Daimler-Benz.

1929 Technischer Direktor bei Steyr in Oberösterreich. Der berühmte „Austria" wird gebaut.

1931 Am 2. Jänner wird die Dr. Ing. h. c. Ferdinand Porsche GmbH in der Kronenstraße 24 in Stuttgart gegründet. Karl Rabe fungiert als Chefingenieur. Auch der junge Ferry Porsche arbeitet in dem Unternehmen als Konstrukteur. Erstauftrag für den Wanderer-PKW, der aus optischen Gründen die Werksnummer 7 bekommt.

1932 Kleinwagen für Zündapp. Ein Hochleistungsmotor — 16-Zylinder-V — wird nur deshalb ohne Auftrag konstruiert, um die Notzeit zu überbrücken.

1933 Kleinwagen für NSU, der Typ 32. Erste Ansätze zur Entwicklung des Auto-Union-Rennwagens.

1934 Auf dem Feuerbacher Weg 48 in Stuttgart-Nord werden die ersten Prototypen des Volkswagens gebaut. Die Daten des Porsche Typ 60 vom 17. Jänner 1934: Viertakt-Vierzylinder 1250 ccm Inhalt, 26 PS bei 3500 Umdrehungen in der Minute; Zweitakt-Motor mit 1000 ccm, 26 PS bei 3200 Umdrehungen. Spur: 1200 mm; Radstand: 2500 mm; Viersitzer; 30 Prozent Steigfähigkeit und acht Liter Benzin auf 100 Kilometer. Der Auto-Union-P-Wagen wird erstmals in der Öffentlichkeit vorgestellt.

1938 Grundsteinlegung in Wolfsburg. Die Porsche-Konstruktions-GmbH bezieht den Neubau in Stuttgart-Zuffenhausen. Der Volkswagen-Sporttyp wird gebaut. Mit seiner Stromlinien-Leichtmetall-Karosserie entwickelt er eine Spitze von etwa 145 Stundenkilometer.

1939 Entwicklung des Volks-Traktors. Konstruktion des sechsrädrigen Weltrekordwagens, Typ 80, mit einem Gesamtgewicht von 2800 Kilogramm. Porsche baut in Wolfsburg ein Blockhaus. Er nennt es: „Meine Hütte." Der Kübelwagen wird konstruiert.

1940 Die ersten Schwimmwagen verlassen das Werk. Porsche entwickelt Motoren für schwere Panzer. Er wird zum Vorsitzenden der Panzerkommission bestellt.

1942 Konstruktion des Typs 136. Mit den Windkraftmaschinen soll elektrische Energie erzeugt werden. Die erste Anlage wird auf dem Gelände der Landwirtschaftlichen Hochschule Hohenheim bei Stuttgart aufgestellt. Im Oktober stellt Porsche seine ersten Ostrad-Schlepper vor.

1943 Eine Holzkohlen-Gasanlage für den Volkswagen wird konstruiert. Diese Entwicklung erhält die Bezeichnung Typ 230.

1944 Porsche übersiedelt mit seinem Konstruktionsbüro nach Gmünd in Kärnten.

1948 Ferry Porsche leitet die Firma; der schwerkranke Vater ist in Frankreich inhaftiert. Entwicklung des Cisitalia-Rennwagens. Bau der Durchströmturbine zur Ausnützung geringer Wasserkräfte. Bei zehn Meter Gefälle werden 40 PS erzeugt. Der Prototyp des Porsche 356 wird getestet.

1949 Serienerzeugung des Typs 356. Übersiedlung des Unternehmens nach Stuttgart. Porsche besucht das Volkswagenwerk in Wolfsburg.

1951 Am 30. Jänner schließt Ferdinand Porsche für immer die Augen.

NAMENSREGISTER

239

INHALTSVERZEICHNIS